浙学研究丛书

浙学研究年度报告
2022

张宏敏 编著

浙江工商大学 出版社
ZHEJIANG GONGSHANG UNIVERSITY PRESS
·杭州·

图书在版编目(CIP)数据

浙学研究年度报告 . 2022 / 张宏敏编著 . —— 杭州 ： 浙江工商大学出版社，2025.1. —— ISBN 978-7-5178 -6301-4

Ⅰ . B222.05

中国国家版本馆 CIP 数据核字第 2024HU0598 号

浙学研究年度报告 2022

ZHEXUE YANJIU NIANDU BAOGAO 2022

张宏敏 编著

责任编辑	张晶晶
责任校对	韩新严
封面设计	蔡思婕
责任印制	祝希茜
出版发行	浙江工商大学出版社
	（杭州市教工路 198 号　邮政编码 310012）
	（E-mail：zjgsupress@163.com）
	（网址：http：//www.zjgsupress.com）
	电话：0571-88904980，88831806（传真）
排　　版	杭州彩地电脑图文有限公司
印　　刷	杭州宏雅印刷有限公司
开　　本	710 mm × 1000 mm　1/16
印　　张	19.5
字　　数	270 千
版 印 次	2025 年 1 月第 1 版　2025 年 1 月第 1 次印刷
书　　号	ISBN 978-7-5178-6301-4
定　　价	89.00 元

本书系 2024 年浙江省哲学社会科学
重点研究基地预立项课题

浙学研究丛书编辑委员会

编撰说明

　　浙江作为"多元一体"的中华文明的发祥地之一，历史悠久，文脉绵长，这块并不算太广阔却深厚的土地，哺育了众多的思想家，如王充、虞翻、薛季宣、陈傅良、叶适、陈亮、吕祖谦、唐仲友、刘基、宋濂、方孝孺、王阳明、黄绾、王畿、刘宗周、黄宗羲、万斯同、全祖望、章学诚、龚自珍、俞樾、孙诒让、蔡元培、章太炎、王国维、鲁迅、马一浮、冯契等，他们都无愧为中国思想天空中的闪亮星座。

　　浙江省社会科学院哲学所自 1979 年成立以来，即把王阳明与阳明学派、刘宗周与蕺山学派、黄宗羲与清代浙东经史学派作为基础理论研究的主攻方向。在当代学界，浙江省社会科学院哲学所首任所长吴光先生首倡"浙学"研究，先是在 1993 年 10 月召开的"全国首届陈亮学术讨论会"上最早提出"王充是'浙学'的开山祖"①的观点，同年应邀赴中国台湾"中研院"中国文哲研究所访学时，做了题为"试论'浙学'的基本精神：兼谈'浙学'与'浙东学派'的研究现状"的演讲，梳理了"浙学"的源流与内涵，指出"所谓'浙学'，即发轫于北宋、形成于南宋而兴盛于明清的浙东经史之学"；此后，倡议并实际主编了国内首部浙学研究专题论文集——《浙学研究集萃》（署名"万斌主编，吴光、滕复副主编"，上海古籍出版社 2005 年版）；

---

① 永康市陈亮研究会编：《陈亮研究论文集》，杭州大学出版社 1994 年版，第 212 页。

在此前后，还陆续发表了《简论"浙学"的内涵及其基本精神》《关于"清代浙东学派"名称与性质的辨析——为"清代浙东经史学派"正名》《关于"浙学"研究若干问题的再思考》《浙学的时代价值》等一系列具有原创性质的浙学相关文章。

吴光先生在《简论"浙学"的内涵及其基本精神》（《浙江社会科学》2004 年第 6 期）一文中从理论上论述了"浙学"的历史渊源与思想内涵，并对"浙学"的内涵做了狭义的、广义的、中义的区分：狭义的"浙学"（或称"小浙学"）概念是指发端于北宋，形成于南宋永嘉、永康地区的以叶适、陈亮为代表的浙东事功之学；中义的"浙学"概念是指渊源于东汉、形成于两宋、转型于明代、发扬光大于清代的浙东经史之学，包括东汉会稽王充的"实事疾妄"之学和两宋永嘉之学、永康之学、金华之学、四明之学，以及明代王阳明心学、刘蕺山慎独之学与清代以黄宗羲、万斯同、全祖望为代表的浙东经史之学；广义的"浙学"即"大浙学"概念，指的是渊源于古越、兴盛于宋元明清而绵延于现当代的浙江学术思想传统与人文精神传统。这个"大浙学"，是狭义的"浙学"与中义的"浙学"概念的外延，既包括浙东之学，也包括浙西之学；既包括浙江的儒学与经学传统，也包括浙江的佛学、道学、文学、史学、方志学等学术传统。进而将"浙学"传统的基本精神概括为"求实、批判、兼容、创新"，认为王充的"实事疾妄"、叶适的"崇义养利"、黄宗羲的"经世应务"、蔡元培的"兼容并包"是浙学精神的典型体现。

浙江省社会科学院哲学所的滕复、徐儒宗、钱明、陈永革、张宏敏研究员也就"浙学"的内涵与理论特质出版或发表了一系列的论著或文章，比如《论浙东学术》《关于"浙学"的学派思想个性及地域特色》《陈亮与浙江精神》《婺学之开宗，浙学之托始》《婺学通论》《浙学通史》《"浙学"涵义的历史衍变》《"浙学"的现代呈现——以绍兴知识群的阳明情结为例》《刘宗周及蕺山学派漫议：学风健实的浙学渊源》《"浙学"中的廉政思想及其时代价值》《浙学与徽学之间》《从"浙学"渊源看浙江精神》《从王充看浙学的学术渊源》《浙学中的民本主义传统与当代善治》《试析浙学与蜀学的共同特质》《浙学与北学的交涉史》等，牢牢确立了浙江省社会科学院哲学所在学术界"浙学"研究中的领先地位。

我们研究阐释"浙学"，首要的任务就是界定"浙学"的概念，明确"浙学"的历史文化渊源与内涵、外延。当今学界对"浙学"概念的理解与界定存有分歧，在究竟谁是"浙学的开山祖"问题上也存有不同的意见，本书关于"浙学"概念的界定，则借鉴吴光先生首倡的"大浙学"理念。依照"大浙学"的定义与浙江思想、文化、学术史在上古、中古、近古、近代、现代、当代的发展线索，本报告共设十章。章目依次为"浙学理论综合研究""浙江史前文化、舜禹文化、越国历史文化研究""汉唐浙学研究""宋元浙学研究""明代浙学研究""清代中前期浙学研究""近现代浙学研究""现当代浙学研究""浙江名山名水与地域文化研究""红船精神、浙江精神、浙商精神研究"。这里，需要向读者朋友说明的有三点。

第一，本书《浙学研究年度报告 2022》，是《浙学研究综合报告》（浙江人民出版社 2020 年版）、《浙学研究年度报告 2019》（浙江大学出版社 2021 年版）、《浙学研究年度报告 2020》（浙江大学出版社 2022 年版）、《浙学研究年度报告 2021》（社会科学文献出版社 2023 年版）的延伸。对历史上浙籍学者的生平学行、浙学文献的编校整理、浙江学派的成员学脉等基本情况的介绍，请参阅《浙学研究综合报告》《浙学研究年度报告 2019》《浙学研究年度报告 2020》中的文字介绍。

第二，由于本书编者学力、精力有限，以及编者本人的研究方向为中国哲学史，故而本书对浙江历史上出现的哲学家、思想家、史学家以及相关的研究成果有较多关注，而对浙江历史上文学家、自然科学家及其研究成果的关注则相对较少。

第三，本书附录一篇"2022 年浙学学术活动大事记"。鉴于出版字数限制，且 2022 年浙学研究论著或文章的作者、书（文）名、出版机构（发表刊物）已在本报告正文中呈现，故而不再设"2022 年浙学研究论著索引"以及学术出版物中的"参考文献"。

需要说明的是，本书在编撰过程中，通过"中国知网"平台检录了与"浙学"有关的大量论文，编辑摘录了学界同人关于"浙学"研究的高论与观点，为保护作者的知识产权，本书在正文中一一标识了相关信息（著作的作者名、出版社、出版时间，论文署名、发表的期刊、具体期数）。在此，谨向学界同人的辛苦努力表示诚挚的感谢！相关作者如需本报告，请联系本报告撰稿人张宏敏，他的电子邮箱是 zhanghongmin2008@126.com。

限于编者本人的学力、精力，本书难免存在疏漏，敬请读者朋友指正。同时，我们特别希望学界同人一如既往地关注并支持浙学基础理论研究，使得传统浙学在新时代实现创造性转化与创新性发展，让我们为 21 世纪新浙学乃至新时代浙江学派的建构同心同行！

本书编者

初识于 2023 年 6 月 30 日

目　录

第一章　浙学理论综合研究

　　悠久灿烂的中华传统文化，由众多地域文化构成。"浙学"是中华优秀传统文化的重要组成部分，同时也具有鲜明的地域特色与时代风格。在新的历史时期，深化具有浙江地域学术特色的"浙学"研究，无论对继承和发展浙江历史上的优秀传统文化，还是对当下正在开展的"打造新时代文化高地""社科强省"建设，都具有重大的理论意义与现实价值。

　　2022年的"浙学"研究，主要依托中国哲学史、中国古代史、中国文化史、中国思想史等二级学科展开。涉及的研究专题有浙东学派、浙东学术、浙东史学、永嘉学派、永康学派、金华学派、阳明学派、蕺山学派、梨洲学派、红船精神、浙江精神，以及历史上浙江籍著名思想家王充、吕祖谦、陈傅良、叶适、陈亮、王阳明、刘宗周、黄宗羲、全祖望、章学诚、章太炎、马一浮、冯契等人的专案研究。"浙学"学统的理论特质是"经史之学""经制之学""事功之学""心性之学"，而其基本精神则是"实事疾妄""兼容并包""经世致用""知行合一"。2022年，来自浙江省内外高校科研机构及党政领导部门的理论工作者，通过撰写专著、刊发论文、学术研讨等多种形式推动了"浙学"理论的综合研究，从而进一步揭示了"浙学"的理论特质与时代价值。

第一节　浙学的理论特质研究

作为一种地域学术，浙学的理论特质及其起源，包括浙学与其他地域学术的互动研究，依旧是 2022 年学界关注的重点议题。

一、浙学的理论特质及其起源研究

吴光主编《浙江儒学通史》（浙江人民出版社 2022 年版）一书，分汉唐卷（白效咏等著）、宋元卷（董根洪、王希坤著）、明代卷（钱明等著）、清代卷（张宏敏等著）、近现代卷（宫云维等著）共 5 卷，梳理与分析了两千多年来浙江地区儒家学者的思想发展脉络，以王朝兴替作为基本叙事时序，五个时段构建出从王充到马一浮近百位浙江籍儒家学者的学术框架，是一套贯通浙江古今儒家学派、全面系统地研究浙江儒学史的系列专著。参与书稿写作的各位作者以浙江儒学的发展为主线，揭示了浙江儒学的多元性；贯通传承发展脉络，揭示了浙江儒学的历史性；提炼基本精神，展示了浙江儒学的现代性。

张宏敏编著《浙学研究年度报告 2020》（浙江大学出版社 2022 年版）一书，依照"大浙学"的定义与浙江思想、文化、学术史在上古、中古、近古、近代、现代、当代的发展线索设章目，依次为"浙学理论综合研究""浙江史前文化、舜禹文化、越国历史文化研究""汉唐浙学研究""宋元浙学研究""明代浙学研究""清代中前期浙学研究""近现代浙学研究""现当代浙学研究""浙江名山名水与地域文化研究""红船精神、浙江精神、浙商精神研究"。

汪俊昌、李圣华、王锟主编《浙学》（第二辑）（国家图书馆出版社 2022 年 10 月版）一书，共收录文章 14 篇，包括学术史研究 3 篇、名家研究4篇、文献研究5篇、书评2篇。内容非常丰富,既有对浙学的内涵、精神、学派人物与当代价值的学术史研究,又有阮元与浙学、宋濂学术渊源新探、北山四先生学术思想与著述考、黄宗羲遗民史观发微等研究结果。

诸凤娟等《明清时期两浙儒学的演变与定位》(《浙江社会科学》2022年第7期)一文指出,历史上围绕"浙学"展开的争议,在一定程度上反映了当时人们对宋明以来浙江人以及浙江儒学评价标准的严重分歧,而以阳明心学为代表的明代浙江儒学自然成了此后对峙各方的主要靶点和首要争论点。总结以宋明时期为中心的浙江儒学发展史,应该在适当调整和补充的前提下,以黄宗羲的《明儒学案》为基本路径和操作模式。尽管《明儒学案》中对王门诸子所做的抑扬、褒贬性的比较研究带有不少成见和偏颇,但黄宗羲所选择的明代人物、梳理的几条主线,还是具有很高的学术价值和客观依据的。而黄宗羲以阳明心学为主线编撰《明儒学案》的理念和方法,其实并非其首创,明人刘鳞长在任浙江提学副使时所编撰的《浙学宗传》可谓其先河。刘著的意义不仅在于突出了浙江心学传统的一脉相承性,而且在于第一次将在学术上一直受冷遇的"浙西"之学也纳入他们的考察范围。

2022年7月15日,"《浙江通志》首发式暨编纂工作总结大会"在浙江省人民大会堂举行。时任浙江省委副书记、省长,《浙江通志》编纂委员会主任王浩出席会议并讲话。他强调,《浙江通志》的编纂发行,是文化强省建设的重大标志性成果,必将为守好"红色根脉"、增强浙江文化自信、打造新时代文化高地提供有力支撑,必将在地方志史、浙江文化史上留下浓墨重彩的一笔,必将成为浙江省文化高地建设的一座耀眼丰碑。之后,"《浙江通志》研讨会"随即举行,来自省内外有关单位的领导、专家学者,就《浙江通志》的编纂成就和编纂特色进行了深入探讨,对《浙江通志》的编纂出版给予了高度评价。据悉,《浙江通志》编纂工作起步于2011年,于2022年6月全面完成出版任务。《浙江通志》共113卷,其中公开出版111卷、131册,计1.13亿字。

2022年8月1日,由浙江省文史研究馆、浙江出版联合集团、嘉兴市委宣传部联合举办的"《浙江文史记忆》丛书首批新书发布会"在杭州举行。浙江省委常委、常务副省长徐文光，省文史研究馆馆长王永昌共同为新书揭幕。《浙江文史记忆》丛书由省卷 1 卷、市卷 11 卷、县（市、区）86 卷，共 98 卷组成，本次发布的新书为率先出版的省卷和嘉兴市、县（市）卷。据悉，《浙江文史记忆》丛书以浙江历史上的重大文明实践、重大思想文化成果、重要文化名人为基本线索，简要介绍自浙江文化发祥至 2021 年（中国共产党成立 100 周年）间的重要"文史记忆"，比较系统地展示了浙江省域历史文化风貌和地方历史文化总体特征，突出阐释浙江在文史哲、科学、教育、艺术等方面的发展历程和人文脉络，坚持史实性、准确性、思想性和学术性，并在确保事实准确、严谨的基础上，尽可能叙述生动、雅俗共赏，让读者喜闻乐见。《浙江文史记忆》丛书充分体现了浙江文化中诸多亚文化的个性特点，凸显富有特色的各地区域文化，力求通过总结浙江历史上的重大人文事件来挖掘浙江文化的丰厚底蕴，展示浙江文明成果，传承浙江文化根脉，呈现浙江人文精神和文化品质，推进新时代文化浙江建设。

二、浙学与中华地域学术的互动

悠久灿烂的中华文化呈现出"多元一体"的学术格局，不断衍生出独特多元的地域学术形态，如浙学、徽学、蜀学、湖湘学、洛学、关学、闽学、琼学等，可谓百花齐放。浙学与琼学等其他地域学术的互动是 2022 年浙学研究的一个热点。

王惠平主编的《源远流长：琼浙文化对话》（海南出版社 2022 年 5 月版）一书，收录了 2020 年 12 月于海口举办的"2020《海南周刊》文化学术年会·源远流长——琼浙文化对话会"上与会学者的参会论文，包括《秦汉时期江南文化对海南的影响》《明代岭海巨儒钟芳浙江任职考略》等，多角度、多视角地追溯了琼浙两地文化历史渊源。其中，浙江省社会科学院哲学所张宏敏的论文指出，浙人与琼人的最早互动，或许可追溯至汉武帝时期，浙江会稽郡人孙幸、孙豹父子相继出任珠崖郡太守。从三国东吴经学家虞翻晚年在交州的讲学授徒布道，到北宋一代文豪苏轼在浙江、海南两地任职并留有惠政，一代代浙籍、琼籍思想家在相互交往的过程中，促成了浙学与琼学的紧密互动，也使得两者具有了以"兼容""批判""清廉"为基本精神的共同的学术特质。

第二节　浙学的时代价值研究

浙学作为一种区域学术传统，为历史上中华学术思想的形成、发展提供了重要的学术支撑。时至今日，在打造具有中国特色、中国风格、中国气派的学术话语体系中，传统浙学经过创造性转化之后，又能为中国学术话语体系的建构提供理论支撑与现实启迪。

2022 年 6 月 20 日，浙江省第十五次党代会报告要求："打造新时代文化艺术标识。深化新时代文艺精品创优工程，建设之江艺术长廊，提升大运河国家文化公园、四条诗路文化带能级，实施宋韵文化传世工程，推进上山、河姆渡、良渚等文明之源大遗址群和温州宋元码头遗址等海上丝绸之路遗址保护利用，提升阳明文化、和合文化、黄帝文化、大禹文化、南孔文化、吴越文化以及浙学等优秀传统文化影响力，做好非物质文化遗产传承保护，打造文博强省。"[①]

2022 年 7 月 29 日，经浙江省第十三届人民代表大会常务委员会第三十七次会议通过，自 2022 年 10 月 1 日起施行的《浙江省哲学社会科学工作促进条例》（浙江省第十三届人民代表大会常务委员会公告第 73 号）

---

① 袁家军：《忠实践行"八八战略"　坚决做到"两个维护"　在高质量发展中奋力推进中国特色社会主义共同富裕先行和省域现代化先行——在中国共产党浙江省第十五次代表大会上的报告》，《浙江日报》，2022 年 6 月 27 日。

第十一条指出："本省实施文化研究工程，开展浙江历史文化和当代发展研究，加强以红色根脉为核心的革命文化、浙江精神为主题的社会主义先进文化、宋韵文化等为标识的优秀传统文化研究，形成原创性、标志性文化研究成果。"[①]

吴光、王宇、张宏敏合著的《浙学通论》(浙江大学出版社 2022 年 8 月版)一书，聚焦浙学的理论结构，将其思想划分为世界观(本体论)、知行观(认识论)、价值观(义利论)、文化观(多元包容论)、政治观(民本民主论)五大版块，并分析浙学概念的演变过程和内涵外延，勾勒浙学发展的趋势，概括其发展特色，总结浙学研究的现状，展望未来趋势，分析其当代价值和时代意义。

杭州国家版本馆编撰的"杭州国家版本馆展览系列丛书"(浙江人民出版社 2022 年 10 月版)，共四册，分别是《文献之邦——江南版本文化概览图录》《千古风流——浙江历史文化名人展图录》《盛世浙学——浙江文化研究工程成果展图录》《潮起之江——"重要窗口"主题篆刻图录》。丛书以时间与发展为顺序，从版本文物、文献、文化名人、印章等多个方面，讲述江南版本文化故事，传承中华文明，感悟中华文脉，彰显浙江精神，把握时代潮流。

第三节　浙学文献整理的新进展

2022 年浙学文献整理的一大看点是"浙江文丛"的陆续出版，比如周梦江点校的《陈傅良集》(浙江古籍出版社 2022 年 9 月版)，陈光熙点校的《许景衡集》(浙江古籍出版社 2022 年 1 月版)，等等。

[①]《浙江省哲学社会科学工作促进条例》，浙江社科网，2022 年 7 月 31 日。

　　陈东辉等编著的《孙诒让研究文献目录》（台北经学文化事业有限公司 2022 年 5 月版）一书，对海内外学界的孙诒让研究论著予以全面汇总。彭喜双、陈东辉编著的《俞樾研究文献目录》（台北经学文化事业有限公司 2022 年 5 月版）一书，对海内外学界的俞樾研究论著予以全面汇编。陈东辉编著的《阮元研究文献目录》（台北经学文化事业有限公司 2022 年 1 月版）一书，对海内外学界的阮元研究论著予以全面汇辑。

　　2022 年 8 月 4 日，"花落春仍在，书传意更长——《俞樾全集》出版座谈会"在线上举行。《俞樾全集》以凤凰出版社影印南京博物院藏光绪末增订重刊《春在堂全书》本为底本，由复旦大学汪少华教授、东南大学王华宝教授主持整理，历近十年时间而成。全书近千万字，共计三十二册，是对俞樾学术思想、文字作品的全新系统呈现。《俞樾全集》是迄今为止内容比较齐全、校勘比较精审、标点比较准确的一个最新版本，是值得充分肯定和赞扬的。

　　此外，《台州文献丛书》《处州文献集成》《四明文库》的编纂出版、《永康文献丛书》的开始出版与《温州大典》《绍兴大典》的启动编纂，也是 2022 年浙学文献研究的亮点。

第二章 浙江史前文化、舜禹文化、
越国历史文化研究

本报告认为，"大浙学"的外延，可上溯至作为浙江文化之源的史前文化、舜禹文化、越国历史文化（古越文化），它们均属于"浙学之源"。

第一节　浙江史前文化研究

浙江的史前遗存极为丰富，从距今 100 万年到四五千年都有大量考古发掘。以旧石器时代为例，有距今 100 万年的长兴七里亭遗址、距今约 80 万年的安吉上马坎遗址、距今 10 万年左右的"建德人"遗址、距今 1 万至 2 万年的桐庐古人类化石。浙江的新石器时代遗址则以上山文化、跨湖桥文化、马家浜文化、崧泽文化、河姆渡文化、良渚文化、钱山漾文化为典型。环太湖流域的河姆渡文化、马家浜文化、崧泽文化、良渚文化和钱山漾文化等史前文化，皆可视作"先越文化"，是谓"越文化"的发端，并由此奠立了"浙学"之滥觞的"越文化"发展的基本走向。

兹对 2022 年学界（主要是考古学界）对上山文化、跨湖桥文化、井头山遗迹、马家浜文化、崧泽文化、河姆渡文化、良渚文化和钱山漾文化研究的新进展予以胪列。

由浙江省文物局、浙江省文物考古研究所、浙江大学 20 位专家倾力打造的"浙江考古与中华文明"丛书（第一辑）（浙江人民出版社 2022 年 10 月版）出版，包含《浙江新石器时代考古》《越国考古》《浙江汉六朝考古》《吴越国考古》《南宋墓葬研究》《良渚古城与中华文明》《良渚玉器与中华文明》《稻作文明探源》《浙江史前陶器》《浙江史前美术》《浙江古代青瓷》等 11 部，分为互补的两个系列：一是通史系列，从新石器时代贯通至南宋，具有较强的体系性；二是专史系列，涉及城邑、玉器、农业、陶器、美术和瓷器，涵盖了新石器时代文化和社会的大部分内容。《浙江古代青瓷》则从夏商之际瓷器诞生，一直写到清代青瓷衰落，跨度达三千余年。本丛书系统梳理了 80 多年来浙江的考古成果，深入发掘浙江文化根脉和传承体系，力图为中华文明探源贡献浙江材料支撑，进而长时段、多角度呈现浙江文化在中华文明发展中的卓越贡献。

一、浦江上山文化研究

2022 年 9 月 26 日，由浙江省文物局、金华市委宣传部主办，浙江省文物考古研究所、金华市文化广电旅游局承办的"万年上山 世界稻源"——上山文化考古特展暨 2022 年度"让文物走进百姓生活"系列活动在金华市博物馆拉开帷幕。本次特展是在中国国家博物馆展出后，首次回到孕育了上山文化的地方——金华展出。展览汇集了近 200 件上山文化早、中、晚三期极具代表性的文物，包括最早的炭化稻米、彩陶、定居村落遗迹等上山文化重要标志性遗存。金华市文化广电旅游局原党委书记、局长叶顺清表示，近年来，金华编制实施上山考古遗址公园总体规划，成立浙中考古基地，组织拍摄《万年上山》纪录片，成功举办上山遗址发现 20 周年学术研讨会等工作，让"上山文化"作为"世界稻作之源"获得了国内外学术界广泛认可，推动"上山文化"迈上申遗新台阶。[①]

2022 年，学界有数篇论文涉及对上山文化历史地位的总结。

王巍《万年上山文化，奠定文明基础》（《自然与文化遗产研究》2022 年第 6 期）一文指出，上山文化是目前所知长江下游地区最早的一支新石器时代考古学文化，距今 10000—8500 年。上山文化被发现已有 20 多年，与"中华文明探源工程"的实施年代基本重合。20 多年来，在浙江省文物考古研究所和相关考古机构广大同人的密切配合下，我们对上山文化的年代、分布、文化面貌、生业形态、精神信仰以及社会结构等方面有了相当程度的了解。上山文化是中国百年史上具有里程碑意义的重大发现，具有重要意义。

蒋乐平、林舟、仲召兵《上山文化——稻作农业起源的万年样本》（《自然与文化遗产研究》2022 年第 6 期）一文认为，上山文化是长江下游距今万年前后一支重要的考古学文化，21 处遗址构成的遗址群分布在钱塘江上游周围的河谷盆地，是迄今中国发现的数量最多、分布最密集、年代最早的新石器时代遗址群。遗址群内普遍发现栽培、收割、加工和食用的稻作文化遗存和环壕、房址等定居证据，神秘彩陶图案成为稻作农业社会初始阶段信仰体系的重要符号。丰富而翔实的田野考古资料表明，上山文化是研究世界稻作农业起源的万年样本。

孙瀚龙《上山文化：长江下游的稻作社会与农业文明》（《自然与文化遗产研究》2022 年第 6 期）一文指出，位于钱塘江流域的上山文化处于旧石器时代向新石器时代过渡的关键阶段，年代最早距今约 10000 年。上山文化是目前世界最早的稻作农业起源地，21 处遗址集中分布在以金衢盆地为中心的浙江中南部地区。其作为一个有机整体，空间分布广、遗址数量多，文化特征与风格表现出一致性，遗址群内普遍发现与水稻栽培、加工、利用相关的系列证据，炭化稻米、小穗轴和植硅体遗存共同表明上山文化发现的水稻已经具备明显的驯化特征。磨盘、磨石作为研磨脱壳工具数量较多，石

---

① 《国博展出归来，"上山文化考古特展"亮相金华》，浙江新闻客户端，2022 年 9 月 27 日。

片石器作为收割工具也大量存在，陶器胎土羼和料频繁使用稻壳、稻秆等显示了上山文化对水稻的综合认知和利用。上山文化几处重点遗址都发现了比较成熟的农业定居形态：环壕结构清楚，聚落空间规划有序。规模较大的房屋、随葬较多器物的墓葬、集中分布的器物坑和红烧土仪式广场，还有石器加工制造场所都表明居住空间集合了多重功能和用途。以上山文化为起点的稻作农业社会在后续的跨湖桥文化、河姆渡文化、马家浜文化、崧泽文化时期得到继承与发展，并在良渚文化时期达到顶峰，稻作农业对良渚文明和中国南方文明产生了深远影响，并在与中国北方的互动交流中参与了整个史前中国的形成过程。从世界性范围来看，水稻的驯化以及稻作的传播，对东亚、东南亚和太平洋岛屿地区的农业化进程和文明化进程具有革命性意义。水稻起源的价值和贡献不言而喻，而目前在《世界遗产名录》中尚未提名稻作农业起源的项目，作为最早稻作农业起源地的上山文化恰好能填补这一空白。

陈同滨、王琳峰、李敏《上山文化遗址群的遗产潜在价值与保护特征初探》（《自然与文化遗产研究》2022年第6期）一文认为，"上山文化遗址群"具有揭示人类稻作农业起源的潜在可能，是见证人类文明社会发展历程重要阶段的优质资源，可向世界展现中国对人类农业革命的伟大贡献。鉴于农业起源研究及其相关资源保护涉及多学科交叉内容，文章仅从资源保护的角度，以规划调研资料为基础，依托目前的考古发掘和学术研究进展，尝试对"上山文化遗址群"的潜在遗产价值标准与现存环境特征展开初步的分析与探讨，并于全球农业遗产视野下开展初步的比较研究，进而提出基于遗产价值的系列遗产"上山文化遗址群"资源保护与管理的框架性策略。

二、萧山跨湖桥文化研究

2022年9月29日，为加强对跨湖桥文化的研究、挖掘、提升及传播工作，专家学者齐聚杭商传媒，倾情畅谈跨湖桥文化建设。

（1）浙江大学管理学院原院长魏江对跨湖桥文化的传承与发展提出了三点建议：一是着重强调萧山文化历史积淀，凝练萧山文化特色；二是丰富跨湖桥文化的表现手段，利用音乐、故事、符号、图像等形式进行多样化呈现；三是整体布局，合理开发跨湖桥遗址周边区域，以系统化思维打造跨湖桥文化品牌。（2）浙江大学传媒与国际文化学院院长韦路以视频形式，就跨湖桥文化的国际传播发表看法。他提出，在内容上，应挖掘"最"元素，凝练跨湖桥文化标志性内容；在形式上，应借助纪录片、短视频等多种形式，提升跨湖桥文化的传播力；在渠道上，应打造跨湖桥文化的全媒体传播矩阵，提升跨湖桥文化知名度；在情景上，应借助亚运会等重大活动或其他重大事件，推动跨湖桥文化扬帆出海。（3）澎湃新闻原副总编辑胡宏伟认为，具有 8000 年历史的跨湖桥独木舟，是江河文明与海洋文明的"连接者"，在传播跨湖桥文化的过程中，应立足大视野，怀揣大格局，着重突出独木舟的文化标识，树立起跨湖桥文化的唯一性与独特性，借此实现突围。（4）杭州市文联原副主席陈涛提出，对于文化的挖掘与传承，什么时候开始都为时不晚。在讲好跨湖桥故事时，应将跨湖桥遗址放在更大的文化地图上，分析跨湖桥文化与周边文化的联系与区别，在深入研究后，真正提炼出跨湖桥文化的价值所在。（5）杭商传媒董事长马晓才认为，8000 年的跨湖桥文化源远流长，应充分利用这一优势，着力打造跨湖桥文化品牌，凝练跨湖桥文化的精神气质，以跨湖桥文化发展为窗口，为湘湖乃至萧山的经济发展培植深厚土壤。（6）杭州市萧山区委常委、宣传部部长周胜华表示，萧山区将高质量做好跨湖桥遗址和跨湖桥文化的科学保护、系统研究、永续传承和活态利用的文章，推动跨湖桥文化系统研究再提升，擦亮跨湖桥文化品牌，不断增强跨湖桥文化的号召力、吸引力、影响力、传播力，共同推动跨湖桥独木舟驶向世界。（7）杭州市政协副秘书长、办公厅主任郭初民指出，跨湖桥文化是杭州人民引以为傲的宝贵财富，为研究整个长江流域的文化提供了重要线索。但当前，跨湖桥遗址的学术价值有待提高，其传播方式及力度有待优化。希望有关部门开展更深入的研究，借助跨湖桥独木舟，串联起更深厚的历史积淀，进一步丰富跨湖桥文化内涵。①

2022 年，学术界有 1 篇论文与跨湖桥文化研究相关。

王樾群《大地、太阳与水的旋律》（浙江师范大学硕士学位论文，2022 年 6 月）一文认为，跨湖桥文化距今 8200—7000 年，位于中国大陆东南沿海的季风区，是浙江新石器早期的考古学文化。该文以跨湖桥文化的考古成就为基础，通过对跨湖桥文化的典型遗址——跨湖桥遗址所在地区的自然生态环境、生产生活工具和方式等进行多方面的分析和研究，在一定程度上还原了古跨湖桥人生存的水乡家园，并以此为依托阐述了跨湖桥文化的审美实践方式、审美文化结构与美学史意义。

三、余姚井头山遗址研究

童杰、龚缨晏《井头山遗址在世界史前史研究中的意义》（《浙江社会科学》2022 年第 5 期）一文指出，距今 8000 年的井头山遗址，是中国现今所知最早的贝丘遗址。它不仅为深入研究史前全球海平面的升降过程提供了难得的材料，而且也为研究世界史前史提供了珍贵的实例。井头山遗址表明，当时浙江沿海曾经生活着一批"滨海狩猎—采集—渔捞者"，他们已经利用独木舟之类的"早期水上航行器"在附近的浅海上活动。史前浙江文化的璀璨全图，就是由包括贝丘文化在内的多种文化共同构成的。井头山遗址还表明，中华文明从来源上来说是多元的、开放的、包容的。

四、嘉兴马家浜文化研究

2022 年，涉及马家浜文化研究的论文有数篇：何东风、宋姝、马竹山等的《海盐彭城遗址出土一批马家浜文化遗存》（《东方博物》2022 年第 4 期），吴嫣的《浅议牛在马家浜时期的作用》（《华夏文化》2022 年第 1

---

① 王姿娇：《专家学者齐聚，倾情畅谈跨湖桥文化建设》，杭商传媒微信公众号，2022
年 9 月 30 日。

期），郑铎的《圩墩遗址出土史前动物陶塑及其社会功能考辨》（《南方文物》2022 年第 1 期）。

五、上海青浦崧泽文化研究

2022 年，研究崧泽文化的论文主要有：单思伟的《南河浜遗址崧泽文化晚期墓地试析》（《江汉考古》2022 年第 5 期），郑铎的《从东山村遗址看崧泽文化早、中期社会权力的来源》（《考古》2022 年第 5 期），黎海明、郑铎、刘真等的《长江下游地区崧泽文化时期农业形成及其影响因素研究》（《地理科学》2022 年第 10 期），戎静侃的《崧泽文化的带镦石斧》（《大众考古》2022 年第 11 期），戎静侃的《考古百年 风起崧泽》（《检察风云》2022 年第 11 期），周峰的《探析崧泽文化在高层住宅外立面设计中的应用》（《山西建筑》2022 年第 18 期）。

六、余姚河姆渡文化研究

2022 年，研究河姆渡文化的论文有数篇：陈立未的《河姆渡的图形元素及在设计中的应用策略》（《宁波工程学院学报》2022 年第 2 期），蔡运章的《河姆渡文化陶钵"猪形图像"解读》（《中国社会科学报》2022 年 5 月 19 日），陈旭钦的《长江国家文化公园建设启动在即 河姆渡文化如何借"东风"申遗？》（《宁波通讯》2022 年第 7 期），赵敏哲、夏千惠的《动植物考古：从遗迹了解河姆渡文化》（《科学 24 小时》2022 年第 4 期），周白韬的《由河姆渡朱漆木碗看对中国漆文化的影响》（《中国生漆》2022 年第 1 期），陈沛佳、汤明霞、厉飞芹的《乡村振兴背景下文化遗址的保护与开发研究——以河姆渡遗址为例》（《农村经济与科技》2022 年第 4 期）。

七、余杭良渚文化研究

2022 年，学术界围绕良渚文化，出版了多种专著，发表了百余篇论文，研究主题涉及良渚古城遗址及其考古发现、良渚陶器、良渚玉器、良渚文字、良渚先民的生产生活、良渚文化与中华文明的关联、良渚文化的比较、良渚文化的传播、良渚古城遗址的保护与良渚文化村的建设与规划、良渚文创产品的研发等。

方向明、赵晔、陈明辉等著"良渚文明丛书"（第二辑）（浙江大学出版社 2022 年 7 月版）。该丛书为良渚文化科普类大众读物，由浙江省文物考古研究所第三代、第四代考古人领衔打造，以良渚的几大文化特征为出发点，内容涵盖良渚考古发现史，如堪称良渚社会侧影的卞家山遗址，迄今等级最高、出土玉器数量最多、最具影响力的良渚文化墓地瑶山，等等。

（一）良渚古城遗址及其考古发现研究

刘斌《寻找失落的文明：良渚古城考古记》（浙江古籍出版社 2022 年 7 月版）一书，一方面对良渚古城遗址、良渚水坝、出土器物及良渚文明的影响等进行了准确、细致的介绍；另一方面又结合数十年考古经历，记叙了良渚古城每一个标志性时刻的发生与发现过程中的思考。

陆嘉杭《景观基因理论视角下遗址类文化遗产保护研究——以良渚古城遗址为例》（《建筑设计管理》2022 年第 12 期）一文从景观基因理论的视角出发，分析良渚古城遗址的景观基因特点并提出保护发展建议。

（二）良渚陶器研究

罗洪文《浅议良渚文化陶器的审美特征》（《陶瓷科学与艺术》2022 年第 8 期）一文认为，良渚陶器是陶器烧制进程中重要的里程碑，还原焰烧陶技术、快轮制陶技术、端庄美观的实用造型、寓含人文精神的审美追求等都体现了良渚陶器的杰出成就。

（三）良渚玉器研究

李默然《宇宙知识与个人转变：再论良渚文化玉琮》（《东南文化》

2022 年第 5 期）一文指出，良渚文化玉琮独特的造型蕴含了萨满式的宇宙知识，它是一种仪式中的"通道"，承载着一段通往不同界域的转变之旅。玉琮上面雕刻的兽面等主体纹饰是良渚人在玉器上反复刻画的人、兽、鸟的结合与转化，这种转变状态恰如蝉之蜕变，被以弦纹的形式标识出来。

李平、廖宗廷、周征宇《良渚玉器中的地质语言》[《同济大学学报》（自然科学版）2022 年第 8 期] 一文指出，良渚文化因出土了大量精美的玉器而闻名世界，但其玉料的来源存在着较大的争议，这是探讨良渚文化是否为本土文明的关键线索之一。除了被赋予的社会属性以外，玉首先是特定地质作用下形成的矿产资源，这决定了地球科学是古玉研究中极为重要的一环。该文章以地球科学的思想和方法为指导，结合良渚玉器的矿物特征、岩石结构、化学成分等，剖析了其携带的地质信息，探讨了良渚玉料和小梅岭软玉的亲缘性，支持良渚文化的本土起源这一说法。

（四）良渚文字研究

朱辞《海边的"羽人"——兼论良渚神徽的社会功能》（《文物天地》2022 年第 3 期）一文认为，羽人划舟纹中的"羽人"元素与海洋文化有着密切联系，这一文化元素在良渚玉器的神人兽面纹上有着充分体现。良渚文化出土的大量玉器上雕刻的神人兽面纹可被称为"神徽"，是有标识性质的图案刻符，其不论繁简，均具有令符的功能。神徽是贵族阶层特享的权力象征，是良渚社会阶层分化的体现。神徽消亡后，"羽人"所代表的文化因素为东越、南越文化所继承，成为中华海洋文明的源头之一。

罗洪文《良渚时期"神人兽面"纹对青铜器饕餮纹的影响》（《陶瓷科学与艺术》2022 年第 10 期）一文指出，良渚玉器上的神人兽面纹，有人称为"兽面纹"或良渚玉器神像（神徽），在商周青铜上演化为神秘的饕餮纹。二里头文化和商代早期青铜器上的兽面纹，来源于良渚文化的兽面纹，但随着时间的推移，商代中晚期青铜器的兽面纹逐步形成自己的特色，这既是社会政治、经济、文化发展的结果，也是人类逐步走向自信的心路历程。

蔡运章、赵晓军《良渚文化两则陶器"符号"解诂》（《洛阳考古》

2022 年第 1 期）一文认为，良渚文化一件陶杯底部刻有"田戉"二字，"田"即田猎，"戉"读如"茂"，"田茂"是猎取禽兽、祭品丰盛之义；一件陶壶腹部刻有"菁戉（钺）五（午）矢（肆）"四字，大意是说：燔柴祭天，砍伐木柴，开始生火，陈放牲体。这两则"纪事文字"的发现和解读，说明距今 5000 多年前的良渚文化，已进入有文字记录的信史时代。

蔡运章、蔡中华《哈佛大学藏良渚文化陶壶上的纪事文字》（《洛阳考古》2022 年第 1 期）一文认为，哈佛大学沙可乐博物馆藏良渚文化陶壶铭文共有九字，记载了一位良渚贵族在乔迁新居祭典时，表示仍要秉持"谦敛节傲"的品德。这是目前所见史前时期最具思想意义的文字记录。这则壶铭的发现和释读，不但说明良渚文化已进入有文字记录的信史时代，而且对研究良渚先民的思想文化面貌也具有重要意义。

范佳敏《纹非饰也——关于良渚文化线刻符号的考察》（《美术教育研究》2022 年第 21 期）一文围绕良渚文化线刻纹饰展开研究，探讨纹饰中线条的造型方法、文化意涵和审美原则，从观象制器、器以藏礼、以形写意三个层面考察线刻纹饰，厘清纹饰的造物理念、礼制系统、符号能指。

（五）良渚先民的生产生活研究

曹峻、杨金东《生产模式与良渚社会的玉石手工业》（《东南文化》2022 年第 3 期）一文认为，结合已有生产模式的理论成果，根据生产者依附关系、产品性质、生产集中程度、规模和强度等方面的不同表现，对良渚文化中与玉石制作有关的遗址进行分类分析，可将目前观察到的玉石生产分为"家庭生产""家庭副业式作坊""群聚作坊"以及"依附式核心作坊"四种方式。这些不同的生产方式满足了社会中从下到上、从实用生产到礼仪装饰等不同层面的需求，从而共同构成良渚社会庞大的、多维度的玉石手工业生产体系。

李禹阶《良渚文化的自然主神崇拜独具特色》（《中国社会科学报》2022 年 7 月 21 日）一文认为，在史前中国各文化区域中，大多数呈现为以祖先神为主神的原始宗教及社会政治结构。然而，位于长江下游的良渚文化却呈现出罕见而独特的自然主神崇拜及政治体组织，它使史前中国文化表现出缤纷多彩的特征。

（六）良渚文化与中华文明的关联研究

陈声波《从考古资料看良渚文化的北进路线》（《东亚文明》，社会科学文献出版社 2022 年 12 月版）一文指出，作为中华文明满天星斗中的璀璨明星，良渚文化的北进意义深远，不仅促进了环太湖流域与海岱地区的文化融合，也为将来中华文明的形成奠定了坚实的基础。从考古资料来看，良渚先民向北推进，先到海安青墩，再北上阜宁陆庄，然后向西北抵达新沂花厅。除了陆上路线外，还应该有水路，或沿海而上，或溯河而上。这一路留下了大量良渚文化的遗存，考古资料丰富，北进路线清晰可辨。

李娜、丁品《良渚文化晚期侧扁足鼎及相关问题》（《东南文化》2022 年第 3 期）一文认为，环太湖地区的侧扁足鼎最早出现于崧泽文化晚期，至良渚文化中期一度在环太湖核心区消失，后又在本地传承和钱塘江流域因素的影响下，于良渚文化晚期重新出现并逐渐流行。良渚文化晚期侧扁足鼎的发展过程经历了数量逐渐增加的"量变"和最终取代 T 形足鼎的"质变"两个阶段。从文化面貌看，"质变"后形成的以侧扁足鼎为代表的一类新遗存应该属于钱山漾文化早期遗存。

王欢《基于符号学理论的良渚神人兽面纹样研究》（《新美域》2022 年第 8 期）一文结合现有考古学及艺术学材料，运用符号学理论展开对良渚玉琮纹样的造型语言、宗教文化等方面的深层解读，从而探究良渚神人兽面纹样造型所具有的视觉意义与美学价值。

（七）良渚文化的比较研究

杨子媛《良渚文化与古埃及古王国太阳崇拜的比较研究》（《东方收藏》2022 年第 1 期）一文认为，横向比较不同国家地区太阳崇拜的流传特点，可以更加深入地从政治、经济等多个角度来理解良渚文化与古埃及古王国的史前文化特色，探究神秘的太阳崇拜对早期先民生活所产生的深远影响。

张耀《感性与理性之审美——试论红山与良渚文化玉石雕刻造型》（《西

北美术》2022 年第 1 期）一文认为，红山文化与良渚文化是我国史前两个重要的文化类型。作为史前艺术的代表，红山文化与良渚文化玉石雕刻在艺术造型上具有各自特色鲜明的艺术风格。红山文化玉石雕刻造型追求简洁概括，良渚文化则以规整的平面、线突出造型，但两者在审美上注重神韵的表达，将艺术创造与自然形态有机结合。对两种史前文化玉石雕刻造型艺术的分析梳理，既呈现出两者共通的艺术规律，也体现出其内在的传统文化本质及艺术价值。

（八）良渚文化的传播研究

金晶《良渚器物纹饰文化符号的转化与数字化传播研究》（《文化创新比较研究》2022 年第 9 期）一文通过分析良渚器物纹饰数字化传播过程中存在的问题，以"理论研究—解构简化—数字活化—活化运用"4 个环节构建良渚器物纹饰文化符号的转化与数字化传播方法。

乔蕾、施慧敏《生态翻译视角下遗址文化的术语英译策略——以良渚遗址文化为例》（《海外英语》2022 年第 14 期）一文认为，良渚文化的英译外宣工作涉及颇多考古术语和专有文物名称，相关的术语英译非常值得研究。探讨遗址文化中的术语英译策略，可以更好地传播世界遗产文化。因此基于生态翻译理论，对地名英译和出土器物英译两方面进行了归纳分析，总结出了音译、直译、专名加通名等翻译方法，更进一步地理解了相关遗址文化翻译时在语言、文化、交际维度实现的转换。

冯雪静《基于良渚文化的高校传统文化育人路径探析》（《浙江交通职业技术学院学报》2022 年第 4 期）一文阐述了良渚文化的育人价值，总结了以良渚文化为代表的传统文化育人路径，分析了当前良渚文化育人存在的难点和问题，并就进一步提升育人质量提出了对策建议。

桂祖武《从"双中心"视角讲好良渚故事的思考》（《杭州》2022 年第 16 期）一文指出，良渚文化是中国文明起源阶段最为重要的历史遗址之一，对于讲好中华 5000 多年文明史的故事，讲清文明起源阶段中国人所创造的辉煌成就，讲透早期中国人的生产、生活及其历史传承，都具有重要意义。

（九）良渚古城遗址的保护及良渚文化村的建设与规划研究

季丽慧、都铭《考古遗址公园与旅游资源的共生发展研究——以杭州良渚古城遗址公园为例》（《华中建筑》2022 年第 9 期）一文以杭州良渚古城遗址公园为例，基于共生理论分析方法研判共生现状，构建游客满意度评价体系，提出三大共生优化策略：配套服务品牌化，提升景区发展活力；景区交通系统化，打造精品旅游线路；旅游体验参与化，创新文旅融合机制。希望能够对其他考古遗址公园与周边旅游资源的共生路径提供参考与借鉴。

（十）良渚文创产品的研发研究

王安宁、周新华《良渚博物院文创设计现状及前景探析》（《包装与设计》2022 年第 1 期）一文认为，良渚古城遗址是重要的世界文化遗产，其所承载的良渚文化正需要被更多人熟知。良渚博物院基于良渚文化的文创产品设计和研发发展迅速，积极讲好良渚故事。该文通过多方渠道的信息收集，对良渚博物院文创设计的现状进行了分析，同时也提出思考问题，探讨后申遗时代下良渚文创发展的前景与思路。

张萌、周赳《良渚文化在文创产品创新设计中的应用》（《设计》2022 年第 16 期）一文旨在改变考古文化庄严肃穆的刻板印象，传达给社会新的视觉形象，为传统文化面向新时代提供了参考，同时也为良渚文创产品的创新提供了新思路。

周波、夏国芳《良渚古城遗址文化旅游产品开发模式研究》（《广东轻工职业技术学院学报》2022 年第 4 期）一文通过分析良渚古城遗址的文化内涵，提出"历史文化＋旅游""遗产文化＋旅游""艺术文化＋旅游""农耕文化＋旅游"的良渚古城遗址文化旅游产品开发的四种模式，促进良渚古城遗址文化保护与发展。

八、湖州钱山漾文化研究

2022 年，不见研究钱山漾文化的论文。

第二节　虞舜、大禹文化研究

"大浙学"源头之一的"古越文化"，即春秋战国时期越国的历史文化。实则"古越文化"还可以追溯至上古三代时期的"圣王"——虞舜、夏禹在浙东会稽一带的历史活动及由此产生的虞舜文化、大禹文化。

一、虞舜文化研究

2022年10月23日，《浙江尧舜遗迹图》（审图号浙S〔2022〕41号）发布，这是以省份为单位的尧舜文化遗迹地图，意味着浙江在尧、舜、禹文化研究领域迈上新台阶。2018年以来，绍兴先后发布《绍兴禹迹图》《浙江禹迹图》《中国禹迹图》。2019年绍兴在编制《浙江禹迹图》时，越地37处舜迹也编入其中。2021年，当地发布《绍兴舜迹简图》，共收录舜迹28处。为更好地研究、保护、传承、利用尧舜这一中华文化遗产，2022年开始，受绍兴市文化广电旅游局委托，绍兴市鉴湖研究会深入开展《浙江尧舜遗迹图》编制工作。经过现场考证、文献查阅、专家咨询，《浙江尧舜遗迹图》共精选尧迹16处、舜迹103处，反映了尧舜文化在浙江的传播途径、核心地域、主要内容和形式。

2022年，学界同人围绕虞舜的生平事迹、虞舜文化的内涵及其现代价值进行了探讨，在各类杂志上发文若干篇，有力地推动了虞舜文化的研究。

张若杨《论虞舜行孝形象的演变——从孟子对虞舜行孝塑造谈起》（《邯郸学院学报》2022年第3期）一文指出，现在流行的二十四孝故事，第一位就是虞舜行孝。关于虞舜的行孝，上古文献《尚书》记载得非常含糊笼统，最早是《孟子》对虞舜进行了文学演绎，又经过汉代司马迁《史记》的进一步阐发，虞舜故事才不断生成。孟子对虞舜行孝的塑造影响了后世文本与图像的演变。东汉武梁祠汉画像石和内蒙古和林格尔壁画中体现了孟子关于虞舜为上古先王圣贤的形象；北魏司马金龙墓漆画屏风、宁懋石室有孟子演绎的"焚廪掩井"等虞舜受到家庭成员的迫害，仍痴心不改，履行大孝的举动。唐代敦煌文书《舜子变》关于孟子对虞舜"躬耕于历山"的记录增加了"孝感"成分，使得宋金元时期的墓葬图像"二十四孝"呈现出"象耕鸟耘"或"猪耕鸟耘"的固定形象。"大舜感天动地"成为元末固定二十四孝的首位孝子，这起源于孟子的塑造。

张京华《虞舜时期在中华文明起源中的贡献和地位》（《求索》2022年第 4 期）一文指出，虞夏商周，别称"姚姒子姬"，合称"四代"。"四代"是中国古代文明的起源时代。政治上的创举、社会伦理的开端、学术思想的起源，都发生在这一时期。《中庸》说孔子"祖述尧舜，宪章文武"，《汉书》接着说儒家者流"祖述尧舜，宪章文武，宗师仲尼"，可知"四代"是儒家公认的开创阶段。《尚书·虞夏书》记载的"虞廷十六字"，古称"三圣心传"，即"人心惟危，道心惟微；惟精惟一，允执厥中"。既然认为有"道心"，就必然承认世界上有统一的客观的规则；既然认为有"人心"，就必然承认人类的主观能动性，也承认人类的作为与天道相背离的可能性，而应时时加以警惕。这一界定和分疏，既是儒学、理学、心学的渊源，也是中国哲学的开端。虞舜时期是"四代"中最初的时期，虞舜时期影响着上古时期大约 1800 年的文明历程，直到孔子、孟子出现。

胡忠岳《走近虞舜时代：考古中推见的"原史"与"良政"》（《湖南科技学院学报》2022 年第 2 期）一文借助现代考古的丰富成果，从文化、经济、战争、尧舜联盟、政治架构等方面辨析尧舜时代的历史真伪，推见"原史"的本来面貌，并力图给尧舜联盟的政治架构及其所形成的"良政"勾勒出一个粗略的图景。

梁奇《论虞舜逃生传说的衍化及其衍生性文本》[《复旦学报》(社会科学版) 2022 年第 2 期]一文指出，虞舜遭到父母、弟弟陷害及其逃生的诠释源于《孟子》。在遵从《尚书》的同时，《孟子》增设虞舜遭难与逃生的故事情节，丰富了舜的孝子形象。汉至清代，该故事衍生出四种文本系统：瞽瞍与象焚廪、填井，虞舜自逃；瞽瞍焚廪，二妃助逃；"后母"主谋，神祇佑舜脱险；瞽瞍放生。其中家人的加害行为多依据初始文本《尚书》《孟子》，舜的逃生则有不同的传衍，与初始文本差异较大。虞舜自逃表达了司马迁的"怨慕"之情与生命隐喻，二妃助逃显示了刘向对二女智德的颂扬，神祇佑助突出了敦煌变文的民俗宗教底色与劝谏主题，瞽瞍放生彰显了焦循对父子亲情与孝道伦理的归复。这些衍生性文本丰赡了虞舜孝道故事，构建了虞舜的完人形象，借此可探寻经学向史学、文学与民俗学的渗透路径，为诠释此类文本提供解读范式，甚至启迪其他学科的研究。

二、大禹文化研究

2022 年 4 月 20 日，"2022 年公祭大禹陵典礼"在绍兴大禹陵祭祀广场隆重举行。

2022 年，学界同人围绕绍兴会稽山大禹陵、大禹事迹考辨、大禹治水、大禹文化与大禹精神、大禹神话传说等议题进行了探讨，在各类杂志上发文 20 多篇，有力地推动了大禹文化在浙江、四川、甘肃、河南、山东、安徽等省域的挖掘、研究与弘扬。

（一）会稽山大禹陵研究

倪七一《〈重修会稽大禹陵庙之碑〉小考》（《中国书法》2022 年第 12 期）一文对《重修会稽大禹陵庙之碑》碑文及撰写背景、刻碑人进行了介绍，并从碑刻书风比较及阮元同时期人物钱泳记载，考证本碑书丹人实为钱泳，而非阮元。

（二）大禹事迹考辨研究

张玖青《论纬书中大禹的方术化叙事》[《华中师范大学学报》（人文社会科学版)2022 年第 4 期] 一文认为，纬书中存有丰富的大禹叙事内容，其中一部分具有明显的方术化倾向，如大禹以薏苡生，以及治水成功后天降玉女。考其原因，一者先秦时期大禹叙事便有方术化倾向，另者方术内容也彰显纬书的文化底色。无论是大禹母感薏苡生大禹还是大禹治水成功天降玉女，主要和疾病救治以及养生有关，而升仙背后的圣王德行意义也得以彰显。当纬书文本的知识脉络被复原，其潜在的文化价值及思想史意义才能被充分地揭示出来。

（三）大禹治水研究

罗沁仪《"大禹治水"非物质文化遗产现状初探》（《水文化》2022年第 10 期）一文认为，大禹是中华民族治水鼻祖，是治水精神的起源和象征符号。大禹非物质文化遗产研究，有助于我们反思治水对文明演进的重要作用。大禹非物质文化遗产记录并反映出异时、异地背景下人们对所处环境的态度和观念；同时，各地、各民族独特的世界观和族群意识又通过自成体系的"大禹治水"遗产话语得到彰显和加强。

温雪秋《"大禹治水精神"与中华民族治水文化的内涵发展及其当代价值》（《水文化》2022 年第 4 期）一文认为，"大禹治水精神"是中华民族始终秉承的重要精神传承，其形成、发展、深化、变革都与中华民族治水文化有着密切的逻辑关联。

陈远洋《从"大禹治水"看人类命运共同体理念文化原型溯源》（《名作欣赏》2022 年第 8 期）一文认为，作为中华文化原型的"大禹治水"传说，讲述了史前时期，面对天灾泛滥导致的灭顶困境，生活在同一片土地上的中华先民不分种族和部落，团结在人类英雄周围，结成"命运共同体"，共同对抗洪水，求得生存的故事。而产生在今天的人类命运共同体理念，其背景是日益加深的全球生态灾难给全人类带来的生存困境，客观上要求全人类破除种族和国家的区别，结成命运共同体，应对灾难，维护人类的生存。"大禹治水"传说和人类命运共同体理念存在着原型同构，即"大禹治水"作为人类命运共同体理念的文化原型，从历史文化传统角度解释了人类命运共同体理念的发生渊源。

陈远洋《传播在经典生成中的意义与作用分析——以"大禹治水"为中

心》(《名作欣赏》2022年第5期)一文认为,毫无疑问,任何经典都是传播的结果。以最具代表性的中华经典文化"大禹治水"观之,故事的重要性仰赖于传播所赋予的放大功能,其促成了一个至今未明的传说,成为中华民族共同认可的经典。传说一经大范围、长时间、多样化传播成为经典,最终效果是雕刻种族记忆成为种族原型,凝结成民族认同。"大禹治水"的救世原型和凝结成的命运共同体意识,体现了传播在经典生成中的惊人作用。

(四)大禹文化与大禹精神研究

张国芳、张国辉、魏国彬《大禹文化精神的古文字解读》[《安徽理工大学学报》(社会科学版)2022年第2期]一文通过对有关古文字形、音及本义的阐释,从文字学角度探讨了大禹文化精神中所包含的利他谦下的水德精神、心系苍生的担当精神、一往无前的进取精神、扶弱济困互帮互助的善德精神、少杀慎杀的和合文化精神等。大禹时代已初现中华民族审美气息,这些精神智慧和审美气息为新时期传承弘扬中华优秀传统文化与实现中华民族伟大复兴提供了强大精神力量。

(五)大禹神话传说研究

崔建华《秦汉时代大禹传说与中国认同的巩固及拓展》(《中原文化研究》2022年第4期)一文认为,秦汉时代,大禹传说是巩固及拓展中国认同的重要文化元素。以大禹治水为内容的《禹贡》将天下构拟为"九州",这不仅对汉王朝的区域控制策略有所启发,也为中国代表权的更替提供了合法性。秦统一前后,"禹须臾"等托名大禹的择日术为秦、楚两地共享,使文化融合有所依托;至西汉前期,秦系日书在故楚渐占优势,反映了民俗领域的区域融合。大禹传说亦盛行于秦汉帝国的边缘地带,吴越民众传言的"禹葬会稽",秦始皇"上会稽,祭大禹",都具有文化统一的意义。三苗居于洞庭、彭蠡之间,禹征三苗之说反映出长江中游正在融入中原文化圈。禹生于西羌说以秦人与羌戎的长期共存为背景,汉代蜀地民众将东方流行的"禹生于石"演变为禹"生于石纽",最终在帝国西南地区确立了中国认同。

杨栋《大禹传说图像叙事与文本书写的多层互动》(《中国非物质文化

遗产》2022 年第 6 期）一文认为，根据汉画像石的画面内容及叙事风格，大禹传说的图像叙事可分为独立人物图像、单一场景图像和复合图像三种类型。独立人物图像中的大禹是文本叙事中的形象再现，除了具有标明身份特征的符号作用，还可以与其他图像形成组合，表达更复杂的象征意义。单一场景图像对故事情节的刻画比文本文献更加生动细致，更倾向于凸显画面内容的教化功能。复合图像，一类为多场景合并型，另一类为空间逻辑型，前者通过多组画面前后相连立体还原传说故事的主题，后者则结合画面的空间逻辑来表达深层的隐喻，二者对文本文献都有更大的突破和演绎。这三种类型的大禹汉画像石再现了图像叙事与文本书写的多层次互动关系，也生动揭示了大禹传说在汉代文化与民俗中的多重意蕴。

第三节　越国历史文化研究

2022 年，学界同人围绕越文化（包括吴越文化）、越国与吴越争霸史、越国历史人物（勾践、范蠡、计然、文种、西施等）等专题开展研究，成果丰硕。

一、越文化、吴越文化的综合研究

越国文化是越文化的辉煌开端，是先秦中国优秀传统文化的重要组成部分，是浙江文化的根脉所在，更是中国历史文化名城绍兴的立命根本。

（一）《浙江通志·越文化专志》研究

浙江人民出版社出版的《浙江通志·越文化专志》是新编《浙江通志》的重要组成部分，是首部全面、系统、准确记述越国兴衰史和越国时期各种历史文化的专题志书，是新编《浙江通志》113 卷中唯一以"文化"命名的卷。2022 年 3 月 18 日，《浙江通志·越文化专志》在绍兴文理学院首发。

叶志衡《越文化研究的集成开新之作——评〈浙江通志·越文化专志〉》[《绍兴文理学院学报》(哲学社会科学)2022 年第 4 期] 一文认为，《浙江通志·越文化专志》是一部定位精准的越国文化史专题志书，在全面甄别已有文献和各种发现的基础上集前人之大成，总结叙述了越国物质文化、精神文化和制度文化的主要成就，同时考证严密、新见迭出，是一部难得的学术创新专著。该书出版的价值，不仅仅在于回溯历史，体认浙江文化史上相当漫长的一段"高光"时刻，还在于为历久弥新的越文化研究开启一套新的话语体系，为新时代的浙江文化高地建设引入丰厚的历史文化资源。

沈松平《代表越文化研究前沿水平的撰著体专题志书》(《临沂大学学报》2022 年第 6 期)一文指出，《浙江通志·越文化专志》是国内为数不多的以"文化"命名的专志，也是目前为止国内唯一的一部关于"越文化"的专题志书。它全面、系统、权威地记述了越国时期浙江区域内於越民族创造的物质文化、精神文化和制度文化，推翻了以往研究的某些结论，是越文化研究最全面、最权威的参考书和前沿成果。同时因沿用了清乾嘉时期著名史学家章学诚创立的撰著体修志风格，代表了新时代方志撰修探索的一个新动向。

徐吉军《志书·文化·学术》(《中国社会科学报》2022 年 11 月 23 日)一文指出，越族是浙江土生土长的古老民族，越国是大量传世文献和出土文物相互印证的浙江历史上第一个王国，越文化是浙江文化的主要根脉，越国的卧薪尝胆、发愤图强精神是中华民族精神的重要组成部分。对此，《浙江通志·越文化专志》予以充分阐释与挖掘。

（二）越文化与文学创作之间的关联性研究

王嘉良《论文学新变格局演进与中国文学的现代转型——从越文化"内源性"视阈的透视》(《文艺争鸣》2022 年第 10 期)一文指出，突破中国文学"数千年未有之变局"，实现文学观念、文本样式、语言形式由旧向新的整体性置换与变革，即实现文学的现代转型，需要做出多方面探究。对世界文化新潮的有效汲取固不可或缺，但审视中国"传统内"的变化同样不能忽视。因此，联系中国文化传统中极具变革精神的越文化传统，对照在越地生成由鲁迅领衔的阵容壮观的新文学作家群，探讨两者之间的同构对应关系，当能确切阐释中国文学现代转型的必然性、可能性及有效路径。

王嘉良《越文化视阈中的中国文学现代转型》（《江汉论坛》2022 年第 9 期）一文指出，中国文学的现代转型，固然不可缺少对世界文化新潮的有效汲取，但"传统内的变化"也是一个重要因素。越文化的新变精神，恰好与越地以鲁迅领衔的作家群体开创中国新文学的卓越建树形成同构对应关系，对此做出深入探究当能有效阐释文学转型话题。在新旧文学转型期间，越地新文学作家提供的理论话语与文学形态的现代性追求、文学新变在创新文本的全面覆盖、新文体变革传统的现代延续等，正好说明：越文化是中国文学现代转型的一种重要的"内源性"机制。

王嘉良《中国文学现代转型的"内源性"生成机制探析——从越文化视阈的透视》（《文学评论》2022 年第 3 期）一文指出，中国文学的现代转型中，对世界文化新潮的有效汲取固然不可或缺，但"传统内的变化"也是一个重要因素。越文化"近传统"蕴含的叛逆道统、注重变革的精神，曾长期影响我国的思想文化界；越地的面海区位优势，养成作家外向拓展的精神品性，造就内外共振的文化效应；而越文化在传统格局中的新变，也形成一种历史流转的文化精神。这些特征，恰好与越地作家群体开创中国新文学的卓越建树形成同构对应关系。由此可以看出：越文化是中国文学现代转型的一种重要的"内源性"机制。

（三）鲁迅与越文化精神研究

赖婷婷《"闲"而不闲"静"而非静——从越文化背景透视〈朝花夕拾〉》（《中学语文》2022 年第 2 期）一文指出，"朝花夕拾"，看似是鲁迅的闲散之举，如其小引中所说的"寻出闲静"。但从越文化视角探究，可以发现其"闲静"中深藏的独特性。十篇散文，内容上多以绍兴为背景，包含了成长中的温馨回忆与苦难烙印。思想上，由于受越地务实诚、疾虚妄的先民精神和自由野性的文化土壤的浸润，鲁迅于记叙中时而展现出战斗的姿态，愤而直指"正人君子"的可憎面目，时而表现出对文化的求索，反叛封建文化，追寻鲜活进步的思想，重重意蕴中彰显出鲁迅为文之深长、为人之深刻。

王嘉良《"人学"思潮演进与中国文学现代转型——从"越文化"视阈的透视》(《天津社会科学》2022年第4期)一文指出，中国文学的现代转型，"人学"思潮的累积、递变与转换是一个重要审视点。越文化的启蒙思潮甚炽，与此相关联的是人本主义思潮的高涨，遂有越地经久不息的"人学"理论积淀。中国新文学以"人的文学"为导向，促成了文学新变，这个格局由越地新文学作家率先垂范，恰好与越地以鲁迅领衔的作家群体承续传统、开创中国新文学形成同构对应关系，也促成了对世界文化新潮的有效汲取。新文学作家创建的"人学"理论又从多方面实现了对传统"人学"观的超越，由此不难认定，从"人学"理论切入确实能为中国文学的现代转型提供宝贵的历史经验。

（四）越文化、吴越文化的现代意义研究

叶岗、庞静玉《文化形态学视野中的越文化发展模式探析》(《地域文化研究》2022年第2期)一文指出，越文化的发展可以分为先越文化、越国文化与越地文化三个阶段，并经历了由"野蛮"向"文明"的转型、由越族文化向汉族文化的转型以及由传统农业社会向近现代社会的转型。越文化发展所表现出的"点状突进"，是连续性的突进，表现为发展趋势的累积性、发展阶段的阶梯性以及发展节奏的跳跃性。褐橥越文化发展"点状突进"的模式，既有助于我们认识越文化的发展规律，也有助于我们进一步认识中国文化的发生与发展。

居阅时《吴越文化的历史原型及其现代意义》(《晨刊》2022年第4期)一文指出，春秋时期的吴越二国所在地域，具有丰富的古文明，在漫长的历史演进中，呈现出地理环境如物产、气候变动和外来文化如北方文化、外国文化对原型的再次塑造，主体部分沉淀下来成为吴越核心文化，影响人的行为准则，并转化成现代城市精神，直接影响长三角的发展方向，彰显出吴越文化蕴含的巨大张力和现代意义。

二、越国与吴越争霸史研究

俞志慧《春秋战国之交越国军事地名及军事力量管窥》(《浙江社会科学》2022 年第 2 期)一文通过实地考察与文献分析,落实了春秋战国之交越国会稽山诸城、石塘、槜李等四十多处军事地名的目前位置;勾画了允常时期、勾践败亡时以及后者从吴国放还时越国的不同边界,认为勾践灭吴以前,越国在不同时期的疆界大体稳定,特别是北边与吴国的交界线基本停留在大槜李区域;考察了吴越争霸时期吴越间三次标志性的战争——吴王阖闾战败的槜李之战、越国十年生聚之后的首战吴都南郊姑熊夷之战以及越国灭吴的关键之战笠泽之战;纠正了文献记载与传注的某些错误;落实了槜李之战与姑熊夷之战的地点;考释出《越绝书》中的"会夷"即现在的杭州湾。因此推断,公元前 482 年,越国的军队规模不少于四万九千人,到公元前 473 年灭吴时,其军力又有了较大增长。

三、越国历史人物研究

2022 年学界关于越国历史人物的研究,主要聚焦于越王勾践的谋臣范蠡。

2022 年 11 月 25 日,"中国·绍兴第三届范蠡商业和文化思想论坛"在绍兴职业技术学院举行,论坛由绍兴市社会科学界联合会、绍兴市工商联合会(总商会)、绍兴职业技术学院主办,绍兴市范蠡研究会、绍兴职业技术学院范蠡商学院承办。与会人员一致认为,范蠡已被公认为现代浙商、越商崛起的精神文化源头,是企业家精神的摇篮。范蠡商业管理思想给我们留下了取之不尽、用之不竭的精神财富。其治国理念、兵家思想、经商之道是中华优秀传统文化中的瑰宝,至今仍蕴含着独特的文化魅力与传承力量。范蠡的励志人生和商业精神更是越商求实、开创和担当的精神内核,已成为绍兴乃至浙江重要的文化符号之一。

宇宸、尹琴《论越灭吴之战中范蠡的战略思想和战术实践》(《孙子研究》

2022年第4期）一文认为，为了兴越灭吴，范蠡提出如下战略思想：礼贤下士，收揽人才；鼓励生育，扩充兵源；发展生产，提升国力；训练军队，提高纪律性和战斗力。范蠡作为大将军，指挥艺术高超，重视多兵种配合，善于诱敌、动敌，用兵灵活，避实击虚，使吴军防不胜防，最终三战而灭吴。

李燕妮《以问入道："范蠡救子"内隐价值探究》（《合作经济与科技》2022年第22期）一文认为，《史记·越王勾践世家》中"范蠡救子"的故事蕴含着谋万世、谋全局的可持续发展的民族精神和谨慎乐观、防患未然的民族品格，彰显系统思维、本质思维、战略思维的深度思维方式，具有丰富的思想价值。

许祝《范蠡经济伦理思想探析》（《开封文化艺术职业学院学报》2022年第3期）一文认为，范蠡的经济伦理思想来源于老子思想，同时得到楚地经济文化"五纪必周"精神的滋润，这些思想深刻影响了他后来的政治、经济行为，铸就了范蠡特有的经济价值观。范蠡从事经济活动，重农不抑末、农末俱利，采取平粜齐物、务完物、无息币的经营方法，与时逐利、善择其地，坚持以德立商、济世救民，实现了其"富天下，利天下"的宏大志愿。另外，范蠡的经济伦理思想体现了其经世济民、"损有余以补不足"的伟大情怀。

葛永辉《论〈黄帝四经〉对范蠡思想的继承与发展》（《唐山师范学院学报》2022年第5期）一文认为，《黄帝四经》是黄老之学的重要著作，继承了范蠡"天时""盈溢""德"的思想，所提出的"民时""否定盈""先德后刑""刑德对立"等是对范蠡思想的进一步发展，使前期道家思想更加系统。

第三章 汉唐浙学研究

本章"汉唐浙学研究",主要胪列 2022 年度学界同人围绕汉唐会稽郡,东汉《越绝书》《吴越春秋》,王充、嵇康,三国时期东吴历史文化,汉唐余姚虞氏家族等而有的最新研究成果。浙东唐诗之路,也纳入"汉唐浙学"的关注范围。此外,五代十国时期的吴越国以杭州为国都,故而吴越国的历史文化也可以纳入"大浙学"的范畴。

第一节 汉唐会稽郡研究

2022 年,研究内容涉及汉唐会稽郡的论文有两篇。

张哲星《居越而夏:先秦秦汉越地的华夏化进程》(华东师范大学硕士学位论文,2022 年 5 月)一文指出,古今文献中,"越"之概念相当复杂,自称与他称、客观特征与主观认同,各有多重标准。该文选定苏南浙闽一带,即西汉中后期会稽郡范围,作为"样本区域"。所谓"华夏化",即客观特征与主观认同由"越族"转向"华夏"的历程。该文第一章探讨先秦越地的文化来源与社会演进。良渚崩溃后,东南社会"再复杂化"源于二里岗扩张的连锁反应。殷周鼎革之际,赣鄱文化东传,周人势力南下,浙南地区率先形成"工贸政权"，以原始瓷器换取外部青铜，又以铜器强化统治权威。西周中期淮夷叛周，贸易路线再次受阻，区域中心向环太湖地区转移。春秋早期，环太湖上层人群接受青铜礼器器形，但有意选择不同于宁镇、屯溪的礼器材质，"於越族群"形成。随着吴文化人群的武装南下，吴越文化边界逐渐清晰，越地社会的发展走上全新道路。第二章探讨秦汉越地的职能转换与认同选择。秦在会稽实行一系列"去越国化"政策，虽存在导致项氏起兵的"反效果"，但已重创郡内越人势力。西汉会稽是汉帝国对抗闽越的前沿阵地，东汉会稽职能逐渐由军事转向生产。马臻修筑鉴湖极大促进了会稽农业发展以及人口集中。东汉循吏治理促进会稽民风转变。随着本地士族形成，会稽"地域认同"产生，但其与"华夏认同"并行不悖。第三章探讨越地空间与祖先记忆的重建过程。春秋晚期，越国在楚、吴刺激下崛起，后迅速使用中原已有的"九州""禹迹"概念，并自称夏禹之后，作为北上争霸之口实。然而，秦却建构越地为"扬州"，并利用"禹迹"作为征服越地的口实。司马迁于《史记》中明确记录"越为禹后"，以服务其"大一统"历史观。其后各类地方文献，则在《史记》基础上继续完善。越地先秦与秦汉时期的华夏化实为同一过程的不同阶段。地方自发华夏化的直接目的均为巩固自身统治。华夏化并非单方面过程，而是中原与越地之间的互相利用与长期对话。

王琴《东晋会稽佛教研究》（上海师范大学硕士论文，2022年5月）一文指出，东晋时期的会稽地区，佛教发展迅速，是江南地区的佛教中心之一。中古佛教僧传记载，东汉末年已有僧人来到会稽地区，宋元地方志中的相关记载与出土文物中的佛教元素都反映出三国两晋时期佛教在该地区得到初步传播。东晋初年，为躲避战乱，僧人从北方来到会稽，促进了会稽佛教的发展。活跃于其间的僧人，或融会玄学，讲授般若类经典，与名士交往的现象尤为突出，或实践禅法，在山林艰苦修行，通过神异现象吸引信众，从不同层面开拓了佛教在上层社会与普通民众中的传播路径。随着大批高僧进入会稽，寺院数量增长，发展逐步兴盛。寺院建立与发展的主要方式：包括高僧主导建立寺院，并开发林田；皇帝诏建、官员舍宅，赐赠大量钱财；普通民众协助僧人创寺，施予供养。东晋会稽佛教中心，形成于南北分裂、北人南迁的时代背景之下，且与东晋门阀政治演进、政治宗教矛盾、区域经济开发、山水文化氛围等密切相关，是多种因素交互作用的结果。东晋会稽佛教中心带有明显的义理思辨色彩，佛教发展趋向山林化，佛教文学艺术昌盛。南朝时期，会稽佛教持续发展，培养了大批会稽本土的高僧，影响深远绵长。然而东晋会稽佛教的兴盛主要依赖高僧、名士的影响力，随着高僧的相继圆寂，加之建康、庐山等佛教文化中心的吸引力日益增强，南朝时期会稽地区的佛教已不复东晋时的繁荣盛况。

第二节　《越绝书》《吴越春秋》研究

一、《越绝书》研究

2022 年，研究《越绝书》的论文有：萧红、王路宁的《〈越绝书〉考辨三则》（《长江学术》2022 年第 1 期），王路宁的《〈越绝书〉语料特点分析》[《南华大学学报》（社会科学版）2022 年第 5 期]，倪华英的《运用深度翻译策略进行跨文化诠释探究——以 *Olivia Milburn*〈越绝书〉英译本为例》（《海外英语》2022 年第 22 期）。

二、赵晔与《吴越春秋》研究

2022 年，研究《吴越春秋》的论文有两篇，分别是：张鑫裕的《〈吴越春秋〉"固欲""曳心"校读新证》（《古籍整理研究学刊》2022 年第 6 期），麻立哲、杜滇峰、周磊等的《以"春秋"书目治曲艺"春秋"——以〈吴越春秋〉为例，略谈河北传统曲艺说唱脚本整理》（《曲艺》2022 年第 5 期）。

第三节 王充、嵇康研究

一、王充研究

2022 年的王充研究，涉及《论衡》文献，王充生平事迹及其学术定位，王充哲学思想、史学思想、逻辑思想、文学思想、法学思想的研究。

（一）《论衡》文献研究

郑易林《〈论衡〉版本源流考》（《文献》2022 年第 6 期）一文认为，南宋乾道三年洪适主持刊刻的绍兴府本是《论衡》所有版本的共同祖本。这套书版在宋、元、明三代递经修补，反复印制，影响广泛。根据此版不同时代印刷的文本特征，可以推测《论衡》其他版本的来源：明清以后通行的通津草堂本，应该是以元代至元六年宋文瓒修补本为底本刊刻的，它又衍生出《汉魏丛书》本、阎光表刻本以及《广汉魏丛书》本；明代建阳书坊刊刻的十五卷小字本，则以嘉靖元年补版之前的某个印本为依据。具体考察《论衡》绍兴府本的递修细节，有助于厘清该书宋、元、明各种版本间的源流关系，对异文的是非判断也有裨益。

郑易林《从引传到造论：王充的"诸子传书"考》（《中国典籍与文化》2022 年第 4 期）一文指出，王充视子书为贤者的述圣之作，故在《论衡》中频繁以"传曰"引述诸子书原文，且统称诸子之作为"传书"。他以"传"称子的做法是因为不满于当时的师法博士制度，希望回归汉初"通古今"的博士传统，使诸子书知识重回官学。而《论衡》不属于"诸子传书"，被王充定为"造论著说"。他将"论"体置于五经之作、贤者之述后，对六艺之经、诸子之传展开"疾虚妄"，以此踵武司马迁、刘向的群书整理之业。

刘书刚《王充著述意识的构建与汉代子书体式的变迁》（《天中学刊》

2022 年第 4 期）一文指出，王充以造论著说定位自己的写作，这种著述意识的构建，源于他对汉代子书体式变迁的观察。他在批评已有子书的基础上，明确"论"的独特性，但同时又意识到，自己所作之论只能归入子书，其著论也成为东汉子书的典型创作模式。他时或将造论著说区别于上书奏记，时或又混淆二者，这也体现了随着子书著述的专门化，书奏之文在子书中逐渐边缘化并最终被剥离出去的过程。以作论为己任，同时又将之与其他著述方式分合不定，王充鲜明自觉而又层次复杂的著述意识，是汉代学术变迁的产物，既反映了子书的分化及其创作的日趋专门化，也对认识集部的产生有参考价值。

（二）王充生平事迹及其学术定位研究

冯世明、杨懿《地域文化视角下王充"疾虚妄"思想初探》（《地域文化研究》2022 年第 6 期）一文指出，王充"疾虚妄"思想的形成与个人成长仕宦经历密切相关，乡里求学、京师游学、地方出仕，多次的南归北往使他得到了双重学习历练的机会，为"疾虚妄"思想提供了养分来源。特别是其中的鬼神迷信批判、经传虚实之辩，与东汉初年儒家文化从中央向地方扩展的历史大背景有关，对儒学向地方的传播起到了积极的推动作用。这一思想中所蕴含的文化自觉与文化自信，开启了江南地域文化发展的新纪元。

杨懿《王充的生平交游与"疾虚妄"思想》（《中国社会科学报》2022 年 10 月 17 日）一文对王充的生平交游及其学术思想的根本宗旨"疾虚妄"予以阐发。

李浩《王充阅读渠道新探——基于文献文化史视角的考察》[《聊城大学学报》（社会科学版）2022 年第 5 期]一文指出，班氏家族的丰厚藏书拓展了王充的学术视域，是王充能够建立其独特思想体系的重要契机。洛阳书肆对王充同样影响深远：一方面，它急剧扩充了《论衡》的篇幅，使后者成为辑佚、校勘周秦两汉文献的渊薮；另一方面，由于王充在创作过程中汲取了海量未经国家意识形态整合、体现民间文化形态趣味的材料，遂令《论衡》呈现出"文重""形露易观""不能纯美"的文学风格。返回会稽后的吏员生涯令王充得以寓目诸多乡邦文献及与职务相关的各类图书，这些书籍拓展了王充的实务知识，丰富了《论衡》的写作素材。

倪晓明《士大夫身份与王充征引文书的文化意味》[《哈尔滨工业大学学报》（社会科学版）2022 年第 3 期] 一文指出，王充的真实身份并不仅是以往研究中指出的"文人"，而是融"儒生"与"文吏"为一体的"士大夫"。其身份的复合性体现为《论衡》文本主题的多样性。《验符》篇是王充援引文书进行文章写作的明证，汉代文书有严格的管理制度，王充的士大夫身份使其拥有阅读文书的权利，也是其征引文书的前提。随着时间的延伸，王充对基层文官的身份已经由排斥转为认同，而他对祥瑞态度的先抑后扬，既是其文本主题由"疾虚妄"到"颂汉德"转变的体现，也是其身份由"儒"到"吏"转型的反映。王充的复合性身份是汉代文士的常态，这是秦汉文学研究中值得注意的重要前提。

（三）王充哲学（人性论）、史学、逻辑思想研究

张伟《王充"元气自然"思想研究》（曲阜师范大学硕士学位论文，2022 年 5 月）一文指出，王充利用以天文学为主的自然科学最新研究成果，构建了"元气自然"的朴素唯物主义自然论，与董仲舒以"天人感应"为核心的神学目的论一同构成了先秦哲学之后中国哲学第二高峰。

石永皓《论王充天人关系的三个维度》（《开封文化艺术职业学院学报》2022 年第 11 期）一文指出，王充在论述天人关系问题时，为了批判天人感应的谶纬迷信思想，他以天人相分为主线，从天道自然、天人适偶、天本人末三个维度建立自己的天人关系论。王充用"气"一元论的唯物主义自然观解释自然事物的变化及人类的生产生活和政治活动，指出天地是自然的，是没有意志的。对于历史上一些天人感应的记载，他认为那只不过是偶然的事件，否定了人的意志能够与天通感。天地万物的运动变化及人的生产生活和政治活动都要顺从由"气"构成的自然之天的客观规律，这是不可以违背和改变或者超越的。

　　杨燕、张斌慧《王充〈雷虚篇〉对汉代雷神信仰的批判》（《武陵学刊》2022 年第 3 期）一文指出，王充的《论衡·雷虚篇》于汉代谶纬盛行的背景下诞生，对汉代流传的雷神信仰进行了客观辩证界定。王充以雷的自然本质、雷神与鼓的联结、雷神有翼作为论点，批驳当时人认为的雷为天怒降罚之说，直指其为妄言。王充否认雷为天罚说，实质是否认雷异之象与人事的关联感应，批判汉代儒学神化思潮下的灾异感应思想泛滥对官民的不利影响。

　　王尔《命定之下的个体修为：王充"贤者命困"论旨趣探微》[《安徽大学学报》（哲学社会科学版）2022 年第 6 期] 一文指出，王充认为人有宿命，而道德高尚、才能卓著的"贤者"的命运必然是困厄的，面对贤者命困的窘境，王充推演出一套关于命定之下个体何以修为的理论。在王充看来，人无法改变"命运"但可以改变"人性"，操行与命运无关，由此他论证了人在命运面前始终辨明"善恶之行"并坚守"胸中之志"的可贵。对"贤者"的建构，是《论衡》阐释"命"的关键点。贤者不合于流俗，未必以富贵、长寿等"好命"为人生理想，相反，其时常因坚守道德和志向而招致不容，陷入窘迫。但贤者生命价值的实现却不受限于命运所规定的名位和寿命。据此《论衡》推演出"素相"之身份论和"文章"之实践论，为命运不济之贤者建立安身之所，提出贤者超越命运的可能性。"贤者命困"论源自以《穷达以时》为代表的"天人有分"儒家境遇观，也是东汉时期初步觉醒的个体主义思潮在命运观念上的呈现。

　　石永皓《王充〈论衡〉中的"性""命"论研究》（《开封文化艺术职业学院学报》2022 年第 9 期）一文指出，"性""命"论是王充关于人性和命运的论述，在其著作《论衡》中"性"和"命"是主要论题。王充对"性""命"问题的论述基于他的元气宇宙论。"性""命"都是禀气而存在的，所以"性"之善恶、"命"之吉凶都是气之于人的表现。在人性论上，王充坚持性三品的观点，"性"虽有善恶之分，但中人之性的善恶是可以通过教化改变的。"命"有吉凶，个人的寿命长短、旦夕祸福是难以改变的。"性"与"命"虽然统一于人的形体，又都受气禀的作用，但二者互不影响。骨相法可以从形体窥探人的性情和命运，而气为形体所生，与骨相息息相关，所以无论人的"性""命"还是国家的命运均超不出宇宙时数的限制。

钱志熙《王充〈论衡〉疾虚妄的生命思想》（《浙江社会科学》2022年第3期）一文指出，在汉代神学目的论及神鬼之说、神仙方术流行的情况下，王充《论衡》继承道家的自然哲学生命观，阐述其以自然元气为基本哲学理念的生命本体论，认为人类生命是万物的一种，生与死体现了物质发生与消亡的基本规律。秉持这种基本观念，《论衡》在"道虚""论死""订鬼""言毒"等篇中，辩说历史上各种有关鬼魂与神仙传说的虚妄性，反复论证生必有死、死后无鬼、修道不能成仙这样的观点。为了唤回人们的常识理性、贯彻实事求是的精神，《论衡》采取繁复、周密的论述方式，并采用"疾露"即明白易懂的行文风格。其中体现了朴素的科学实证精神。王充的生命思想，无论从其基本理论还是论证方式上来说，都达到了中国古代自然哲学生命观的高峰。

邱锋《历史与逻辑：王充史学观念探微》（《天津社会科学》2022年第3期）一文指出，王充史学观念的深刻之处在于为人们展示出历史知识作为一种经验模式所应具有的逻辑原则。他提出的"疾虚妄"既是考证的基础工作，也代表了史学的基本精神；他强调的"开心意"包含对历史知识的综合与判断，而"效验论"则可视为逻辑论证方法的"证实"。王充倾向于从认知和逻辑的角度检验历史作为一种特殊的经验知识所具有的实在性和有效性，同时包含了"知类""推类"等推理推论的展开。其中，关于历史的推论包括推往和推来两个方面，二者都基于对古与今中"变"与"不变"因素的观察与理解。在对"命"的阐释上，王充否定了自周初"天命论"以来的道德历史决定论，把历史的发展归结为人力之外的"命"，颇近于后世史家所说的代表历史走向的"势"。

金立、于翔《实用、关联、自觉——〈论衡〉推类论证的多维探析》（《哲学动态》2022年第10期）一文认为，近十几年来，学界着眼于先秦推类思想，通过理论挖掘和实例分析的研究方法逐步确立了推类在秦汉逻辑发展中的主导地位。然而，推类的发展并未止步于先秦，东汉王充继承前人思想将推类引入论证实践，不仅增强了论证的实用性功能，也拓展了推类在关联性上的认知维度的意义。在广义论证的整体视角下，或可有机融合文化解释的方法，围绕功能性、认知机制和认知过程三个维度对王充《论衡》中的推类论证展开深入分析，而这同时也可为还原古代推类思想本身提供进一步的思考与启发。

金立、于翔《从广义论证的视角看〈论衡〉的说理规则》[《南开学报》（哲学社会科学版）2022 年第 3 期] 一文指出，王充的《论衡》是中国中古时期论证研究的重镇，对当今的论证研究有着重要参考价值。对于《论衡》的研究，以往多关注内容而较少涉及论证。然而，从《论衡》的论证规则和论证策略出发回答其有效性的来源，从而推进对《论衡》思想的确认和理解，构成了《论衡》乃至王充思想研究的核心问题。为此，对《论衡》的研究需要引入广义论证理论下的"以中释中"程序，聚焦两汉社会背景，从语境理解规则、功能规则、表达规则及分块规则出发，系统回答《论衡》的生效性从何而来的问题。

王薇《王充论证逻辑是对墨家逻辑的直接继承与发展》（《鹿城学刊》2022 年第 4 期）一文围绕论辩的目的与作用、论辩的标准和方法、论辩的原则和要求等方面，探讨了王充论证逻辑思想的基本内容及其对墨家逻辑的直接继承关系，这表明了墨家逻辑对汉代思想家是有深刻影响的。

（四）王充文学、法学思想研究

李新《论王充以"胸中之造"为中心的文学创作观》（《中国文学研究》2022 年第 1 期）一文指出，王充的"胸中之造"包含文学构思的含义。他的文学观是一种广义的文学观。他认为主体胸中之造的运思方式包括妙思等，是文章创新和优劣的根源。王充将主体的博览通识、胸中累藏看成胸中之思的基础，将胸中之思和胸外兆数看成主体之神的内外形态，体现了他对"胸中之造"的深刻认识，影响了陆机等人的文学构思观。他提出"准况""效验"等心意诠订的方法，是创构"胸中之造"的重要机制。王充认为著书立说以"胸中之造"为本源，是主体以笔定意的过程，主张如实、自然的传达态度和"文易晓""言可听"的传达效果，对袁宏道"文由胸中流出"的文学观有一定启发。他还提出，不同的传达方式和媒介决定着艺术的类型等，扩大了"胸中之造"的适用范围。

喻中《德与力的结合：王充的法度概念及法理依据》[《上海师范大学学报》（哲学社会科学版）2022 年第 5 期] 一文指出，在中国法理学的演进历程中，王充的贡献集中体现在法度概念的建构上。王充憧憬的法度包含了两个子概念：秦国式法度与魏国式法度。其中，秦国式法度亦即"强国之法度"，其主要内容是严刑峻法，其功能主要是富国强兵。魏国式法度亦即"弱国之法度"，其主要内容是德礼仁义，其功能主要是道德感召。在王充看来，这两种法度都不足以表达法度概念的完整内涵，因为它们各有所短。完整的法度应当"德力具足"，应当是德与力的结合。按照王充的叙述，由德与力结合而成的法度，可以在儒家、法家、道家三种思想谱系中找到相应的法理依据。更具体地说，儒家的人性论、法家的功利论、道家的自然论，都可以为"德力具足"的法度概念提供法理支撑。当然，在儒、法、道三家之间，王充对儒家的理据有更多的依赖与认同。

二、嵇康研究

2022 年的嵇康研究，主要围绕嵇康的生平事迹、嵇康之死及其悲情意识、嵇康音乐思想等议题展开，并取得了丰硕的研究成果，值得肯定。

（一）嵇康生平事迹研究

王晓毅《嵇康传》（上海古籍出版社 2022 年 8 月版）一书系嵇康的经典传记，融合嵇康的生平与著作，解读大时代背景下嵇康个人的沉浮，以期系统性还原嵇康的多重形象和起伏跌宕的一生。

陈志雄《从司马昭、钟会之关系看嵇康之死》（《玉林师范学院学报》2022 年第 1 期）一文认为，司马昭、钟会和嵇康都是魏晋时期的重要人物，三者之间的关系错综复杂。司马昭为人阴险狡诈，钟会非甘心屈居人下之辈而好用权谋，两人之间注定要维持着难以义合的关系。嵇康正是死于他们的政治合谋，他是政治斗争的牺牲品。

（二）嵇康之死及其悲情意识研究

胡雅婷《玄学：矛盾中犹豫——嵇康之死的再审视》[《美与时代》（下）2022 年第 8 期] 一文指出，嵇康之死以其壮烈的艺术性及复杂的政治性成为历来针对魏晋时期讨论的重点问题之一，或云其悲剧乃乱世之殇，或言其命运早由任侠之性格注定，在嵇康之死的大讨论中，玄学作为其指导思想对嵇康几乎每一次关键性的人生选择都起到了决定性作用，而这一要点却往往被研究者所忽视。

杨操、邱美琼《魏晋名士嵇康的悲情意识》（《阴山学刊》2022 年第 6 期）一文认为，嵇康藐视权贵和放任自然的殉道精神为魏晋士人树立了精神典范，然而在其理智表象下潜藏着幽愤孤哀的悲情意识。在他的诗文作品中，其悲情意识主要表现为理想与现实的割裂、情感与理智的冲突，表现主题多为守道独行与朝代更迭的乱世之忧，并常常借凤、大鹏等飞鸟意象来寄托自己的情感与追求。嵇康的悲情意识是在内缘和外因的共同作用下形成的。嵇康通过摆脱经学和名教束缚将理想追求寄托于仙境，或以隐居竹林、饮酒避世的方式来消解悲情意识，嵇康的悲情意识不仅是个人的悲哀，也是整个魏晋士人群体普遍存在的悲哀，探索以嵇康为代表的魏晋士人悲情意识的呈现、内缘外因以及消解方式等，可以反观魏晋时代文化裂变下士人思想与文学创作所经历的撕痛与转型。

宋颖《嵇康的悲剧意识与诗化人生境界》（《关东学刊》2022 年第 4 期）一文认为，最深层的悲剧意识与最高层次的诗性超越，是魏晋士人的一体两面。悲剧意识是魏晋士人会通名教与自然、建构新的价值体系的内在驱动力，而诗化人生境界则是魏晋士人价值建构的最高境界。嵇康以先秦儒道两家为资源，在王弼新的"自然"概念的基础上，就"心""性""情欲""智用"等有关人本身的"自然"进一步做了非常细致的探讨，为魏晋士人的诗化人生境界做出了独特的贡献，并在现实中尝试践行，有意识地将山水自然和音乐作为进入诗化境界的手段，在理论和实践上都对后世的文化精神产生了深远的影响。但其理论并不系统和缜密，"越名教而任自然"的主张中又内蕴了对名教的肯定，这一内在矛盾是其深层悲剧意识在现实中无法得到根本解决的体现。

吴良琴《论嵇康与存在主义》（《艺海》2022 年第 3 期）一文认为，魏晋是一个政治上风云变化，而在思想界与艺术上却有着极大自觉的时代，在魏晋人士普遍追求生命自由和审美超越的大氛围中，作为"竹林七贤"最重要的人物之一——嵇康的美学思想和哲学意识显得尤为突出。

（三）嵇康音乐思想研究

陈莉《嵇康〈声无哀乐论〉对艺术感应论的解构》[《山西大学学报》（哲学社会科学版）2022 年第 1 期] 一文指出，嵇康强调音乐的自然本体论，将音乐从宗教和神灵附庸的地位中解放出来，实现了艺术的自律，使音乐摆脱了外在功利目的的束缚，也肯定了音乐形式的独立审美价值。从另一个角度看，嵇康的《声无哀乐论》与汉末王充对谶纬神学的批判一脉相承，以机械唯物论和实证论来衡量音乐艺术，否定了艺术的情感蕴含，否定了艺术夸张和想象的价值，同时也消解了艺术的神性光晕。嵇康否定艺术情感内涵的目的在于否定艺术与天地神人感通的神秘维度，进而消解统治者对艺术神秘作用的利用，但天人感应的艺术观念依然存在于嵇康及其同时代人的作品中，这意味着"声无哀乐论"并不能在艺术实践中得到充分体现。神秘是人对世界的一种特殊感知和体验。嵇康对艺术神秘性的极端否定具有矫枉过正的弊端。与其说"声无哀乐论"是一种深思熟虑的音乐思想，不如说它是嵇康反叛名教政治态度的一种极端表达。

孙晓青《嵇康〈声无哀乐论〉的音乐美学思想探究》（《黄河之声》2022 年第 11 期）一文认为，《声无哀乐论》是嵇康音乐美学思想的集中体现，"声无哀乐"这一观点最为突出，也正因为其与《礼乐》中的儒家思想观点相对立而得到了更多关注，其音乐观中并无哀乐情感一说，在一定程度上打破了王权枷锁，而"音声无常"的观点也在音乐本身与情感表达间增加了一丝不确定性，也被看作对儒家"乐言情"命题的一种解构。嵇康强调"和声无象，哀心有主"，希望能以无"象"的和谐音声来冲击儒家音乐思想中较为固定的政治象征思维模式，也正是因为嵇康对自然美的执着追求，其音乐美学思想之中也多了一丝对封建政治、虚伪礼教的批判以及对生命意识、人格精神的赞扬，而"心声二分"这一观点则实现了对情感功能的重新定义。

蔡盛辉《魏晋时期音乐美学思想的流变——以嵇康〈声无哀乐论〉为例》（《文化创新比较研究》2022 年第 32 期）一文认为，魏晋时期是中国社会政治、思想、文化变动的重要时期。这种变动也传导到魏晋时期音乐美学思想的流变上。魏晋前的音乐美学思想以儒家音乐美学思想为主流，强调音乐的政治教化功能。魏晋时期的音乐则表现出一种自觉的意识，强调音乐自身审美的独立性，反对强加于音乐身上的意识形态内容，嵇康的《声无哀乐论》是魏晋时期音乐美学思想流变的典型表现。同时，魏晋时期音乐的自觉又是当时人的自觉的一种展现。

第四节　三国时期东吴历史文化研究

2022 年的东吴历史文化研究，主要集中体现在对东吴政治、外交思想的探讨与吴王孙策、孙权的个案研究上。

王越《关系思维视角下的孙吴建国历程》（《史学集刊》2022 年第 3 期）一文认为，从关系思维视角出发，孙吴建国历程即是孙吴君臣关系的形成过程。孙吴君臣关系经历了从将佐关系到君臣关系再到皇族网络的三种形态变化。由于缺乏权势，孙氏将领与佐吏仍处于"亲"的双向选择阶段，将佐关系并不牢固。随着江东基业的创建、孙氏权势的提升、佐吏群体的扩大，将佐关系日趋稳固并向礼仪型与信—任型君臣关系分化。由于威望大涨，孙权与臣属的关系渐渐呈现出"宠"的单向主导。因争宠、失势引发的暨艳案间接催生了君臣关系的特殊形态：皇族网络。通过广泛联姻，大批孙吴重臣被纳入皇族网络，实现了君臣关系的进一步强化。至此，孙吴政权的核心秩序构建完成，孙吴终于结束了建国历程。

林硕《海帆初扬：东吴时期的对外交流》（《世界知识》2022年第14期）一文指出，东汉末年，随着桓、灵二帝时期政局持续动荡，陆海两条丝绸之路均处于相对衰落期，不复东汉初期"三通西域"的盛景。不过，这一时期的东吴政权是特例，先后有来自大秦、扶南诸国的海外来客抵达江南，朱应、康泰被派遣下南洋，并在东南亚与天竺使者不期而遇，在第三国完成了"魏晋之世"中国与印度仅有的一次直接交流。

范凌《论孙权追谥孙策"长沙桓王，子止侯爵"》（《文史杂志》2022年第5期）一文指出，孙策对吴国的建立贡献卓著，但孙权称帝后只是追谥其为长沙桓王，封其子为侯爵。后世史家对此评论不一。西晋陈寿从道义角度批评孙权薄情寡义，但东晋孙盛却对孙权"累纸赞颂"。由于孙权之追谥行为并未能杜绝孙氏子嗣相残，故后世史家洪迈、李光地等持否定孙权和孙盛的态度。通过对比司马昭父子对司马师追谥行为的影响，从防微杜渐的政治考量看，孙权的做法虽显得薄情寡义，却不失为较为成熟的政治考虑。

李天富《东吴孙权维护领导权威的历史借鉴》（《开封文化艺术职业学院学报》2022年第8期）一文认为，孙权作为东吴政权的实际创建者，以智、情、公、礼四种方法，树立并维护自身的领导权威，使君臣内外一心、上下同欲，完成了用贤任能、建立大业的宏愿。往事越千年，孙权维护领导权威的独特方式，仍是现代领导者汲取领导智慧、涵养政治生态的有益镜鉴。

第五节　汉唐余姚虞氏家族研究

2022 年的余姚虞氏家族的人物个案研究，主要集中在对虞翻经学、虞世南书学与史学思想的研讨上。

一、虞翻经学研究

秦洁《虞翻"卦变"易例新议》（《周易研究》2022 年第 5 期）一文指出，前贤对虞氏卦变之研究，多聚焦于卦爻辞及"彖""象""文言"部分的虞氏注文，而以对一阴一阳卦变正例与整体卦变变例之认识为研究难点。实际上，"系辞""说卦""序卦""杂卦"部分的虞氏注文也有许多论及卦变的内容，其中，变化形式与本卦注文不同者共十一处，这是过往研究所忽视的。汇总全部《易》注，总观虞氏卦变，可对其变化例则有新的认识。其一，虞翻论一阴一阳卦变时，并非径以辟卦生成为正例，亦非完全无规律可循，而是以乾坤交易生成为主、辟卦生成为辅。其二，虞翻所用卦变正例可涵摄绝大部分易卦，就正例注文而言，虞氏卦变机制是齐备、系统、规整的，虞氏卦变体系是粲然可观的。其三，变例的使用范围与变化形式没有严格规律，体现出变易灵活的特点；变例并不是与正例相冲突的局部性、特殊性卦变，而是具有整体意义的、与正例相互补充配合的卦变形式，是对六十四卦间更广泛的互生流转之肯定。

李思清《马其昶与〈周易〉虞氏学——〈重定周易费氏学〉征引虞翻〈易〉说考》（《周易研究》2022 年第 1 期）一文认为，马其昶是活跃于清季民初的著名学者，也是桐城派学人治《易》之集大成者。虽治费易，但马其昶对虞氏学亦重视有加。《重定周易费氏学》全书近四千条征引，其中虞注有二百五十余条。除兑卦外，其余六十三卦均引虞注。除了征引，马其昶还经常借鉴虞翻的解卦思路。对虞氏学的借鉴，马其昶成就了易学思想的象数一翼。以虞释费，是马其昶建构费氏易的重要手段。马其昶对桐城易学也多有传承。其治《易》实未尽守费氏家法，故并非严格意义上的费氏学。

二、虞世南书学、史学思想研究

丁筱《虞世南及其书学思想》（《中国书法》2022 年第 2 期）一文通过虞世南早年所受之学在经史上的突出见解和才能，兼及佛、道思想，推见其广博学问的大致结构，观照其传世文献记载中的书迹，指出学与书的关联性。通过对学问、书迹以及书论的考察，尽量完整地还原其书学思想的形成脉络，以期呈现虞世南更加完整的士大夫形象。

宣扬《〈帝王略论〉史论特点再认识》（《史学理论与史学史学刊》2022 年第 2 期）一文认为，虞世南所撰《帝王略论》，是以帝王为中心，述论三皇五帝至隋代兴亡史事的历史评论著作。《帝王略论》史论蕴含丰富的历史思想，主要表现为：重新解释"祯祥妖孽"的内涵，主张存天意而远之，通过探讨人事把握历史发展趋向和兴亡之理；重视客观环境对历史人物建立功业的影响，肯定历史人物对于"时"把握的主动性；指出皇朝衰亡，由来者渐，统治者应遏渐防萌以"慎其始"；从人性和外部环境等角度分析帝王昏乱的根源，并强调对帝王进行后天教化的重要性。《帝王略论》对上述问题的论述反映了作者的政治见解和历史认识水平，在唐初史论中占有重要地位。

闫章虎《传记生成与形象建构——以两〈唐书·虞世南传〉为中心》（《唐史论丛》第三十四辑，三秦出版社 2022 年 3 月版）一文认为，两《唐书·虞世南传》（以下称两《唐书·虞传》）是唐之后关于虞世南最为集中、成系统的资料。直至今日，学界对虞世南的认知，仍建立在这两篇正史列传之上。然而，通读相关史料即可发现，两《唐书·虞传》所描绘的虞世南形象与其他史料差异颇大。两《唐书·虞传》中的虞世南，是一位"鲠谔"的"直臣"，但在其他史料中，他的形象却更接近文艺待臣。

2022 年，研究虞世南的论文还有：朱关田的《欧阳询虞世南书法评传》（《中国书法》2022 年第 1 期），李永忠的《虞世南书史地位的确立问题》（《中国书法》2022 年第 2 期），崔莹的《欧阳询与虞世南之间的书法较量》（《书法教育》2022 年第 3 期），刘涛的《虞世南名迹之憾》（《读书》2022 年第 4 期），孟祥娟的《论宫廷诗风的隋唐之变——以虞世南诗作为中心》（《中国韵文学刊》2022 年第 4 期），庞华美、郭勇的《"居高声自远"——虞世南的诗与书》（《书法教育》2022 年第 11 期），等等。

第六节　浙东唐诗之路研究

2022 年，浙江社科界、文旅界围绕"浙东唐诗之路"也开展了多场活动。比如，3 月 6 日至 3 月 20 日，"青山行不尽 2——唐诗之路艺术展"在浙江展览馆开幕。7 月 5 日，"追着阳光去台州，行至仙居就是仙——2022 浙东唐诗之路文化和旅游消费季活动"在仙居启动。7 月 22 日，"2022 全国唐诗之路文旅融合高质量创新发展大会"在新昌举行，大会以"传承 互联 共享"为主题，汇聚全国各地文旅部门代表、诗路文化研究专家学者等，共同探讨推进全国唐诗之路高质量创新发展，诗路带的能级提升的路径策略。活动现场，"全国唐诗之路发展联盟"正式成立，并发布了唐诗之路的最新研究成果。

2022 年关于"浙东唐诗之路"研究的论文有 20 余篇：柳国伟、赵旎娜的《浙东唐诗之路文化 IP 形塑策略》（《中国文艺家》2022 年第 1 期），林素萍的《"浙东唐诗之路"山水诗与英国山水诗比较及英译研究》（《海外英语》2022 年第 1 期），李谟润的《佛寺与浙东唐诗之路》[《南开学报》（哲学社会科学版）2022 年第 1 期]，肖瑞峰的《唐诗之路视域中的贺知章》（《浙江社会科学》2022 年第 2 期），曾真、陈玲的《文化消费语境下"浙东唐诗之路"文创产品的设计策略研究》(《创意设计源》2022 年第 2 期),程宏亮的《杜牧与长三角"唐诗之路"》[《金陵科技学院学报》(社会科学版) 2022 年第 1 期],马路路的《唐诗之路镜湖客籍诗人行迹与诗作考述——兼论唐人镜湖诗创作动因》(《玉林师范学院学报》2022 年第 2 期),杨芝、蒋攀的《用数字科技彰显文化内涵 "诗路海韵"唐诗之路宁海数字馆开馆》(《宁波通讯》2022 年第 6 期),潘晓栋的《推进保护、传承、利用,打造诗路文化带重要体验地》(《浙江经济》2022 年第 4 期),胡正武的《浅谈临海诗路格局与利用建议》(《浙江经济》2022 年第 4 期),柳国伟、赵旎娜的《浙东唐诗之路文化创新实践路径探索》(《佳木斯大学社会科学学报》2022 年第 3 期),胡可先的《西陵·渔浦:浙东唐诗之路的起点》(《浙江社会科学》2022 年第 6 期),孙旭辉的《"唐诗之路"美学研究的四个维度》(《中国社会科学报》2022 年 6 月 27 日),黄晔、薛任琪的《湖北唐诗之路背景下的孟浩然诗歌旅游开发》(《湖北文理学院学报》2022 年第 7 期),龙成松的《浙东唐诗之路上的"胡声"——兼论浙东唐诗之路与丝绸之路的交会》[《浙江大学学报》(人文社会科学版)2022 年第 7 期],丁雪莹、臧小佳的《从世界文学视角探索"唐诗之路"》(《中国社会科学报》2022 年 7 月 25 日),卢盛江、李谟润的《初唐浙东诗路的发展》[《江西师范大学学报》(哲学社会科学版)2022 年第 4 期],吴淑玲的《驿路唐诗边域书写中的中原中心叙事》(《中原文化研究》2022 年第 5 期),许梦苡、梁钰婷的《"浙东唐诗之路"与唐代书家郊流研究》(《艺术评鉴》2022 年第 9 期),马曙明的《独寻台岭闲游去——论台州在"浙东唐诗之路"中的意义》(《名作欣赏》2022 年第 11 期)。

第七节　汉唐时期的其他浙学家研究

东晋时期著名书法家王羲之、王献之的书法艺术也属于"汉唐浙学"中的一个组成部分。在唐代，浙江还有书法家褚遂良、著名诗人贺知章、政治家陆贽、文学家罗隐等，他们亦可归入唐代浙学家之列。2022 年，学界同人围绕王羲之、王献之、褚遂良、贺知章、陆贽、罗隐，也有一定数量的研究成果，进而推动了汉唐浙学的综合研究。

一、王羲之、王献之研究

2022 年，学界同人关于王羲之的研究，主要集中于探讨他的生平事迹、隐逸思想、《兰亭集序》及其书法理论，共发表论文近 50 篇，主要有：赵辉、罗锐升的《唐太宗御撰〈晋书·制曰〉与王羲之经典地位的确立》（《美术观察》2022 年第 1 期），唐林的《王羲之与四川》（《文史杂志》2022 年第 1 期），杨庙平的《〈世说新语〉中王羲之的真实生卒年考论——兼议王羲之研究中的若干问题》（《图书馆杂志》2022 年第 2 期），汪旭的《试论王羲之与他的兰亭风度》（《牡丹》2022 年第 4 期），李谦的《集王羲之〈圣教序〉中书法线条的内涵及其表现》（《书法》2022 年第 3 期），郏家伟的《王羲之小楷的书体贡献及审美风格研究》（《艺术研究》2022 年第 2 期），杨雅戈的《王羲之书法艺术鉴赏》（《收藏与投资》2022 年第 4 期），雷恩海、雷文昕的《王羲之才略及其被误解缘由述论》[《石河子大学学报》（哲学社会科学版）2022 年第 4 期]，王冬亮、丁筱的《〈道藏〉中的王羲之形象》（《书法》2022 年第 5 期），刘睿的《王羲之书学观念对王献之"破体书"形成的启示》（《艺术市场》2022 年第 7 期），寇学臣的《艺术和哲学的交融——评王云飞〈书圣之玄：王羲之玄学思想和背景〉》

（《书法》2022 年第 8 期），刘鑫的《王羲之书法的美学思想和艺术境界探析》（《炎黄地理》2022 年第 8 期），倪旭前的《试论王羲之书风之"雄逸"》（《艺术工作》2022 年第 5 期），郯家伟的《王羲之小楷历史地位及审美价值分析》（《美术观察》2022 年第 11 期），李永的《论王羲之父子"内擫外拓"笔法与天道观关系》（《乐山师范学院学报》2022 年第 11 期），何丽辉的《由〈兰亭集序〉看王羲之的虚无与达观》（《语文教学与研究》2022 年第 12 期），陈林的《谈历代王羲之轶事肖像画的主题选择》（《美术教育研究》2022 年第 15 期），袁辉的《从王羲之草书看魏晋时期的章草演变》（《艺术评鉴》2022 年第 22 期），亓汉友的《摹本王羲之草书法帖气息比较分析》（《江苏教育》2022 年第 29 期）。

2022 年，学界同人关于王献之研究的论文主要有：霍晓飞的《孙过庭对于王献之态度之考辨》（《新美域》2022 年第 3 期），刘涛的《王献之婚姻》（《读书》2022 年第 7 期），潘金召的《王献之"妍媚"书风的审美"韵"味》（《思维与智慧》2022 年第 12 期），张曙光的《王献之刻帖对宋代尚意书风的影响》（《中国书法》2022 年第 11 期）。

二、褚遂良研究

2022 年，学界同人对褚遂良书法艺术进行研究的论文有：石燕婷的《褚遂良书法在宋代的塑造》（《中国书法》2022 年第 2 期），刘光喜的《清代碑学视域下的褚遂良书法》（《中国书法》2022 年第 2 期），朱关田的《褚遂良的书法艺术及其影响》（《中国书法》2022 年第 2 期），赵雁君的《褚遂良书作考释》（《中国书法》2022 年第 2 期），梁少膺的《褚遂良与〈王羲之书目〉》（《中国书法》2022 年第 2 期），张雷的《梁启超眼中的褚遂良》（《中国书法》2022 年第 2 期），陈凌霄的《褚遂良书法美学思想研究》[《美与时代》（中）2022 年第 8 期]，蓝家松的《南北二论中褚遂良书派归属问题——刍议阮元南北分派的不合理性》（《思维与智慧》2022 年第 10 期），史思宇的《褚遂良楷书中的隶意探微》（《青少年书法》2022 年第 10 期），胡聪的《浅论笔画与字内布白的关系——以褚遂良〈雁塔圣教序〉为例》(《东方收藏》2022 年第 10 期），于越的《褚遂良楷书中形与势的关系——以钩画为例》(《美术文献》2022 年第 11 期），孟安康的《褚遂良书学相关问题辨析》(《荣宝斋》2022 年第 11 期），孙金龙的《褚遂良楷书艺术特点及其历史影响》(《作家天地》2022 年第 24 期），朱子涵的《褚遂良楷书风格的个案浅析》(《江苏教育》2022 年第 29 期）。

三、贺知章研究

唐雯《贺知章生平再审视——以历官与交游为中心》[《复旦学报》(社会科学版）2022 年第 5 期] 一文指出，贺知章作为唐代著名诗人，其生平、交游以及文学成就为世所熟知，学界对此也展开了充分的研究，似乎题无胜意，但分析传世文献中有关贺知章本人的点滴记载以及近年来出土的十方出自其手笔的唐人墓志，却可发现贺知章八十余年人生经历中不为人知的一面：其在五十岁之前仕途并不顺利，而在睿宗时代却凭借其姑表兄弟陆象先之力平步青云。此后他屡有机会出任更为清要的官职，却最终由于各种原因止于学术官僚，遂成就了其为我们所熟知的疏诞性格。而贺知章所撰写的墓志展示了其与深陷政治旋涡中的人们皆有过私人交往，而作为他们凶险经历的旁观者以及历任太子、皇子的僚属侍读，贺知章晚年的疏诞其实也有着全身远害的意味。

肖瑞峰《唐诗之路视域中的贺知章》(《浙江社会科学》2022 年第 2 期）一文认为，在唐诗璀璨夺目的艺术长廊里，浙江萧山籍诗人贺知章当然不是最具光环的诗国巨擘，所以无论过去还是现在，他都不可能成为研究的热点。但一个无法忽略的事实是，他曾与李白那样的登峰造极者交往甚密，且有提携、揄扬、奖掖之恩。据现有史料可以认定，在李白扬名立万的过程中，他发挥了重要的推手作用。如果没有他"解金龟换酒"的豪举，并赐予其"谪仙人"的美誉，初入京城、寂寂无名的李白，不可能在短时间内名声大噪，迅速独领诗坛风骚。

四、陆贽研究

2022 年，关于陆贽研究的论文有：董家瑞的《居安而念危 操治而虑乱——陆贽〈论关中事宜状〉赏析》（《秘书工作》2022 年第 3 期），张恒城的《陆贽政治思想研究》（吉林大学硕士学位论文，2022 年 5 月），邹涛、董倚桥的《陆贽〈奉天论前所答奏未施行状〉》（《书法》2022 年第 7 期），黄畅的《唐代贤相陆贽的佐政之道》（《旗帜》2022 年第 9 期），王素的《陆贽的修身与倡廉》（《秘书工作》2022 年第 11 期），王德军、征玉韦的《陆贽骈文成就及文学史意义研究》（《今古文创》2022 年第 43 期）。

五、罗隐研究

2022 年，关于罗隐研究的论文有：罗帆的《罗隐秀才传说的叙事》（《艺术与民俗》2022 年第 1 期），莫砺锋的《罗隐七律的成就及其在唐末诗坛上的地位》（《文艺研究》2022 年第 4 期），曹栩宁的《论"罗隐题破"现象及其成因》（《宜春学院学报》2022 年第 10 期），熊碧的《真是〈逸书〉导致罗隐"十上不第"吗——"解密罗隐"之一》（《博览群书》2022 年第 10 期），崔淼的《看罗隐杂文中的老庄身影——"解密罗隐"之二》（《博览群书》2022 年第 10 期），张中宇、杨恬的《涉农诗里寻罗隐——"解密罗隐"之三》（《博览群书》2022 年第 10 期），吴萱的《罗隐几至化境的讽刺——"解密罗隐"之四》（《博览群书》2022 年第 10 期），王志清的《解密罗隐》（《博览群书》2022 年第 10 期），范霄的《道似危途动即穷——论罗隐诗歌中的悲秋书写》（《作家天地》2022 年第 31 期）。

第八节　五代吴越国历史文化研究

2022 年 5 月 19 日，"第四届吴越文化论坛"在临安召开，浙江省社科联副主席陈先春，省作家协会原党组书记臧军，杭州市委宣传部副部长应雪林等参加。参会专家学者从历史、文化、文物等角度，共同探讨吴越国时期经济文化、政治制度的当代价值和时代意义。

复旦大学葛剑雄教授的演讲题目是"吴越国对'人间天堂'建设的贡献"。他认为，使江南变成"天堂"，使江南从此成为中国经济文化最发达的地区，关键性的贡献，就是钱镠和吴越政权所做出的。这个贡献，怎么估价也不会过高。我们今天举办这个论坛，纪念钱镠和吴越政权，一定要看到他对江南的贡献，对中国历史做出的巨大的贡献。看待历史人物，只要他对我们国家、对中华民族、对我们地方做出了贡献，就永远会得到大家的纪念，永远留在中华民族的史册上。

中国范仲淹研究会会长范国强教授做了以"'唐宋转型'与吴越文化"为题的主旨演讲。他指出，在"唐宋转型"的历史节点上，吴越王顺应潮流，崇尚中原，三授天册，纳土归宋，促进了中华民族的大团结、文化的大繁荣，受到宋代百姓的广泛敬仰；吴越王"保境安民"，发展经济，百业兴旺；疏浚西湖、太湖，筑钱塘江捍海堤，造福百姓；重视农桑，把江南变成鱼米之乡、天下粮仓；把苏杭打造成人间天堂。这在"唐宋转型"的文明史上是浓墨重彩的一笔。吴越国大兴州县办学，这为浙江成为历史上的文化大省、礼仪之邦打下了基础。

浙江大学龚延明教授做了以"顺应统一大势，吴越纳土归宋"为题的演讲。他表示，在十国中，钱氏诸王，史称最为开明贤达，这与遵守家训、不事内宠、身居桑梓之地更关心民情有关。从五代十国的分裂到北宋南北统一，吴越国写下了和平归宋、促进中国统一的重要篇章。历史表明，大一统是中国的人心所向，避免动武、和平解决地方割据问题，是以人民利益为重，于中央与地方双赢的最佳选择，具有历史借鉴的现实意义。

中国宋史研究会原会长包伟民教授做了以"从全局的视野认识吴越国历史文化的意义"为题的视频演讲。他认为，五代十国在从唐到宋这一承前启后的历史转折过程中，占据着相当重要的地位。吴越国对浙江地区的经营与开发，是其中的典型代表。我们今天研究吴越国历史文化，应该从纵向与横向两个侧面拓展视野，以全局的眼光来阐发它的意义。同时，也需要进一步认识到历史发展过程的复杂与曲折，摒弃线性思维，揭示历史的真相。此外，只有经过不同地域之间的相互比较，才能真正深入揭示吴越国历史文化的特点。

浙江省社会科学院历史研究所原所长徐吉军研究员做了以"五代吴越国文化对中国古代文化的贡献"为题的演讲。他表示，以钱镠为代表，吴越国"三世五王"励精图治、保境安民，使两浙之地有一个较长的稳定发展时期，不但创建了一个在历史上较为富庶的吴越国，还形成了影响深远的"钱王精神"。钱镠有着浓厚的儒家"民为贵"思想，提出"民为贵，社稷次之，免动干戈"的治国理念。钱王始终与国家和人民同呼吸、共命运、心连心，心系百姓的安危，将爱国、爱民、爱家三者（修身、齐家、治国）密切贯通在一起，是中国历史上"舍小家成大家"的典型事例。

浙江农林大学王旭烽教授做了以"倾听陌上花开的历史脚步声"为题的演讲。在演讲中，她讲述了"陌上花开"典故的来源：夫人每岁春必归临安，吴越王以书遗夫人曰："陌上花开，可缓缓归矣。"吴人用其语为歌，含思宛转，听之凄然。以"从行军到农耕""从枭雄到政治家""家国一体"，归纳了"从战争的脚步声，到筑海塘的打夯声；从军阀残杀的嚎叫声，到谈判桌上的和议声；从金瓯的四分五裂声，到一个中国的遗训声"若干层面，向观众娓娓地解读了陌上花开"历史脚步声"的真谛。

临安区有关负责人在围绕本次论坛做会议总结时表示，感谢各位专家学者的参与，共商临安吴越国文化的保护传承，同时也希望通过本次论坛，相关人员对吴越国文化的保护、传承、弘扬工作有更系统、清晰的认识，打好这张城市文化"金名片"。①

2022 年 9 月 1 日，中共杭州市临安区委宣传部、杭州市临安区社会科学界联合会、杭州师范大学人文学院联合组织召开了"吴越文化研究五年工作计划主题论证会"。2022 年，在临安区委、区政府的大力支持下，临安区委宣传部、临安区社科联在挖掘传承吴越文化方面力度空前，成立了吴越文化研究中心，计划系统研究吴越国时期的政治、经济、文化、社会等制度形态和时代价值，努力推动更多吴越文化理论研究成果问世。论证会上，临安区社科联从区内吴越文化研究基本情况和吴越文化研究中心定位、今后研究方向和预期成果等方面对吴越文化研究五年工作计划进行详细解读与汇报。与会专家认真听取临安方面的工作汇报，并围绕研究计划的可行性、科学性进行了讨论。

杭州市临安区社会科学界联合会编的《读懂吴越国》（浙江工商大学出版社 2022 年 3 月版）一书，围绕五代吴越国 72 年历史和钱镠、钱元瓘、钱弘佐、钱弘倧、钱弘俶等"三世五王"生平主要活动与功绩，以时间为序，以事件为链，以 39 堂"宣讲课"的形式展示了吴越文化的丰富内涵。

2022 年关于吴越国历史文化研究的论文有：胡耀飞的《吴越国中吴军墓志辑证及使府职官考》（《唐史论丛》2022 年第 2 期），翁连溪的《五代北宋吴越国刻本〈宝箧印陀罗尼经〉再探》[《印刷文化》（中英文）2022 年第 3 期]，黎毓馨的《一尊罕见的吴越国时期金铜錾花观音菩萨坐像》（《收藏家》2022 年第 11 期）。

---

① 《第四届吴越文化论坛在临安举行》，浙江社科网，2022 年 5 月 25 日。

第四章　宋元浙学研究

　　北宋浙学的代表人物与学术流派主要有：（1）"宋初三先生"之胡瑗，在湖州讲学之时创立的"湖学"。（2）"庆历五先生"杨适、杜醇、王致、王说、楼郁，以经史、实学为圭臬，在明州（宁波）传授经史、有用之学。（3）王安石，在鄞县也有传播"新学"（荆公新学）之功，与"庆历五先生"共同促成了新儒学在明州（宁波）的传承与发展。（4）永嘉"皇祐三先生"王开祖、丁昌期、林石，在永嘉（温州）传播中原文化，开创"永嘉道学"。（5）永嘉"元丰九先生"周行己、许景衡、沈躬行、刘安节、刘安上、戴述、赵霄、张辉、蒋元中，将洛学、关学传入永嘉。（6）游酢在萧山，杨时在余杭、萧山从政期间的讲学活动，是谓程颢"吾道南矣"云云而有的"道南学脉"在浙江（杭州）的传播；这样一来，以"二程"洛学为主的理学（亦作"道学""新儒学"）便在浙西（杭州）、浙东（明州、永嘉）传播开来，同时也促成了"南宋浙东学派"（狭义"浙学"）的创设。（7）按照"大浙学"的提法，经史之学、文学、自然科学、方志学等都属于"大浙学"的范畴，则北宋著名隐逸诗人林逋、科学家沈括，宜归入"浙学家"之列，后者的学术代表作《梦溪笔谈》则属于"浙学经典"之一种。

　　2022 年，学界同人关于宋元浙学研究的新进展，主要围绕宋元时期浙江籍的思想家及两宋浙东学派展开。同时，定都临安（杭州）的南宋朝历史文化、衢州南孔文化，也属于本书提倡的"大浙学"的关注领域。

第一节　两宋浙东学派综合研究

许和亚《南宋浙东文派的崛起及其文学史意义》[《浙江大学学报》（人文社会科学版） 2022 年第 11 期] 一文指出，浙东文派由吕祖谦、陈亮、陈傅良、叶适等具有师友渊源关系的浙东学人群体构成，是南宋中期最为重要的一个文章创作流派。作为一个复合型的文学流派，浙东文派的形成以浙学为根底与依托，以科举为崛起的场域与推力，在文学思想上融会文理、尚法贵用，在创作实践上熔铸经史、学文兼擅，在艺术成就上众体兼备、风格多元，切实展现了"学与文相为无穷"的创作进路和文章精神。浙东文派不仅是南宋文坛一股重要的创作力量，而且对于重新认识、界定中国古代文学流派具有一定的典型意义和启示价值。

第二节　北宋浙学研究

一、胡瑗与"湖学"研究

蔡佳林《北宋教育家胡瑗教育思想及其现代价值》（《江苏第二师范学院学报》2022 年第 6 期）一文指出，胡瑗教育思想的形成与当时的社会背景、学术氛围和他自己的家庭生活环境有很大的关系。胡瑗教育思想的主要内容有"明体达用"的教育思想、分科教学法以及著名的"苏湖教法"。胡瑗教育思想虽存在一定程度的历史局限性，但其思想主旨及教育方式促进了北宋教育的发展，对我国现代教育有一定的启示。

张爱萍、张培高《胡瑗的仁学思想浅析》[《西南交通大学学报》（社会科学版）2022 年第 3 期] 一文认为，在先秦，《易传》对"仁"的论证逻辑是先预设天的道德属性，而后以此作为道德人伦的哲学依据。如果说胡瑗是从"生生"的宇宙论上论证"仁"之来源主要是继承了《易传》思想，那么他从"人性"的内在性上论证"仁"的来源则是根本性的创新。他认为"人皆有善性"，这就在整体上肯定了人人皆有实施"仁义"的能力，同时指出"众人禀赋有厚薄"，承认现实生活中个体在推行"仁义"方面存在能力的差异。虽然有推行"仁爱"的能力并不意味着一定会将其付诸实践，但胡瑗认为仁爱天下、经世济民既是"圣人"的宿命，又是普通士人的终极价值追求。因此，对于普通人而言，必须通过后天的修养成为圣贤，才能仁爱天下。

张培高《胡瑗的"性善论"及其仁学》（《伦理学研究》2022 年第 1 期）一文指出，胡瑗"性善论"的特色是在肯定人皆禀有"五常之性"的同时，又认为圣人所禀为"天地之全性"，弘扬"仁义"并把它落实于现实中也就率先成了圣人的使命与义务。但这并不是说禀有"善性"量较少的普通士人就可对此置之度外。在胡瑗看来，培育并推行"仁义"不仅是士人一生的志向，还是其价值的终极追求。胡瑗对"天地"是否可以"道德"论之有两种不同的看法：其一，受道家的影响，认为人与天地不同，天地不仁而人则有仁；其二，继承了《易传》《春秋繁露》的看法，认为天地有仁，圣人亦有仁。此中的"仁"与"不仁"之抵牾充分说明了胡瑗思想的局限性。

二、明州"庆历五先生"研究

"庆历五先生"是指北宋庆历年间（1041—1048）明州（宁波）的五位学者——杨适、杜醇、楼郁、王致、王说。2022 年，未见研究"庆历五先生"的论文。

三、王安石任鄞县县令的"治鄞方略"研究

2021 年 12 月 18 日是王安石诞辰 1000 周年纪念日。与王安石有不解之缘的鄞州，近期开展了一系列纪念活动，用诗朗诵、读书会、研讨会等多种形式纪念王安石诞辰 1000 周年。2022 年 1 月 13 日，"海丝之乡宋韵鄞州"千年王安石诗歌朗诵会在天童老街举行，"皓哥读书"团队核心成员虞建、宁波教育博物馆馆长黄兴力等人朗诵了《太白岭》《观明州图》等中的精彩诗句，以纪念王安石诞辰 1000 周年。

2022 年，研究王安石与鄞县之间关联的论文主要有：王博、杨磊、徐庭娴的《今天我们为什么要纪念王安石？》（《宁波日报》2022 年 1 月 18 日），张正伟、荀雯的《今天，我们这样"追"王安石》（《宁波日报》2022 年 12 月 19 日），李晓巧的《王安石的"试验田"》（《廉政瞭望》2022 年第 24 期）。

四、永嘉"皇祐三先生""元丰九先生"及北宋永嘉学派综合研究

"皇祐三先生"指北宋皇祐年间三位率先在永嘉（温州）传播中原文化的学者：王开祖、林石和丁昌期。永嘉"元丰九先生"是在北宋元丰年间"游太学""及程门"的永嘉籍学者：周行己、许景衡、沈躬行、刘安节、刘安上、戴述、赵霄、张辉、蒋元中。

陈光熙点校的《许景衡集》（浙江古籍出版社 2022 年 1 月版）一书，系"浙江文丛"之一，是北宋永嘉籍名儒许景衡的诗文集。该书以文渊阁《四库全书》本为底本，以瑞安孙氏所刊《永嘉丛书》本为校本，进行整理点校，补充若干许景衡佚诗、佚文，并附录许景衡传记史料及《横塘集》题跋，以供研究参考。

2022 年，不见有研究"皇祐三先生""元丰九先生"及北宋永嘉学人的论文。

五、林逋、沈括研究

（一）林逋研究

2022 年，研究林逋的论文有两篇。

齐胜利、崔小敬《论佛教对林逋及其诗歌创作的影响》（《阴山学刊》2022 年第 4 期）一文指出，林逋与佛教关系密切，佛教思想对林逋的人生与诗歌产生重要影响。主要表现在林逋所处的时代南方佛教大兴，形成了影响林逋成长的社会环境，林逋与三十二位诗僧、两位佛教居士诗歌酬唱、密切交往，诗僧与居士成为其重要的社会交往对象。林逋诗歌创作在构思、题材等方面受到佛教影响，从僧俗对林逋艺术作品的评价亦可折射出其与佛教的关系渊源。

郑斌《论宋人对林逋及其咏梅诗的接受》（《中国韵文学刊》2022 年第 1 期）一文认为，宋人选择性建构了林逋形象中"处士"和"诗才"两个重要的标签，通过寻访祠墓、画图作像的方式追慕林逋其人。宋人不但给予了林逋咏梅诗极高的赞誉，而且以追和的方式来学习和接受它。作为林逋咏梅诗中的名联，"疏影""暗香"在宋代受到了追慕，宋人以咏句、化用等多种方式接受此联。宋人对林逋的接受在南宋时达到高潮，这与北宋梅、欧、苏对林逋的赞扬，林逋诗集的刊布，梅文化的发展等因素密切相关。

（二）沈括与《梦溪笔谈》研究

2022 年学界的沈括与《梦溪笔谈》研究，主要围绕《梦溪笔谈》研究、王宏教授的《梦溪笔谈》英译等论域而展开，相关论文有：周永康的《"虚能纳声"与"有无相生"——从〈梦溪笔谈〉看沈括设计思想中的对立统一规律》（《明日风尚》2022 年第 19 期），金满楼的《沈括与〈梦溪笔谈〉博学善文 无所不通》（《海南日报》2022 年 9 月 5 日），高晚晚的《知识翻译学视角下古天文历法术语翻译策略研究——以王宏英译本科技典籍〈梦溪笔谈〉为例》（《作家天地》2022 年第 22 期），陈璐的《翻译补偿视角下〈梦溪笔谈〉中官政名称英译研究》（大连海事大学硕士学位论文，

2022 年 6 月），马南南的《论〈梦溪笔谈〉中"碍"对现代建筑设计的启示意义》（《明日风尚》2022 年第 6 期）。

第三节　南宋浙学研究

　　南宋理学发展的学术高峰是朱熹理学与陆九渊心学，又因为南宋都城是临安（杭州），故而两浙便自然成为南宋理学传播的中心区域，狭义的"浙学"即南宋浙东学派借此成型：（1）以薛季宣、陈傅良、叶适为代表的"以经制言事功"的永嘉学派，还有郑伯熊、郑伯英、蔡幼学、徐谊、陈耆卿等的同调、后学。（2）以陈亮为代表"专言事功"的永康学派。（3）以吕祖谦、吕祖俭为代表的"传中原文献之学，经史文章，合于一流，确拔而出"的金华学派（"婺学"）。（4）金华唐仲友的经制之学。（5）以范浚、张九成为代表的浙江本土心学家。（6）宗于江西陆九渊心学的"甬上四先生"杨简、袁燮、舒璘、沈焕。（7）以陈埴、叶味道（木钟学派）等为代表的永嘉（温州）朱子学。（8）以杜煜、杜知仁、杜范等（南湖学派）为代表的台州朱子学。（9）以宋元之际"北山四先生"何基、王柏、金履祥、许谦为代表的金华朱子学，亦称"北山学派"。（10）南宋文学家李光、王十朋、楼钥，也属于广义的"浙学家"。

一、薛季宣、陈傅良、叶适与南宋永嘉学派研究

（一）南宋永嘉学派综合研究

　　2022 年 12 月 24 日，由温州市委宣传部，瑞安市委、市政府举办的"永嘉学派当代价值学术研讨会"在瑞安举行。本次研讨会是浙江省 2022 宋韵文化节重点配套活动，同时也是深化温州学研究系列研讨活动之一。与会学者一致认为，永嘉学派事功思想为"温州人精神"打下了厚重的底色，是当

代温州经济社会发展背后的文化命脉，永嘉学派事功思想的建构对当下中华优秀传统文化的创造性转化与创新性发展具有重要启示意义。

洪振宁编著的《永嘉学派文献概说》（黄山书社 2022 年 9 月版）一书分为三个部分。第一编"永嘉学派概况"，介绍永嘉学派的基础知识，叙述永嘉学派的创立发展、主要特点、学术地位的确立以及晚清时期的重振复兴等。第二编"存世文献简述"，简介宋代温州学术著作的传世状况，分经、史、子、集，选介宋代永嘉学派学者的主要著作。第三编为"附编"，收录永嘉学派创立与发展编年纪事，并收入国家珍贵古籍名录中的永嘉学派学人著作、永嘉学派学人存世著作简目等。

陈安金主编的《永嘉学派研究论著索引》（浙江工商大学出版社 2022 年 6 月版）一书，所收论文和专著的内容均以研究"永嘉学派"为主。南宋永嘉学派的发展历经兴起、鼎盛、衰落和重振四个阶段，该书收录的是研究各阶段永嘉学派代表人物的论著。此外，"永嘉学派总论"收录了永嘉学派总体性研究和涉及永嘉学派相关研究的论著。

卢达主编的《永嘉学派研究选编》（光明日报出版社 2022 年 8 月版）一书，系近年来海内外学者关于永嘉学派研究的论文的汇编，展示了当代学者对于永嘉学派诸多领域研究的最新动态。

陈安金《永嘉学派事功思想的建构与当代价值》（《浙江社会科学》2022 年第 11 期）一文指出，对于永嘉学派的事功思想，相关学者基于不同立场、视角有不同的认识。涵盖义理、经制二维，行本于仁义而功见于实事当是其较为完整准确的阐释。周行己、郑伯熊为永嘉学派事功思想之开创者，后经由薛季宣、陈傅良、叶适几代学人持续之学术耕耘，永嘉学派事功思想体系渐趋完善。叶适之后，学派走向衰微，后又于晚清重振，而无论衰微还是重振，皆与学派之事功思想特质息息相关。永嘉学派事功思想为"温州人精神"打下了厚重的底色，是当代温州经济社会发展背后的文化命脉，对当下中华优秀传统文化的创造性转化与创新性发展具有重要的启示。

赵飞跃、陈安金《科举制度的改革与永嘉学派士大夫群体的形成——以

宋高宗朝为中心的考察》（《宋史研究论丛》第三十辑，科学出版社 2022
年 3 月版）一文认为，在宋高宗统治期间，科举制的发展经历了三个阶段，
即建炎元年至绍兴十一年的初步重建阶段、绍兴十二年至二十五年的完成阶
段和绍兴二十五年至三十二年的调整阶段。在此期间，宋高宗亲自参与科举
改革，科举考试的科目得以完善，各科各级考试也得以恢复和修整，类省试
也开始出现。对于作为"次辅郡"的温州来说，宋高宗对科举制度的改革，
催生了南宋温州士大夫群体的形成，不仅使温州科举人数大大增加，同榜进
士数量在各地区位于前列，高科举子数量增多，更是开启了宋代温州状元的
先河，这些士大夫则成为永嘉学派不断发展壮大的重要推力。自宋高宗朝开
始，以郑伯熊、薛季宣、陈傅良、叶适及其门人为代表的永嘉学派成员，以
家族为纽带，形成家族士大夫群体，以婚姻为翘板，形成姻亲士大夫群体，
以道业为基础，形成师统士大夫群体，成为推动南宋温州文化崛起的重要内
在力量。

梁晋山、冀晋才《庆元党禁背景下永嘉学派的命运转向》（《绥化学院
学报》2022 年第 8 期）一文指出，永嘉学派发端于周行己，经过薛季宣、
陈傅良的传播，集大成于叶适，在南宋科举的发展中，永嘉学派诸子凭借时
文技巧，受到众多学子的青睐。然而这种繁荣只是出于对科举的需求，并未
使学子生发对永嘉之学的真诚求教，因此在韩侂胄控制台谏、诱发庆元党禁
之后，永嘉学派便趋于销息。

洪振宁《永嘉学派的学术品格及其在温州的延续》（《温州职业技术学
院学报》2022 年第 3 期）一文认为，回顾温州地域性学派与学风构建和发
展的历程，可从文化脉络尤其是学术脉络中，窥探温州学派的主要特点。永
嘉学派，以经世致用为基本特色，学人的治学则以治经尤其以《三礼》《春
秋》为重点，地域学风注重求实开新，以布衣著述为突出现象，以"联袂成
帷"为主要运作方式，诸多方面不断融合互动，逐渐生成这个地区的地域性
学术文化传统。数百年中，地域学派的学术品格与地方特色在温州不断延续，
形成了地方的"思想气候"与"文化土壤"。这在瑞安的表现尤为突出，至

清代，瑞安学人有《礼记集解》与《周礼正义》两部巨著，均收入"十三经清人注疏"书系，后又收入《儒藏·精华编》。

（二）薛季宣研究

张立文《赓续中华优秀传统文脉——论薛季宣永嘉学派事功之学的建构》（《天津社会科学》2022年第3期）一文指出，薛季宣与朱熹同传承程颢、程颐之学，但由于社会环境、人文语境、价值观念的差分，二人经互相切磋、自由商榷而产生学术上的分歧，为理学开出新学说、新思维。薛季宣认为孟子应为道统中人，反对把孟子从道统中排除出去，坚持把《孟子》作为"四书"之一的理学依傍文本。薛季宣与朱熹学术理念、价值观念的差分，导致他们对《大学》《中庸》文本的诠释大相径庭。朱熹将《大学》分章，薛季宣则不分章；朱熹大量引程颐的话，薛季宣则刨根溯源，征引"五经"。薛季宣把对《大学》《中庸》的系统诠释，作为其哲学思想的指导和理论创新的依据。在哲学理论思维上，薛季宣与程朱理体学、陆九渊心体学异趣。程朱以为道（理）在事上、事外，陆九渊以为道（理）在心中，薛季宣则以为道（理）在事中，主张道者器之道、器者道之器，从而把"洁净空间世界"的道落实到人们日用的器物上。器物是人所创造的，人是会自我创造的和合存在及社会活动的主体。薛季宣认为，人性是善的，性无有不善，心无有不正，但"习相远"而善恶分。为国之道，在知善恶，否则就会远善人而亲恶人，以致害民乱国。薛季宣事功之学的实施，从仁民爱物出发，体现为以农为政本、安置流民和"归正人"、积极抗金、改革冗官冗兵等方面。薛季宣弘扬中华传统文化，学识渊博，造诣很深，会九流于一贯，莹神机之通圆。

倪福东《薛季宣事功思想研究》（杭州师范大学硕士学位论文，2022年3月）一文指出，薛季宣是永嘉事功学派的创始人。他以"事功"作为其思想的价值取向，实现了由"性理"到"事功"的学理转向，并在此基础上构建了贯通"内圣外王"的"知识体系"与"价值体系"。

李昌平《论薛季宣的乐府诗创作》（《温州职业技术学院学报》2022年第3期）一文认为，薛季宣创作了62首乐府诗，包括琴曲诗。他的乐府诗不仅体现了文人抒情之细腻，也显现了学者考究之风气，还充盈着儒者绍古之内蕴，具有鲜明的特色，在宋代乐府诗史上具有重要的诗学意义。

（三）陈傅良研究

周梦江点校的《陈傅良集》（浙江古籍出版社 2022 年 1 月版）一书，作为"浙江文丛"之一种，是宋代永嘉学派中坚人物陈傅良的诗文全集。陈傅良为学力主"经世致用"，反对空谈，在浙学史上有重要地位。陈傅良著有《止斋文集》《周礼说》《春秋后传》《历代兵制》《毛诗解诂》《八面锋》等作品。

2022 年，研究陈傅良的论文有两篇。

樊雅各《陈傅良〈春秋后传〉研究》（华中师范大学硕士学位论文，2022 年 5 月）一文指出，陈傅良现存《春秋》学著述为《春秋后传》。其主张以史解经，经史兼重，反对离经言史。推崇《左传》，在于《左传》通过《春秋》所不书的内容来与"《春秋》之所书"相发明。同时兼取《公羊传》和《穀梁传》的解释。其采用"通世变"的方法去解读经文义理，多关注《春秋》之终始和霸主的伯业更迭。

虞赛赛、张娜《永嘉学派陈傅良诗歌作品中的民本思想》（《青年文学家》2022 年第 12 期）一文认为，陈傅良推崇事功学说，主张经世致用，在其学术研究、为官实践和文学创造中，一贯主张民本思想。学术界对其学术研究和施政实践中的民本思想已有研究与讨论，但对其文学创造尤其是诗歌创造中的民本思想的研究甚少，"其诗意深义精而语尤高，后学但知其时文，罕有识此者"。

（四）叶适研究

2022 年的叶适研究，涉及叶适的文献著作、政治、军事、教育、哲学思想研究等诸多领域。

1. 叶适的文献著作研究

崔海东《叶适所撰墓志中的三类基层儒者》[《温州大学学报》（社会科学版）2022 年第 1 期]一文指出，叶适所撰墓志当中有三类基层儒者。

第一类是基层政府之官员，其兢兢业业，积极处理狱讼、赋税，严加管束胥吏、豪强，努力促进改善经济、民生，改革弊政，移风易俗，确保地方治安。第二类是基层社会之精英，其燮和家族，造福乡党，并揭开了"四民"互动的新篇章。第三类是散落民间之士子，或渴望时运，建功立业；或勤力为善，造福乡党；或锲而不舍，深研学术；或自做工夫，修身不辍；或甘于贫困，守其节义。此三类人员组成了庞大的基层儒士群体，代表着南宋儒学下行的真实发展面貌。

梁燕妮《叶适贤良进卷流传及应用考论》（《中国文学研究》2022年2期）一文指出，叶适的贤良进卷在当时曾备受推崇，但南宋以后，其文集多以选本、残本的形态流传，进卷的体系性因此隐没不显。直至清末，孙衣言、李春龢重新编刻，完整的贤良进卷才重现于世。在历代书目中，叶适进卷存在所属类别各异、卷数不一的情况，类别各异反映出其性质的多样，卷数不一则意味着写作时间及应用场合存在疑点。各家书目多将叶适进卷著录为九卷，这是误把《廷对》视为贤良进卷所致，其实此文为进士科御试对策。并且，叶适并未应考制科，而是以贤良进卷中的经论参加学官之选，从而成为太学正，时在淳熙十三年（1186）。不过，他早在淳熙四年（1177）就已写作进卷。

2. 叶适的政治、军事、教育思想研究

张伟东《叶适事功思想中政治治理与道德教化的关系》（《温州职业技术学院学报》2022年第3期）一文指出，为了实现政治治理与道德教化的"内外交相成之道"，叶适提出了不同于理学的道德教育理论。阐明这一道德教育理论与事功学派的政治理念之间的关系对研究叶适事功思想有重要意义。通过与理学进行对比研究，在理论源流、方法论和发用三个层面梳理了叶适事功思想中政治与道德教化的关系，揭示了叶适事功思想所主张政治善治的理论本质及方法：以义为本，利、义交互；以王道为本，王道和功利交互。这一理论资源对实现我国的政治善治依然具有重要参考价值。

白贤《宋代士大夫对传统社会"法治"实践的省思——从叶适对宋朝"任法"的态度谈起》[《温州大学学报》（社会科学版）2022年第1期]一文指出，

作为宋代事功学派的代表人物，叶适虽然肯定了法律在调整社会关系、处理国家事务中的积极作用，但同时对两宋时期的"任法"之弊提出尖锐批评，认为"以法为治""不任人而任法"是导致宋代各种社会问题的重要原因。以叶适为代表的宋代士大夫直面宋朝"法治"中的诸多问题，对传统社会的"法治"实践进行了较为深刻的反思，在中华法律文明发展史上占有重要位置。

王密密《叶适与王阳明兵学思想比较——基于宋明兵儒融合视域》（《孙子研究》2022 年第 4 期）一文指出，在兵儒融合的历史大进程中，有两位相隔三百年的先贤大儒——叶适与王阳明做出了重大贡献。他们不仅是永嘉事功学与心学的中坚力量，还以文臣身份领兵战场，并取得了惊人的战绩。两位的兵学思想也极具比较的价值：在兵策方面，他们以民为本，兵民结合，选练精兵，教之行伍，寓兵于农，措置屯田；在兵论方面，他们集中于仁诈之辨，急病先难，与《孙子》观点虽有微歧，但各有所重，并都具有极高的军事素养，战场之上做到此心不动。研究两人思想，对重建当代道德之风，重视民生问题，提倡实践实学有着极其重要的研究价值。

肖芬芳《叶适士人教育思想新探》[《温州大学学报》（社会科学版）2022 年第 1 期] 一文指出，叶适的士人教育思想在宋代"回向三代"的儒学思潮中继承了皋陶创立的"九德"之教。叶适认为培养德行要以人的具体材质为根据，此种融合了才性、能力等标准的具体之"德"，不同于宋代理学阐发的纯粹统一之"德"，已经具有"美德"的意涵。叶适试图以"德才兼备"的"九德"之教解决儒学教育所面临的一元道德和多元人才的张力。叶适继承孔子开创的学统，确立统纪之学，以具有统一性的经学作为主要的教育内容，既回应了朱熹对浙学注重史学教育的批评，也在对科举考试的反思中发展出了以义理赋予教育内容的整体性的经学教育模式。叶适的士人教育为士人参与政治实践开辟了道路，其理想是通过德教培养多元型人才，最终实现"三代"的"君臣共治"理想德治模式。

3. 叶适的哲学思想研究

陈仁仁《叶适的认识论思想理解辨误》[《温州大学学报》（社会科学版）

2022 年第 1 期] 一文指出，叶适的世界观与唯物主义颇接近，但是他的认识论思想呈现出更大的复杂性，并不能与唯物主义认识论简单地一一对应。学界对叶适的认识论思想存在一些误解，澄清实有必要。比如，叶适对"格物致知"的阐发，并没有形成"人的认识来源于客观世界"的思想；叶适所谓"内外交相成"的思想，也并没有从感性认识上升到理性认识的意思；叶适所谓"弓矢从的"，也并不是指"思想符合于客观实际"的认识方法，而是属于知行关系的范畴。

孟祥兴《叶适对〈大学〉的诠释——从推崇到反思与批判》[《温州大学学报》（社会科学版）2022 年第 1 期] 一文指出，叶适对《大学》的诠释集中体现于其早期的作品《进卷·大学》与晚期的作品《习学记言序目·礼记·大学》。在这两篇文章中，叶适对《大学》的诠释存在显著差异。叶适在《进卷》中对《大学》持有推崇的立场，将其与"皇极""中庸"放在一起做出相应的诠释，认为《大学》是"下之教"的典范文本，并积极阐发"格物致知"的思想。叶适在《习学记言序目》中对《大学》则表现出强烈的反思与批判的立场，将其重新列于《礼记》中加以诠释，对二程之"格物穷理"思想加以批判，消解了"格物"工夫，将"致知"作为《大学》的首要工夫，并认为《大学》的文本内容在逻辑上无法自洽，前后无法贯通。

田萌萌《论叶适思想的"致用"指向》（《北京社会科学》2022 年第 3 期）一文指出，朱熹指斥叶适事功之学为"舍道义之涂"的"功利"学说，但从叶适思想的"致用"指向看，事功之学实是对"道义"的追崇与践行。叶适思想成长于理学诸派共同主张经世致用而又对"用"持有不同认知的时代语境，其"效果"优于"动机"思想内核的形成，主要得益于南宋社会政治现实。南宋官员作为叶适的政治身份，使其"致用"思想不只局限于哲学范畴，而且转化为了切实的政治实践。尤其开禧帅守建康期间，叶适以个体作为有力地扭转了北伐战局，对南宋社会具有重要的实用价值和现实意义。

陈正祥《叶适道物观研究》（杭州师范大学硕士学位论文，2022 年 5 月）一文认为，叶适的道物观在其理论体系之中有着非常重要的作用，但与此同时，学界对此问题的研究尚不充分、全面，大多只集中于存在论角度上的道不离物，忽视了叶适从实践角度出发，将道细分为人道和天道，从而突出人的作用，强调道对人在人道中的实践的作用，天道则对人实践赋予纯粹性和自足性，认为儒家之道就是三代之治道。而这一道物观理论的建立得益于宋代的近世化经济从而带来人的解放，加之叶适所面临的政治环境，使得叶适在继承永嘉学派各人物学术思想的基础上，用道物观统一了永嘉学派"必兢省以御物欲"和"必弥纶以通世变"这两个传统，构建了永嘉学术体系以应对时代挑战。

萧美然《统纪之学——叶适思想之素定》（杭州师范大学硕士学位论文，2022 年 5 月）一文认为，叶适的思想既非囿于永嘉事功，更非"涣无统纪"。"统纪"作为道的续承，与朱熹"道统"互为分野；"统纪之学"作为叶适学术生命的归宗，与南宋"道学"异为别见。叶适致力于道的现实建构，晚年从现实之治转向理想之制，为传续三代之治创造可能。

朱锋刚《叶适对荀子的思想定位：别样的"大本已失"而非"思想盟友"》（《社会科学辑刊》2022 年第 5 期）一文指出，叶适思想有两大支点：一是圣贤治世谱系的阐释，一是依据形上学以建构道统。他从形上学的高度回应理学"由内圣推出外王"的偏执和批评荀子因"无体道之宏心"而造成见识甚浅，并以学说的治世效力来衡量先贤能否入列道统。知言（知圣贤言）被视为实现治世的重要依据，其核心要义是"知势"。他突出"利""力"在治世中的价值优先性，将周公视为治世典范的同时，将孔孟视为迂阔的最大代表。包括荀子在内的前贤都被置于这一视域下来予以评判。与心性之学相比，叶适和荀子重视外王，人们容易将荀子视为叶适抗衡理学的思想盟友，误以为荀子会获得叶适的赞许。的确，叶适与荀子皆关注治世、崇儒、崇周公、"非孟"。然而叶适仅从教化世人的角度肯定荀子性恶论与孟子性善论具有同等价值，对荀子的"隆礼""论学""非十二子"等思想近乎予以逐一批驳。叶适论定荀子"无甚见识"，这表明两者并非思想盟友，在叶适的审视下，荀子无疑是另一意义上的"大本已失"。

（五）蔡幼学、陈耆卿、郑伯熊、郑伯英研究

秦华侨《南宋名宦蔡幼学著述辑考》（《温州职业技术学院学报》2022 年第 4 期）一文指出，永嘉学派学者、南宋名宦蔡幼学生前著述颇丰，然其作品多已不传。对其著作的著录主要集中在宋代，其后著录渐少。其著作留存于世的，主要有《育德堂外制》《育德堂奏议》及少量诗词，《全宋文》对其文章收录较全。《育德堂外制》为蔡幼学所撰诰命集，这些诏令主要编撰于宋宁宗开禧末年至嘉定初年，反映了当时的政治斗争。《育德堂外制》显示出蔡幼学继承了永嘉学派传统，具有事功思想。此外，《育德堂外制》中关于祠庙的文章也体现了南宋政府与民间信仰之间的互动关系。

唐田《陈耆卿及〈（嘉定）赤城志〉研究》（西北师范大学硕士学位论文，2022 年 5 月）一文指出，陈耆卿作为南宋大儒，生平经历丰富，不仅在文学方面有所成就，著有别集《筼窗集》，而且在史学和方志学方面也颇有建树，为台州编纂出《（嘉定）赤城志》。《（嘉定）赤城志》作为台州重要的史籍地理方志，保存了宋代台州当地的物产风俗，不仅是研究台州历史地理不可缺少的资料，也是研究宋代台州社会经济的史料宝库。其征引广博，保存了部分散佚史料，补充了正史之缺失，纠正了部分史传之舛误，因而该志具有很高的史料价值、方志价值和辑佚价值。陈耆卿的《（嘉定）赤城志》为台州方志的发展奠定了基础，影响着一代又一代台州方志的纂修，对台州地区编志纂志起到了承前启后、继往开来的作用。

2022 年，学界没有研究郑伯熊、郑伯英的专论。

二、陈亮与永康学派研究

2022 年 11 月 2 日，"永康学派"与陈亮思想文化沙龙在杭州师范大学沈钧儒法学院陈亮厅举行。杭州师范大学沈钧儒法学院副院长余钊飞简要介绍了陈亮厅的功能以及接下来的建设规划，强调要在青年学生群体中加大陈亮厅的宣传，传播陈亮经世致用精神，进一步发扬优秀传统文化。永康市委常委、宣传部部长施礼干强调了挖掘和传播陈亮思想的重要性，主张要积极

传播陈亮文化思想，使其在新时代焕发出新光芒。永康市陈亮研究会会长章锦水对陈亮厅的建设给予了高度评价，并详细介绍了陈亮先生的诗词以及相关事迹，期待与杭州师范大学沈钧儒法学院的进一步合作。

11月8日，"陈亮、胡公文化展示中心概念设计咨询会"在杭州举行。与会专家指出，陈亮和胡则是永康市文化工程的两张"金名片"，谋划好、打造好文化展示中心具有重要意义。应该从宏观角度、客观站位打造陈亮、胡公文化展示中心，建筑环境要契合文化内核，展陈内容要基于永康特色，功能布局要做到互补共促，促进文化资源活化利用，兼具实用价值和普世意义。

2022年学界的陈亮研究，主要围绕陈亮的文献著作、思想理论来源、学术交游等研究而展开。

（一）陈亮的文献著作研究

邓广铭点校的《陈亮集》（上海古籍出版社2022年3月版）一书，纳入"永康文献丛书"，在前版数次修订的基础上，又参考近年来陈亮研究的一些新成果，进行了进一步的完善，并对陈亮的亡佚诗文进行了进一步的辑佚工作。

武胜鑫《南宋浙东事功学派陈亮所撰碑志文探究》（《保定学院学报》2022年第2期）一文指出，陈亮所撰碑志文呈现出明显的两浙地域性和平民性的特点。其中，碑志中富民的"善士"形象不仅生动展现了两浙平民的生活图景，而且深刻蕴含陈亮"义利统一"的思想观念。同时，碑志中妇女的"家政"形象不但与墓主的生活阶层密切相关，而且和陈亮简化阃门常平之事的撰写原则紧密相连。总之，陈亮所撰碑志文体现其灵活写实的撰写原则，传递出"义利统一"的浙东事功思想观念。

邱阳《陈亮致叶衡四书作年考辨》（《古籍整理研究学刊》2022年第2期）一文指出，陈亮与其父陈次尹系狱期间，以丞相叶衡为代表的一众官员纷纷施以援手，使陈氏父子得以全躯脱狱。陈亮脱狱之后，对叶衡等人之慷慨相救感恩备至并致书答谢。由于陈亮别集乃由其后人编定，诸多谢启书札并未严格按照作年顺序进行排列，引起后世学者诸多争议。今据史料进行辨析，认为今本《陈亮集》所收陈亮致叶衡四书之写作顺序依次为第二书、第一书、第四书、第三书。

（二）陈亮的思想理论来源研究

刘治立《陈亮的诸葛亮论》（《湖北文理学院学报》2022 年第 6 期）一文指出，陈亮对诸葛亮充满了敬仰之情，在其著作中，采用比较、以意逆志等方法，高度评价诸葛亮的功业，分析诸葛亮的卓越谋略，驳斥"妄儒"对诸葛亮的各种非议，推断诸葛亮的志意，对诸葛亮予以同情和理解，对诸葛亮知其不可为而为之的北伐行动充满了首肯和仰慕。陈亮对诸葛亮的敬仰之情，既有特定时代的社会背景之因，又与其自身的勇毅性格和强烈的责任担当意识密切相关。

师亚笑《陈亮对王通思想的继承与发展研究》（曲阜师范大学硕士学位论文，2022 年 6 月）一文聚焦于陈亮的思想来源，着重探讨陈亮对王通思想的继承与发展，彰明王通对陈亮思想的影响。陈亮的思想来源复杂，他以传统儒家经世思想为基础，广泛吸收王通之学、北宋功利之学等学派和学者的思想，尤其以对王通思想的继承与发展最为明显。首先，陈亮继承了王通"王道"的政治思想，认为要"以人为本"进行政治改革，坚持王霸并用。在此基础上，陈亮提出了"义利统一"的观点。其次，在"中道"思想的继承与发展之上，陈亮十分重视"变通"观念。他以此为基础，提出了农商一事、兵农合一等多项改革措施，涉及了政治、军事、经济多方面。再次，陈亮继承了王通"经即史"的观念，将三经扩展为六经，从经书中为改革寻找依据，使之成为改革的助推力。最后，陈亮继承了王通"以人为天地间主体"的思想，并将人提升至"道"的主体，为改革打下了坚实的哲学基础。陈亮在继承王通思想时并不是全盘接收的，而是结合时代的要求有所选择，十分注重因时制宜以及本质精神的传承，真正做到了扬弃。回顾陈亮的事功思想，可以看出陈亮思想中注重实际、提倡改革的精神促进了经世之学的发展，使得经世之学在宋代焕发了生机与活力。他对个人主体意识、主观能动性的重视具有一定的思想启蒙作用，为明清浙东学派的发展奠定了基础，在思想发展史上具有重要地位。并且陈亮思想中的"崇实""变通"等观念在当今社会主义现代化建设中也发挥着积极的作用。

（三）陈亮的学术交游研究

邱阳《辛弃疾与陈亮交游考述》[《东北师大学报》（哲学社会科学版）2022 年第 2 期》] 一文指出，辛弃疾与陈亮作为辛派词人的主要成员，因心系故国、力言恢复中原而成为南宋以来爱国志士的精神楷模。辛陈二人之交游行迹及相互酬唱被历代学者文人津津乐道，然由于文献遗失，学界对二人定交、铅山之会、考亭之会等重要交游事件之发生时间争议颇多。结合前贤研究成果，通过史料考辨，可以推定：辛弃疾与陈亮初识于孝宗乾道六年（1170）；第二次会面于江西铅山，是在孝宗淳熙十四年（1187）；第三次会面于福建考亭，是在光宗绍熙三年（1192）。

2022 年，永康市陈亮研究会主办的会刊《陈亮研究》（内刊）编发四期，其中也发表了大量的陈亮研究论文。

三、吕祖谦研究

2022 年学界的吕祖谦研究，主要聚焦于吕祖谦的家族研究，吕祖谦与朱熹合编的《近思录》综合研究，以及吕祖谦的哲学、文学、政治思想研究。

（一）吕祖谦的家族研究

刘世梁《两宋之际南迁士人家族地域身份观念的转变——以新见吕祖谦家族墓志为中心》（《古籍整理研究学刊》2022 年第 3 期）一文认为，两宋之际，南迁士人客死异乡，藁葬现象普遍。绍兴和议后，吕氏家族与众多南迁士人家族一样，由辗转走向定居，进而营建新的家族墓地，原藁葬改卜成为祖茔，地域身份逐渐转变。定居后的南迁士人努力重构新的地域身份，经营地域关系，融入新居住地社会。墓志中记载的旧贯及对中原祖茔的追溯则成为家族共同的记忆。随着岁月的变迁、子孙的繁衍，至南宋中后期，墓志中残存的家族记忆在南渡后的吕氏家族第三代及其以后家族成员的墓志中逐渐淡化乃至消失，"旧贯"则成为家族成员仅存的记忆，而"藁葬"变"祖茔"，"异乡"成"故里"。

（二）《近思录》综合研究

朱汉民《〈近思录〉的道学体系与思想特色》[《北京大学学报》(哲学社会科学版)2022年第3期] 一文认为，《近思录》是朱熹通过道统谱系以建构道学体系的尝试。《近思录》由两部分构成：道之体与道之用，合起来就是所谓"内圣外王之道"的道学体系。《近思录》首篇"道体"是形而上意义的哲学思辨，终篇"圣贤气象"是得道的形而上精神境界，首尾均以"道体"呼应贯通，体现出道学的学术旨趣与思想特色。《近思录》中间的十多篇均是"道之用"，即是形而下意义的行道工夫与礼乐刑政，可以详细了解道学之大用。《近思录》确立的道学体系，在道学建构方面有着重要开拓意义，对后学编辑《朱子语类》《性理大全》《朱子大全》产生历史影响。

王卓华《一部影响我国八百余年士子思想的理学大纲——再读〈近思录〉》（《玉林师范学院学报》2022年第2期）一文认为，《近思录》共收周敦颐、张载、程颢、程颐四子语录622则，内容包括：论太极之理的本体论和性论；论敬知双修的认识论与修养论；论大学之道和儒家之学。该书既是朱熹、吕祖谦二人统一认识的共同成果，也是其共同主张，被后世奉为"性理之祖"。在朱熹看来，《近思录》仅是通往"六经"的阶梯，但该著作能成为代表元明清三代主流哲学思想的经典，是朱、吕两位理学大师远远没有想到的。在弘扬传统文化的今天，重新审视《近思录》，汲取其营养，具有非常重要的现实意义。

（三）吕祖谦的哲学思想研究

徐艳兰《道兼体用的整全之道：吕祖谦义理之学新论》（《原道》第四十四辑，湖南大学出版社2022年11月版）一文指出，吕祖谦的义理之学，既不像朱熹那样从理出发，也不像陆九渊那样从心出发，而是从儒学固有的内圣外王之道出发。吕祖谦既继承了大程重心的思想和小程重理的思想，又吸收了张载重气的思想和湖湘学派重用的思想。他对心学、理学以及气学进行整合，形成了独具特色的"道兼体用"的义理之学。这种义理之学的形成，根源于他对周敦颐"无极而太极"中"道兼体用"思维方式的继承。吕祖谦认为，道有着体用不离、动静互含、函三为一的整体结构，理、心、气则是这个整体结构中不可缺少的环节。在这个整体结构中，每个构成要素的展开方式都是相倚又相成的，其相互之间的关系是分立而不分离。这种"道兼体用"的中道思维方式，与马克思主义的辩证思维有着高度的契合性，是推进马克思主义基本原理同中华优秀传统文化相结合可资镜鉴的方法论资源。

（四）吕祖谦的文学思想研究

王芳芳《吕祖谦文艺思想研究》（鲁东大学硕士学位论文，2022 年 5 月）一文指出，吕祖谦作为南宋的文论家，在当时文学和理学的激烈碰撞下，其文艺思想呈现出鲜明的时代特征。但是和同时代的文论家相比，吕祖谦的文艺思想具有创新性，它既不是对先前文艺观念的简单继承，也不是对南宋文学观念的纯粹革新，而是一种取其精华、弃其糟粕的扬弃关系。

（五）吕祖谦的政治思想研究

徐艳兰《道治合一：论吕祖谦政治思想的双重维度》（《朱子学研究》第三十八辑，江西教育出版社 2022 年 7 月版）一文指出，学界目前对吕祖谦政治思想的讨论都集中在单一的政治维度上，没有充分考虑到道学与政治思想的互渗，因此有必要从道治合一的双重视角，褐橥吕祖谦政治思想的独特意义。

四、唐仲友及其经制之学研究

2022 年，学界不见研究唐仲友的论文。

五、张九成、范浚的心学研究

朱琳《"心传先圣之道"：张九成心学思想研究》（山东大学博士学位论文，2022 年 5 月）一文主要以"心"为主线，论述了张九成的生平经历、心与天的关系、心与性的关系、心之工夫、心与王道的关系，除此之外，还对横浦学派进行了简单的介绍，对整个学派的特色进行了简单的归纳总结。

张九成建立了完整的心本论理论体系，他的理论体系主要由以下几个部分组成：天道、心性、王道。在这一思想体系中，心可以贯通天道与王道，天道是其心学思想的逻辑起点和归宿，王道是其心学思想的贯彻实践。

2022 年，不见研究范浚的论著。

六、"甬上四先生"研究

"甬上四先生"是指南宋时期尊崇陆九渊心学的杨简、袁燮、舒璘、沈焕，因他们四人生长、活动在慈溪、鄞县、奉化等地，位处四明山麓、甬江流域，后人称之为"甬上四先生"（亦作"四明四先生""明州四先生"）；又因他们的学术活动主要集中在宋孝宗淳熙年间，也有人称之为"淳熙四先生"。

2022 年的"甬上四先生"研究，主要围绕杨简、袁燮、舒璘，以及杨简的弟子钱时展开。

黄觉弘《杨简〈慈湖春秋解〉及其与陆九渊之异同》（《浙江社会科学》2022 年第 9 期）一文指出，除《慈湖春秋解》十二卷外，《慈湖先生遗书》中还有一些《春秋》学专论。《慈湖春秋解》的内容、思想和解说方式与《杨氏易传》《慈湖诗传》如出一辙，具有高度一致性。《慈湖春秋解》的核心宗旨，一言以蔽之，即认为《春秋》乃"明道之书"，而"人心即道"。此论不仅仅为《春秋》所发，其实是杨简对群经宗旨的纲领性论断。陆九渊《大学春秋讲义》并没有真正表现出陆九渊自身的学术特色，杨简《慈湖春秋解》则带有很显著的个人心学烙印。《慈湖春秋解》是今存象山学派中仅见的《春秋》全经注解之作，解决了象山学派的《春秋》阐释问题，无疑为此派代表性著作，弥足珍贵。

东方朔《体悟、言说与规则——"杨简扇讼"案例的哲学分析》（《现代哲学》2022 年第 4 期）一文认为，象山教人不喜分解，而以指点语、启发语的方法引导学者自悟，招致朱子"中间暗""黑腰子"的批评。本文试图通过对"杨简扇讼"案例的分析来呈现朱子的批评所揭示的理论问题。象山重复孟子之语来回答杨简"如何是本心"之问，又以扇讼为机缘，指点他

"知是知非之心"即是本心，这些都体现了象山理论中的本心即是当机应事时自然自发的呈现，言语的分解不足以说明之，关键只是自悟自得。然而，无法以"言语心思所及"的个人觉悟排除了传达意义的共同规则，既无法为道德规范构建普遍有效的论证，也不能示人以确定的规范和准则。如是，象山那种超乎言说的本心本体的形上学虽然有其个人的受用，但却难于建立一确定的道德哲学理论。

李翔《袁燮交游及其社会网络》(《中国社会科学报》2022 年 10 月 17 日)一文对"甬上四先生"之一的袁燮的学术交游及其社会网络关系进行了翔实的考述。

张子喻《钱时哲学思想研究》(南昌大学硕士学位论文，2022 年 5 月)一文指出，杨简弟子钱时是陆九渊的再传弟子，所以其主要思想继承自陆九渊和杨简。钱时思想的基本理念是本心论，以本心作为最高本体，强调本心自有的灵明。在钱时看来心、性是同一事物，只不过说法不同。钱时认为天地就是吾心，体现了中国儒家"天人合一，万物一体"的传统观念。钱时构建的道统是根据杨简本心一元论的思想来确立的。钱时的工夫论强调本心本善，主要有绝意、立志、格物致知等，通过去除对本心的遮蔽，来发明本心。钱时的思想继承了陆学一派的主干规模，但也吸收了朱熹的思想，有"朱陆和会"的倾向。钱时只有过短暂的为官经历，一生大部分时间都乡居讲学，在当时影响力很大，首任象山书院山长，后来在家创办蜀阜书院。《宋元学案》将象山后学分为槐堂诸儒、甬上四先生、严陵钱时三系。杨简去世后，陆学曾一度衰落，但淳安因为受钱时影响，陆学传承一直未断，其弟子吕人龙、夏希贤等人及其再传一直把陆学发扬到元末。钱时四处讲学扩大了陆学的影响力，对陆学的传承起到了积极的影响，另外钱时通过广泛的注解经典，对陆学体系的完善起到了积极的作用。

七、永嘉（温州）朱子学研究

永嘉学者叶味道，作为朱熹晚年主要弟子，与同乡陈埴（生卒年不详）

一道开创了永嘉朱子学即"木钟学派"。陈埴先师事叶适，后又拜朱熹为师，与叶味道致力于在永嘉地区传播朱子学。

2022 年，学界不见有研究永嘉朱子学的论文。

八、台州朱子学研究

黄宗羲、全祖望《宋元学案》卷六十六《南湖学案》载，台州籍的朱熹门生，有天台潘时举，仙居吴梅卿，临海林恪，黄岩赵师夏、赵师渊、杜煜、杜知仁等人，他们为朱子理学在台州一带的传播、弘扬尽心尽力。学者称杜煜为"南湖先生"，缘此称其所创学派为"南湖学派"，是为台州朱子学。

2022 年，学界不见研究台州朱子学的论文。

九、金华朱子学研究

朱熹之后，促成朱子学继续在浙中金华地区传播的是朱熹的弟子、女婿黄榦。黄榦将朱子学传于何基，何基传王柏，王柏传金履祥，金履祥传许谦，何、王、金、许被称为"金华四先生"或"宋元北山四先生"，金华朱子学（"北山学派"）由此形成。

王锟编校的《何北山先生遗集》（上海古籍出版社 2021 年 12 月版）一书，收录何基的诗文、理学语录及师友后人的行状、悼文、碑文等，包含后人对他生平事迹和思想言论的评价。何基是北山学派的开创者，对后世理学思想有一定影响。

2022 年，学界对"金华四先生"研究的论文还有李圣华、姜泽彬的《北山四先生之学值得深入发覆》（《中国社会科学报》2022 年 10 月 31 日）。

十、南宋其他浙学家研究

除南宋浙东学派的浙学家群体外，李光、史浩、王十朋、楼钥等政治家，"永嘉四灵"、陆游、戴复古等文学家，也可谓"大浙学"视域中的"浙学家"。

（一）李光研究

2022 年，研究李光的论文有两篇：华杭平的《诗人贬谪时期诗歌创作受被贬地影响情况——以李光为例》（《文学艺术周刊》2022 年第 6 期），赵敬仪的《李光的易学思想及其家国情怀》（《当代中国价值观研究》2022 年第 1 期）。

（二）史浩研究

2022 年，研究史浩的论文有两篇。

刘力耘《史浩〈尚书讲义〉与宋孝宗朝政治》（《齐鲁学刊》2022 年第 2 期）一文认为，孝宗退位前夕，史浩完成《尚书讲义》进献孝宗。《尚书讲义》既是阐释儒家经典的经学著作，也寄托着史浩在和战、孝道、近习等南宋重大政治主题上的思考。他引入"心""迹"范畴阐释经文"重华"，改变传统的阐释重心，旨在化解孝宗"改父之政"的政治伦理风险；在阐释经文"亮阴三祀"时，通过反向批评丧期"权制"，凸显孝宗执意行三年丧的意义；又巧妙地嵌入"私恩"话题，使经文"明试以功"的目的，由传统阐释下防止"利口空言者获进"，变为针对孝宗朝近习政治的"杜绝私恩侥幸者获进"。在历史语境中考察《尚书讲义》，揭示其中的时代问题意识和现实政治关怀，能为我们认识中国古代儒家经典阐释的特征，提供一个生动的案例。

邓梦园《论史浩对〈尚书·泰誓〉之"泰"的解释》[《宁波大学学报》（人文科学版)2022 年第 2 期] 一文指出，史浩撰写《尚书讲义》一书，注疏及讲解《尚书》中每一篇的篇名、书序和内容。其解析《泰誓》篇名不但从《尚书》誓体文篇名命名的规律进行推求，而且结合书中各篇章及其序言的内容，吸收、借鉴前代及同时代的经、史文献以及诸家学者的解说，认为《泰誓》由姜太公所作，伐纣之谋源于太公，太公在讨伐商纣王一事上居首功，从而提出了"泰誓"之"泰"意指"太公"之"太"的观点。该阐释虽具有一定的局限性，但从另一个视角折射了宋代理学家的解经特色和风貌，以及姜太公的形象、地位与作用。

（三）王十朋研究

2022 年是南宋大贤王十朋诞辰 910 周年。

6 月 5 日，"王十朋与文化温州"报告会暨温州王十朋研究会第七届会员大会在温州举行，王十朋研究会成员以及学术界专家齐聚一堂，共同缅怀先贤，并汇报王十朋研究会的工作成果。11 月 9 日，经中国邮政集团有限公司批准，中国邮政集团有限公司温州市分公司正式启用"南宋著名政治家王十朋诞辰 910 周年"彩色邮资机宣传戳，由王十朋手绘肖像和"南宋著名政治家王十朋诞辰 910 周年"的中文字样组成。12 月 9 日，"梅溪墨韵"王十朋诞辰 910 周年诗词书画展在乐清市文化馆举办。

2022 年，研究王十朋的论文主要有：秦理斌的《书王十朋〈题湖边庄〉》（《荣宝斋》2022 年第 12 期），盛雨馨的《王十朋仕泉诗迹研究》（华侨大学硕士学位论文，2022 年 5 月），钱志熙的《南宋前期诗人王十朋的艺术渊源与创作成就》[《兰州大学学报》(社会科学版) 2022 年第 3 期]，吴宏富的《王十朋的刿中诗及其特色》（《历史文献与传统文化》第二十六辑，商务印书馆 2022 年版）。

（四）楼钥研究

2022 年，研究楼钥的论文有 5 篇：马伟娜的《论南宋四明文人楼钥的古琴音乐活动》（《民族音乐》2022 年第 4 期），庞明启的《南宋鄞县真率会及白居易诗歌接受——以楼钥〈攻媿集〉为中心》（《铜仁学院学报》2022 年第 4 期），赵惠俊的《南宋中兴诗人的清简仕宦心态与山林之诗——以楼钥添差台州通判任上的文学活动考察为中心》（《中国诗学研究》第二十一辑，凤凰出版社 2022 年 6 月版），潘捷的《楼钥的考据与书学——基于《攻媿题跋》的考察兼及楼氏家族相关碑志书风考》（《书法研究》2022 年第 1 期），盛洁的《从〈攻媿集〉所载题跋看楼钥的书画鉴定》（《美术观察》2022 年第 3 期）。

（五）"永嘉四灵"及其相关研究

"永嘉四灵"是当时生长于浙江永嘉的四位诗人：徐照、徐玑、翁卷、赵师秀。因四人字、号中都带有"灵"字，而温州古为永嘉郡，遂称之为"永嘉四灵"。

2022 年，研究"永嘉四灵"的论文有两篇：宋龙女的《浅谈南宋永嘉四灵的山水书写》（《名作欣赏》2022 年第 24 期），张晏铷的《赵师秀诗歌研究》（济南大学硕士学位论文，2022 年 3 月）。

（六）陆游研究

2022 年，学界研究陆游生平事迹及其诗歌创作、文献整理的论文有 90 多篇，主要有：商宇琦的《陆游入幕行实考辨》（《中国典籍与文化》2022 年第 1 期），倪超的《陆游"关中作本根"战略价值考论》[《陕西理工大学学报》（社会科学版）2022 年第 5 期]，虎妍的《陆游"长安"情结刍议》（《华夏文化》2022 年第 3 期），肖瑞峰、商宇琦的《士人网络与文献生成：陆游入幕新论二题》（《浙江社会科学》2022 年第 11 期），张瑶艳、彭飞的《陆游爱国主义诗歌对当代大学生的启迪》（《大学语文论丛》2022 年第 1 期），张一平的《陆游边塞诗中的"雪"与"军事"意象组合探析》[《辽宁师专学报》（社会科学版）2022 年第 6 期]，朱子良的《禅思与诗法——论陆游自嘲诗的禅宗渊源》(《中国韵文学刊》2022 年第 3 期)，亓颖的《从"客夔"到"吾蜀"——陆游夔州诗的叙事心态研究》（《贵州师范学院学报》2022 年第 7 期），臧菊妍的《陆游词"风雨"意象合、离之演变及其成因》[《西安文理学院学报（社会科学版）》2022 年第 3 期]，胡鹏的《笔记与南宋阅读转型——以陆游〈老学庵笔记〉为中心的讨论》[《安徽大学学报》（哲学社会科学版）2022 年第 4 期]，陈浩的《陆游诗歌的爱国情怀及其表现方式》[《山西大同大学学报》(社会科学版)2022 年第 3 期]，刘炳辉的《陆游〈剑南诗稿〉中的岁时诗与南宋民俗》（《贵州文史丛刊》2022 年第 2 期），诸葛忆兵的《论陆游艳词情诗之同调》（《江淮论坛》2022 年第 2 期），段韩睿的《论陆游乡居诗的主要类型与题材来源》（《中国民族博览》2022 年第 7 期），常洁的《对比分析陆游〈钗头凤〉和纳兰性德〈蝶恋花〉》（《中国民族博览》2022 年第 7 期），朱子良的《从古代文学嘲谑传统看陆游自嘲诗创作》[《宁夏大学学报》（人文社会科学版）2022 年第 2 期]，吕肖奂的《陆游诗歌中被自我书写遮蔽的技艺人——南宋士大夫与布衣关系考察系列之一》[《重庆工商大学学报》（社会科学版）2022 年第 6 期]。

朱迎平笺校的《渭南文集笺校》（上海古籍出版社 2022 年 11 月版）一书，以国家图书馆所藏宋嘉定年间陆子遹刊本的陆游《渭南文集》五十卷为底本，底本所缺四卷用明弘治本补足，旨在恢复一个最接近编刊原貌的文本。该书提供了陆游《渭南文集》最为完整的整理本，除笺校文字外，还阐发了各卷文体特点，并对陆游的文章进行了细致的系年，全面审视并归纳总结陆文特点，于学界功莫大焉。

（七）戴复古研究

2022 年，学界关于戴复古诗歌思想的研究及相关考辨性质论文有 4 篇：何方形的《戴复古的诗学史意义——以论诗诗为中心》（《杜甫研究学刊》2022 年第 4 期），王姣锋的《戴复古海上丝绸之路诗歌创作》（《安康学院学报》2022 年第 2 期），费君清、楼培的《从戴复古"不甚读书"的争论看南宋诗风的演变》[《浙江大学学报》(人文社会科学版) 2022 年第 3 期]，张继定的《子虚乌有的"宋代诗人方岩"及其"灵璧磬石歌"——兼谈戴复古〈灵璧石歌为方岩王侍郎作〉被误读》（《品位·经典》2022 年第 2 期）。

第四节　南宋历史文化研究

由于南宋定都临安（杭州），按照"大浙学"的视域，南宋史、南宋临安（杭州）、南宋儒学以及由此衍生而来的"宋韵文化"等，也可以视为"南宋浙学"的一个重要组成部分。兹对 2022 年的相关研究予以综述。

一、南宋都城临安（杭州）研究

2022 年，学界也有不少研究南宋都城临安（杭州）的论文，比如：范舟、郦文曦的《南宋临安都城空间与舞队形态关系考论》（《当代舞蹈艺术研究》2022 年第 3 期），曹晓波的《临安城的瓦舍与优伶》（《杭州》2022 年第 14 期），戾晨晨的《南宋市民群体的休闲生活研究》（华中师范大学硕士学位论文，2022 年 5 月），君懿的《临安为何易为杭州》（《百科知识》2022 年第 11 期），曹晓波的《南宋临安的酒楼饭馆》（《杭州》2022 年第 3 期）。

包伟民《行都的意义：南宋临安城研究再思考》（《江西社会科学》2022 年第 5 期）一文认为，杭州在南宋初年被骤然建为行都，其原来作为地区中心城市的行政地位、地理条件与经济资源等因素，以及南宋朝廷不得不坚持其作为行都而非京师的政治定位，在许多方面影响了它的面貌与发展历程。入元以后，中心地位既失，复为地方性城市，泯然众人。因此，南宋临安无疑是一个观察传统时期行政地位与城市发展之间关系的难得例证，以此视角深入探讨，应该成为我们分析南宋临安乃至传统时期城市的一个不应忽视的方向。

二、南宋儒学综合研究

"南宋浙学"之外的南宋儒学整体研究，也属于广义"浙学"关照的范围。2022 年，学界同人综论南宋儒学的论文也有数篇：周思成的《南宋朝野对蒙古国家及北方社会的文化认知——蒙古政权的"文化威胁"促进了南宋理学官学化么？》（《浙江学刊》2022 年第 2 期），陈浩的《论南宋书院的社会教化及其基本特质》（《史志学刊》2022 年第 3 期），侯岩峰、赵蕾、侯利荣的《试论南宋家训诗繁荣发展的历史动因》（《吉林省教育学院学报》2022 年第 6 期），王子晴的《理学视域下的杨万里"诚斋体"诗歌艺法探析》（《新纪实》2022 年第 12 期）。

三、"宋韵文化"研究

毫无疑问，在当下的浙江社科理论界、宣传舆论界，具有中国气派和浙江辨识度的重要文化标识的"宋韵文化"，绝对是一个热门词语。宋韵是从宋代传承下来的文化底蕴和精神气质，包括思想、制度、科技、文化、艺术等多个方面。

作为浙江历史文化标识与金名片的"宋韵文化"的出处，是时任浙江省委书记袁家军 2020 年 9 月 21 日在浙江文化研究工程实施十五周年座谈会暨省文化研究工程指导委员会会议上的讲话中的一句："要擦亮一批文化标识，大力推进宋韵文化传承发展中心建设，让南宋文化这张浙江文化金名片更加深入人心、走向世界。"[①]2021 年 8 月 31 日召开的浙江省委文化工作会议强调："在打造以宋韵文化为代表的浙江历史文化金名片上不断取得新突破，抓研究、抓传播、抓转化，做足特色、放大优势，传承好浙江优秀传统文化的精神内核"，"'跳出南宋看南宋，跳出浙江看浙江'，从思想、制度、经济、社会、百姓生活、文学艺术、建筑和宗教等方面全方位立体化系统性研究阐述宋韵文化，准确把握其文化精髓、历史意义和时代价值，组织提炼'宋韵'的核心特征"。[②]

2022 年 6 月 26 日至 27 日，由浙江省社会科学界联合会、浙江大学共同主办的"浙学论坛 2022'宋韵与浙学：文化基因的新时代解码与传承'学术研讨会"在台州黄岩举行，来自海内外知名高校、研究机构的百余位学者以线上线下形式参加会议。论坛围绕浙江宋韵文化概念的内涵与外延，浙江宋韵文化基因的阐释与弘扬，浙江宋韵文化的表现形态与特征，宋韵文化、浙学的地域特征与周边影响，浙江宋韵文化的当代价值，等等，通过阐释宋

---

① 《"强省""树人"！省委书记袁家军谈书写"重要窗口"文化新篇章》，转引自浙江社科网，2021 年 9 月 22 日。

② 袁家军：《加快打造新时代文化高地 为高质量发展建设共同富裕示范区注入强大文化力量》，浙江在线，2021 年 8 月 31 日。

韵文化概念、分析宋韵文化表现形式、解析宋韵文化构成基因、揭示宋韵文化当代实践价值等多重视角，探索浙江宋韵文化的优秀基因，充分挖掘丰富的"宋韵"文化资源与历史遗存，以推动宋韵文化研究在新时代的创造性转化和创新性发展，为新时代文化浙江建设发展提供强大精神动力和思想资源。

在"中国知网"上以"宋韵"为主题（篇名中含有"宋韵"二字）检录的学术期刊论文数量如下：1985 年 1 篇，1990 年 1 篇，1991 年 3 篇，1997 年 3 篇，1999 年 1 篇，2001 年 2 篇，2002 年 2 篇，2003 年 2 篇，2004 年 2 篇，2006 年 4 篇，2007 年 3 篇，2008 年 2 篇，2009 年 6 篇，2010 年 8 篇，2011 年 4 篇，2012 年 7 篇，2013 年 5 篇，2014 年 4 篇，2015 年 5 篇，2016 年 3 篇，2017 年 5 篇，2018 年 4 篇，2019 年 7 篇，2020 年 6 篇，2021 年 33 篇，2022 年 103 篇。（截至 2022 年 12 月 30 日）这也足以说明，"宋韵"与"宋韵文化"研究是当下浙江社科理论界的研究热点。代表性的研究论文有：李辉的《建设数字博物馆　展示杭州宋韵文化》（《杭州》2022 年第 4 期），王宣艳的《宋韵——士大夫的精神世界》（《收藏家》2022 年第 3 期），徐吉军的《弘扬宋韵，就是重新找回浙江人的"根"》（《杭州》2022 年第 7 期），何忠礼的《南宋的历史地位与"宋韵"文化》（《社会科学文摘》2022 年第 5 期），查建国、陈炼的《挖掘浙学文脉的宋韵底蕴》（《中国社会科学报》2022 年 7 月 4 日），肖瑞峰的《论宋韵文化的精神特质及生成原因》（《社会科学战线》2022 年第 8 期），肖徽徽的《宋韵文化的历史深致与当代呈现》（《中国文化报》2022 年 8 月 16 日），徐越的《杭州方言是宋韵文化的主要载体和历史坐标》（《浙江社会科学》2022 年第 9 期），刘芷余的《电视节目探索传统文化的创新表达——以浙江卫视宋韵文化传播为例》（《中国广播影视》2022 年第 23 期），等等。

2022 年公开出版的宋韵文化研究著作有 10 部。

政协杭州市上城区委员会编著的《宋风流韵》（杭州出版社 2022 年 2 月版）一书，围绕"宋韵是什么"这个命题展开论述，从文治、盛学、营造、风雅、精工、新潮、和谐、富庶、风味、包容等十个话题入手，结合杭州等地域的历史文化故事、历史遗存，通过一个个具有代表性、典型性的故事，来解析宋韵内涵在政治、经济、文化、科技、社会方面的投射和表现。

司马一民、凌雁编著的《楼外楼宋韵新滋味》（杭州出版社 2022 年 5 月版）一书，从美食文化的视角出发理解宋韵，认为美食文化是宋韵的重要组成部分，楼外楼的创新是杭州美食文化对宋韵的传承，是宋韵的具体体现，是意境化的宋韵。

司马一民《诗词里的杭州宋韵》（西泠印社出版社 2022 年 7 月版）一书分钱塘风情、诗蕴情意、胜迹寻踪三个板块，通过对有关杭州的宋诗宋词进行解读，挖掘古诗词里蕴藏着的杭州故事和古代诗人们的趣闻，多方面展示杭州宋韵，并配有杭州实景图片和古画，既有文史知识，又有趣味。

寿勤泽《画中乾坤：宋画宋韵与西子湖》（杭州出版社 2022 年 8 月版）一书从宋韵文化衍化的视角，透视以世界遗产西子湖为中心，覆盖杭州乃至江南地域的水墨画艺术演进史。

赵群伟《宋韵迹忆——藏在文物中的两宋史》（浙江出版集团数字传媒有限公司 2022 年 6 月版）一书，从宋朝文物中窥探两宋秘史的蛛丝马迹，以弥补历史记载的不足。

胡坚《宋韵文化创意》（浙江工商大学出版社 2022 年 10 月版）一书从宋韵文化创意的七个方面，即宋人优雅生活创意、旅游创意、城市建设创意、美食创意、宋画产品创意、音乐艺术创意、服饰创意出发，结合当代文化创意产业发展需求和浙江相应领域的文化产业特色，从机理和意义层面进行了深刻而独到的剖析，为读者展现了宋韵文化对如今文化浙江建设乃至全国文化创意产业发展的启示和相应的具体方案。

吴晶、周膺合著的《诗词里的宋韵》（浙江工商大学出版社 2022 年 10 月版）一书，以宋诗宋词为解释基础，着意于以诗词名句这一特定角度表述宋韵，以期达到雅俗共赏的目的。

杭州市社会科学院组编《宋韵文化》（第一辑）（上海古籍出版社 2022 年 11 月版）一书，从不同的角度对宋代制度、经济、宗教、文学艺术等进行研究。

宁波市鄞州区档案馆编著的《宋韵史话》（西泠印社出版社 2022 年 11 月版）一书，以史家祖宗画像及传记、题跋为核心，对四明史氏历史、有影响的家族成员的生平事迹、"八行"垂训及文物遗存等进行了集中梳理，同时也对史氏家族历代集中聚居的绿野岙、下水、史家湾、史家码、月湖等地进行详尽的介绍。

葛永海等著的《俗世雅意：浙风宋韵的多维审视》（中国社会科学出版社 2022 年 12 月版）一书，书中研究的"宋韵文化"特指具有浙江辨识度和风格特征的宋韵文化，故称之为"浙风宋韵"。

第五节　宋元之际与元代的浙学家研究

宋元之际，黄震、王应麟、胡三省并称"宋元之际浙东学派三大家"，他们使得"经史并重"的浙学学统得以存续。金华朱子学传人有许谦（"北山四先生"之一，上文已述）、柳贯、黄溍、闻人梦吉、吴莱、宋濂（下文"明代浙学"中论及），是为元代"金华学派"或曰元代"婺学"的代表人物。宋元之际，浙江还有思想家邓牧，著传世名作《伯牙琴》。宋元之际，明州不仅有慈溪的黄震开创"东发学派"传播朱子学，鄞县又有史蒙卿开创"静清学派"，并有弟子程端礼、程端学兄弟，程氏兄弟也是经史学家。戴表元、袁桷也是宋元之际浙籍文学家的代表人物。上述学者皆是宋元之际与元代的浙学家代表。

兹对 2022 年学界同人对宋元之际及元代的浙学家研究的相关学术成果予以总结。

一、黄震与东发学派研究

2022 年，学界有 1 篇研究黄震的论文。

侯佳宁《黄震学术思想对其散文创作的影响》(《邢台职业技术学院学报》2022 年第 4 期) 一文指出，黄震学术上提倡"用心于外"，治学广征博引、驳正朱注，注重经史并重。因此，他的散文创作观追求天人合一、以心体物，文以道为本，经世致用。受到上述散文观的影响，黄震的散文创作呈现以下特点：真挚自然，本之性情；文章雅正，辞达理明；立论精当，论证有力。

二、王应麟与深宁学派研究

2022 年，研究王应麟的论文有 4 篇，分别是：赵淑萍的《一代鸿儒王应麟》(《宁波开放大学学报》2022 年第 4 期)，刘敏的《〈困学纪闻·考史〉引书研究》(华中师范大学硕士学位论文，2022 年 5 月)，邢益明的《清乾嘉时期〈困学纪闻〉传布研究》(上海师范大学硕士学位论文，2022 年 5 月)，顾涛的《守宋韵文脉 蕴城市书香——以"王应麟读书节"打造鄞州全民阅读盛会》(《文化月刊》2022 年第 2 期)。

三、胡三省研究

2022 年，学界有 1 篇研究胡三省的论文：黄树林、曾庆环的《胡三省"司马师杀张后"说探微》(《中国史研究》2022 年第 4 期)。

四、柳贯、黄溍、闻人梦吉、吴莱、邓牧、史蒙卿研究

2022 年，学界没有研究柳贯、黄溍、闻人梦吉、吴莱、邓牧、史蒙卿的专论。

五、程端礼、程端学研究

2022 年，不见研究程端礼、程端学的论文。

六、戴表元研究

2022 年，研究戴表元的论文有：陈贝、高林广的《元初东南文士的复古思想及其现实指向——以戴表元为中心》（《中国文学研究》2022 年第 1 期），石竞文的《戴表元题跋文研究》（扬州大学硕士学位论文，2022 年 5 月），杨梓英的《戴表元诗歌研究》（辽宁师范大学硕士学位论文，2022 年 6 月），于淼的《戴表元史论散文内容探析》（《作家天地》2022 年第 20 期）。

七、袁桷研究

2022 年，学界关于袁桷研究的论文有两篇。

查洪德的《袁桷的学术渊源》（《文学与文化》2022 年第 1 期）一文指出，在元代南北统一之初、文坛南北隔阂的情况下，被北方学者看好并荐入翰林国史院的袁桷，成了打通南北隔阂、促进南北文人交流与文风融合的关键人物。他之所以能发挥这一独特作用，与他的学术背景有关。他独特的学术背景，以及由此形成的学术特点，为南北学界与文坛普遍认可并接受。考察袁桷的学术背景，才能清楚把握其学术特点，弄清他何以能完成打通南北文坛的历史性使命。这对于厘清元代文学发展的线索异常重要。

赵舒源《袁桷〈开平四集〉研究》（内蒙古大学硕士学位论文，2022 年 6 月）一文指出，《开平四集》是袁桷于仁宗延祐元年（1314）到至治二年（1322）期间，四次扈从蒙古帝王巡行至上都，所作《开平第一集》《开平第二集》《开平第三集》《开平第四集》的诗集总称。袁桷在该诗集中首次详细地展现了南方文人眼中的上都形象，并对扈从文臣在上都的生活有所记述，在诗歌内容和创作形式上开风气之先。从历时性角度来看，它的出现对于上京纪行诗创作的兴盛与元代诗风嬗变的历史意义明显。

第五章　明代浙学研究

　　本报告所涉"明代浙学"，主要指从 1368 年朱明王朝建立到 1644 年明朝灭亡这 270 余年中，浙江籍思想家的生平事迹、学术著作与理论贡献等。在思想史上，明代中前期以朱子理学为圭臬，元明之际浙江籍的思想家宋濂、刘基、方孝孺、王祎系理学家，黄孔昭、谢铎系明代中期的台州朱子学者。此外，一大批浙江籍的政治家诸如黄淮、于谦、章懋、张璁、谢迁、王华等，为明朝中前期政局的稳定、社会的发展做出过突出的贡献。

　　明代中后期，绍兴府余姚县籍的王阳明开创的良知心学，成为思想界的主流思潮，并有一大批浙江籍的阳明学人，诸如徐爱、钱德洪、王龙溪、黄绾、季本、程文德、王宗沐等，是为阳明后学中的"浙中王学"。而总结王阳明与阳明学派研究的最新进展，也是《浙学研究年度报告 2022》的亮点与看点之一。明末浙学以刘宗周（蕺山学派）、黄尊素的东林学为代表，刘宗周还是"宋明理学的殿军"。还有，明代中后期的藏书家丰坊，政治家沈一贯，文学家茅坤、胡应麟，"中国本位化天主教儒学的开创者"李之藻、杨廷筠，明末抗清名将张苍水、钱肃乐，也属于明代的浙学家。

　　本章"明代浙学研究"，拟在盘点上述浙人、浙事、浙学概况的基础之上，对 2022 年学界同人的相关研究成果予以汇总。

第一节　明代中前期的浙学家研究

一、元明之际金华朱子学研究

自以何基、王柏、金履祥等为代表的"北山学派"开创以来，朱子学学统代代相传，"北山学派世嫡说"云云便是明证。元代有许谦、柳贯、黄溍，而在元明之际又有胡翰、宋濂、王祎等金华籍学者，传承朱子学学脉。

（一）胡翰研究

2022 年，不见研究胡翰的论文。

（二）宋濂研究

2022 年，研究宋濂的论文有数篇，兹择要综述。

李小白《元明之交宋濂的思想与行动》[《河南师范大学学报》（哲学社会科学版） 2022 年第 4 期] 一文认为，宋濂在元明易代时期撰写的那些带有史传性质的自传作品，反映了他内在思想的阶段性特征。就其自传材料中对"古文辞"写作的不同感悟，宋濂表现出三个阶段的思想取向：年少时转益多师，以读书习文、热衷"古文辞"而声名远播；行至中年，对写作"古文辞"有所悔悟，从对外在功名的追求转向学问之道；步入晚年，疲于文字应酬，文风趋于保守，对"文辞"既悔且恨，整体生命转向自我的内在深省且有明显的保身远祸的心理动机。宋濂的思想世界存在着一以贯之且多元互动的思维脉络，可视为元明王权社会下江南知识群体的人生写照。

彭兴隆《论〈谕中原檄〉的作者不是宋濂》（《新乡学院学报》2022年第 2 期）一文指出，自程敏政在《明文衡》中将《谕中原檄》署名为宋濂之后，宋濂是《谕中原檄》作者的说法便广为流传。实际上，这篇檄文并非出自宋濂之手。理由主要有两个：其一，朱元璋北伐时宋濂不在朱元璋幕府中，他不具备撰写檄文的条件；其二，宋濂并非核心政治文书的起草者，不是起草檄文的不二人选。程敏政将《谕中原檄》署名为宋濂主要是为了宣扬"华夷之辨"的思想。

（三）王祎、苏伯衡研究

2022 年，学界没有研究王祎、苏伯衡的专论。

二、刘基研究

2022 年 7 月 9 日，"浙江·苍南刘基文化论坛暨 2022 年苍南县社科普及周活动"在苍南县莒溪镇举行。来自浙江省社科院、温州市委宣传部、温州市社科联等部门的领导嘉宾以及各地刘基文化研究专家学者代表齐聚一堂，以学术研讨的方式纪念刘基诞辰 711 周年。与会的专家学者围绕"天人之策"这一主题，就如何传承刘基文化、如何创新刘基文化、如何做深研透刘基文化、阐述刘基文化的新时代价值等开展交流研讨。①

2022 年 7 月 24 日，"浙江大学管理学院刘基战略思想研究中心成立仪式暨首届刘基战略思想研讨会"在杭州举行。北京大学教授廖可斌、浙江大学教授楼含松、周明初、徐永明，南京大学教授周群，温州大学教授林亦修等来自各大高校以及温州市域、文成县域的刘基研究专家等共聚一堂，围绕刘基的军事战略、人才战略、治国理政战略、经世济民战略、人文环境战略等展开深入探讨与分享。②

2022 年 8 月 21 日至 22 日，由浙江省社会科学院、丽水市纪委监委、中共丽水市委宣传部、中共丽水市直机关工委、中共青田县委主办的"2022 刘基廉洁文化研讨会系列活动"在青田举行。

21 日下午，"2022 刘基廉洁文化研讨会"开幕，浙江省社会科学院原

---

① 《苍南举办刘基文化论坛》，《温州日报》，2022 年 7 月 11 日。
② 《浙江大学管理学院刘基战略思想研究中心成立仪式在杭州举行》，新华网，2022 年 7 月 24 日。

院长何显明，中共丽水市委常委、宣传部原部长李一波，中共青田县委书记林霞，省市有关领导以及来自全国各地的刘基文化研究专家、学者等齐聚青田，和青田社科界代表、刘基宗亲代表等共话刘基廉洁文化的时代价值与实践意义，共探新时代的廉洁文化建设。活动共分为两个阶段举行，第一阶段活动由中共青田县委常委、纪委书记陆翔主持，何显明、李一波、林霞分别致辞。

何显明表示，浙江省社科院与丽水市、青田县向来合作紧密。2019 年，省社科院与丽水市共建的"丽水研究院"正式挂牌，借由此次研讨会，在"丽水研究院"基础上，于青田县挂牌成立"刘基研究中心"。他表示，期待以本次学术研讨会为契机，以"刘基研究中心"为平台，双方交流合作得到更进一步加强，发挥省社科院科研优势，在实施文化青田研究工程、深入研究中华传统文化中的"青田元素"、挖掘瓯江文化与刘基文化等丰富内涵和时代价值等方面起到应有的作用。

李一波表示，刘基文化博大精深，涵盖了廉洁文化、智谋文化、孝道文化等，具有多元的文化价值，是中华优秀传统文化的重要组成部分。近年来，丽水市持续做好刘基文化的创造性转化、创新性发展工作，充分挖掘刘基文化的历史价值、文化价值、旅游价值和时代价值。优秀传统文化是丽水弥足珍贵的文化宝藏，是延续千年处州的根脉。丽水将深入贯彻落实市委文化工作会议精神，持续推动优秀传统文化的传承发展，坚持在扬弃中继承、在继承中创新、在创新中转化、在转化中发展，不断彰显传统文化的当代价值，为全面建设绿水青山与共同富裕相得益彰的社会主义现代化新丽水提供文化支撑。

林霞表示，刘基不仅是青田人民的骄傲，他所代表的文化和展现的精神也是中华民族乃至全人类的共同财富。近年来，青田县委、县政府坚持把刘基文化作为县域主题文化，致力于挖掘、传承、保护和发展，先后举办刘基诞辰 710 周年纪念大会、文化研究座谈会、"非遗"刘基祭祀大典等系列文化活动，编撰《刘伯温传说》等系列文化丛书，加强刘基生平、事迹、思想及其现代价值的研究和推广，打造刘基文化旅游公共品牌，持续擦亮刘基文化金名片。来自全国各地的专家学者齐聚青田，就刘基廉洁文化及相关课题深入研讨交流，必将进一步扩大刘基文化品牌的影响力，为推动青田文化繁荣发展做出积极贡献。

活动现场，浙江省社科院为丽水授予"浙江省社科院丽水研究院刘基文化研究中心"牌子，并为钱志熙、黄仕忠等专家、学者颁发"浙江省社科院丽水研究院刘基文化研究中心"特聘专家证书。此外，还举行了《刘基廉洁文化名篇选读》授书仪式。

在第二阶段活动主旨演讲中，浙江省社科院哲学所副所长张宏敏、中山大学教授黄仕忠、浙江大学教授董平、北京大学教授钱志熙、浙江大学教授楼含松、丽水学院教授吕立汉等6位专家学者以"刘基廉洁文化"为主旨发表相关演讲。

21日晚上，举行"2022刘基廉洁文化学术研讨会"，浙江省社科院哲学所副所长张宏敏、丽水市社科联副主席余群勇、部分刘基廉洁文化优秀论文作者、刘基文化相关研究人员等二十余人与会。活动现场，主办单位为胡浙平、王闰吉、朱德飞等9位刘基廉洁文化研讨会优秀论文作者颁发了获奖证书。获奖作者围绕刘基廉政文化的"诗教"展现、刘基清廉观的现代启示、刘基廉政思想与家风家教建设等内容开展交流。22日，专家学者一行到青田刘基廉政文化教育基地开展了实地考察活动。①

2022年，学界同人还围绕刘基生平事迹、刘基思想、《郁离子》《拟连珠》等刘基文献以及刘基文化、刘伯温传说等专题开展研究，相关研究成果如下。

（一）刘基生平事迹研究

金邦一《刘基"仕江西"事的明清史籍书写流变研究》（《浙江工贸职业技术学院学报》2022年第2期）一文以刘基"仕江西"作为论述中心，以《故诚意伯刘公行状》的记述作为事实基点，观照明初、明中期、明后期、明末、

---

① 《2022刘基廉洁文化研讨会在青田举行》，浙江社科网，2022年8月24日。

由明入清的同事件记述，并从撰述者在政权中不同身份的立场角度、与传主的关系等，呈现不同历史时期、不同身份撰者对事件细节的省略、凸显乃至改写。

綦中明、路鹏《刘基隐居考述》（《保定学院学报》2022 年第 3 期）一文指出，隐居在刘基生命中占据重要位置，与其政治生涯联系紧密。目前学界虽有关于刘基隐居经历的讨论，但尚未有全面梳理其隐居始末的论说。通过探研诸多相关史料，可知刘基重要的隐居经历共有四次，就其隐居之由而论，可概括为"投劾隐居""寓居绍兴""愤而辞官""致仕归里"，四次隐居充分体现了刘基文学思想、政治态度、处事思维的变迁。

时亮《〈明史·刘基传〉编纂考述》[《温州大学学报》（社会科学版）2022 年第 3 期] 一文指出，《明史·刘基传》是记载明朝开国功臣刘基生平、事迹与功业的权威传记。其纂修历时长久，以致留下多个拟稿。其中，三一三卷本《明史纪传》刘基传是《明史》撰写初期形成的，直接为四一六卷本《明史》刘基传所承袭。《刘基传》定稿之源头则为开《明史》纂修简练风格的徐乾学《明史·刘基传》，两稿间尚有王鸿绪三一〇卷本《明史稿》刘基传，该稿承前而启后，删繁而就简，是为过渡稿。至张廷玉《刘基传》定稿，则以三一〇卷本《明史》刘基传为直接蓝本进一步凝练文字、调整结构、勘正讹误，足称良史。

黄仕忠《高明与刘基之交往及心态述考》（《长江学术》2022 年第 3 期）一文指出，高明《琵琶记》由宋南戏《赵贞女蔡二郎》改编而成，改变了谴责婚变负心主题，将家庭的不幸归结于追求功名所致，将历史人物蔡邕被董卓逼迫为官而导致身败名裂的境遇潜含于剧中，且有高明自身仕宦经历的投射。高明与友人刘基均为进士出身，在至正年间剿灭方国珍叛乱时，主张惩首恶而赦余众，但不被当局理解，且横遭忌恶，两人最后对时局彻底失望，选择了不合作的态度。这在《琵琶记》里留下了痕迹，对于了解元末知识阶层的出、处、进、退有特殊的意义。

夏咸淳《刘基：谋略家和学问家的双重角色》（《浙江工贸职业技术学

院学报》2022 年第 2 期）一文指出，元明之际大时代所赋予的历史责任和个人所选择的道路趋向，刘基扮演了谋略家与学问家的双重社会角色，发挥了双重历史作用。谋略家成就了他政治军事的显赫地位，历来传颂不绝，似乎已成定评。学问家展现出了他作为博学通才的特质，在天文、地理、术数、科技、文学、哲学诸多领域均卓荦可述。

徐泓《"大明"国号与刘基》（《浙江工贸职业技术学院学报》2022 年第 1 期）一文指出，长期以来，学界对"大明"国号的缘起一直存在较大争议，主要有火德说、明教说与佛教说。但这些说法均经不起仔细推敲，遂难以成立。"大明"国号应来自《易经·乾卦》"大明终始"义理。在确立国号过程中，朱元璋应该是接受了谋臣刘基的建议，以寓义生生不息的"大明"为国号。

李艳敏、杨晓珍《刘基与明初典章制度构建简述》（《浙江工贸职业技术学院学报》2022 年第 1 期）一文指出，明洪武年间，刘基为明朝典章制度构建的理论思考和创新实践做出了重要贡献。他大力提倡办学，恢复科举；参修律令，实行德刑并举；重视农业生产，关心国计民生与民生息；还奏立军卫法，甚至在建都、礼制、历制、军制等方面，都有着独到见解。凡此，皆对新生政权的巩固和发展发挥了一定的作用，也对后世典章制度产生了重要影响。

（二）刘基思想综合研究

李万进《刘基的儒学心性思想》（《温州职业技术学院学报》2022 年第 1 期）一文指出，刘基阐述的心性论，是基于程朱理学心性论而建立的。刘基在阐述其心性论时，论述了心与性、情的关系，由此还涉及理、气的概念，这是从天道衍生万物的角度来阐述心性论的。儒家主张天道与人道是合二为一的，因此刘基阐述的心性论还专门涉及人道的内容，这就是刘基主张的通过心性修养，提升个人精神、道德境界，以成就圣人之道，实现内圣外王的儒家理想。刘基阐述的心性论，承袭了程朱理学的传统，并有所发挥，这也奠定了刘基心性论在明初思想史上的地位。

周玉华《刘基对柳宗元〈天说〉中"天人说"的接受》（《温州职业技术学院学报》2022 年第 1 期）一文指出，《天说》作为柳宗元重要的哲学代表作，批判了天能赏罚的唯心主义天命观，明确阐述了天人关系，表达了朴素的唯物思想，被后世推崇和学习。刘基不仅将柳宗元的民本思想作为其德政出发点，还写了《天说》上、下篇，很大程度上传承了柳宗元的天人说，由此可见刘基深受天人说思想影响。

郑任钊《刘基的"大一统"思想与"聚人之道"》[《宁波大学学报》（人文科学版）2022 年第 4 期] 一文指出，刘基的"大一统"思想，主张强有力的中央集权是维系统一和安定天下的保障；提出天下发展的方向是"大同"，向往各民族兼容并包、和谐共处；褐櫫"大一统"的根本在于保民安民。在元末乱世，刘基深入思考长治久安的治理方略，热切追求国家的统一和社会的安定，扶翊明朝实现了"大一统"的格局，并提出了"德者主也，政者佐也，财者使也"的一套凝聚、安定百姓的"聚人之道"。

（三）刘基《郁离子》等著作文献研究

张凯红、刘洪强《刘基〈郁离子〉题名来源道教考论》（《温州职业技术学院学报》2022 年第 1 期）一文指出，《郁离子》一书题目中"郁离"的具体含义从来莫衷一是，无一定论，值得深入研究。"郁离"作为一个独立的词语最早出现在道家典籍之中，与"天"联系紧密。除了《郁离子》一书表现出浓厚的道家色彩，刘基的其他作品也流露出向往自然与追求自由的倾向，这两点可为其命名受道教影响做旁证。因此，刘基在为《郁离子》命名时受到《道藏》的影响，是有理可依的。

佟建伟《刘基〈郁离子〉主要思想管窥》（《温州职业技术学院学报》2022 年第 1 期）一文指出，《郁离子》内容丰富、含义深刻，全书主要通过寓言的方式反映民本、德刑并举互济、量才而用尽其职的为政思想，遵循经济规律、诚信为本、重视货币管理的经济思想，以农为本、天地之盗、固守职业、听民自为、宏观调控的农业思想，重视用兵之道、兵农合一、以德治军、好战必亡的军事思想，是刘基为后世立言的不朽名著。

顾瑞雪《刘基〈拟连珠〉的思想情怀》[《三峡大学学报》（人文社会科学版）2022 年第 6 期］一文指出，刘基 68 篇《拟连珠》不仅在其诗文集中别具一格，即便在整个元明时期，也是匠心独运、风格清奇的，因而在思想内容与艺术风格上与南北朝之后骈文化的连珠体区别开来。这组《拟连珠》集中阐述了举贤授能、人君之德、古今治乱、立身处世等方面的思想，后来的《郁离子》对此又有深入阐发。它体现了刘基秉持的儒家诗教观，认为作文的目的在于明道以厉行，学以致用。刘基使连珠体复归其最初的谏诤和讽兴教化的功能，以古朴晓畅之语出之，深刻彰显了他深沉的文化复古主义者情怀和经世致用的哲学思想。

（四）刘基文化研究

傅守祥、袁丹《论刘基文化的思想底蕴、民俗传承与跨媒介传播》（《民间文化论坛》2022 年第 3 期）一文指出，相比后汉三国时期的精英诸葛亮，明朝初年的帝师王佐刘基的民间评价与思想流传却远不够好。刘基文化上承永嘉学派而下汇明儒子集，明启历代精英而暗合浙东乡贤，其核心与精髓在于"变"，同时强调"变"的"定力""分寸"与"战略"。在新时代奋进第二个百年之际，传承与接续 710 年的刘基文化，应该有意识地将刘基文化的核心与精髓融入当代"温州人精神"与"温商文化"中，以提升后者的思想厚度和战略层次。当前，亟须从"大传统"与"小传统"并进角度，推动其从文成—青田地域民俗文化走向全国，走向东亚儒文化圈和世界汉学圈，因此，刘基文化的传承与弘扬离不开跨媒介传播的全方位展开。

朱冶《文明互鉴视野下的刘基形象研究——以朝鲜半岛的传衍为中心》（《地域文化研究》2022 年 2 期）一文指出，明代开国功臣刘基的生平和功业，不独在明清中国引起讨论和传播，在东亚汉文化圈的朝鲜半岛也受到持续关注。刘基的预言家形象，他的诗文造诣，以及围绕其出处问题产生的历史评价，都是近世朝鲜士人集中关注的议题。刘基作为明朝开国元勋，其形象在周边诸国的播迁与演变，呈现了中国历史文化在东亚社会的传播过程，表明了中国典籍及历史文化名人等文化载体在文明互鉴中的重要作用。

三、明代台州朱子学者与台州朱子学研究

元明之际，浙江台州宁海人方孝孺师从宋濂，传承朱子理学思想。而台州太平（今温岭）籍学者黄孔昭、谢铎，也是明代中前期台州籍朱子学者。

（一）方孝孺研究

2022 年是方孝孺殉道 620 周年。7 月 23 日，由常州大学国学研究院方孝孺研究中心和上海方孝孺纪念馆联合主办的"明初大儒方孝孺殉道 620 周年纪念大会暨第三届方孝孺研讨会"在南京举行，来自华东师范大学、南京审计大学等高校的研究学者以及上海市地方史志学会等相关专家学者出席本次纪念大会。

2022 年，为纪念方孝孺殉道 620 周年，《宁波大学学报》《江苏地方志》《唯实》《文史杂志》等期刊开设"方孝孺研究"专栏，集中研讨中国思想史上的方孝孺。

贾庆军、魏浩然《方孝孺正统观下的族谱思想研究》[《宁波大学学报》（人文科学版）2022 年第 2 期] 一文指出，方孝孺的正统观基于儒家礼义思想，核心是血缘家庭伦理，族谱为正统礼义思想的集中体现。方孝孺的族谱思想可分为两部分：一是族谱的基本理论，包括谱以载道说和谱本体论；一是族谱的具体实践，包括社会实践（睦族）和个人实践（君子）。在理论方面，方氏发展出了一套谱本体论：天下皆属于一宗，众谱终汇成一谱。族谱不再是低于先王之法、天道、古道思想的存在，甚至可以反过来说，被记录下来的先王之法、天道、古道都是谱的某种表现形式。

赵映林《方孝孺对历史经验的总结》（《唯实》2022 年第 8、10 期）一文认为，方孝孺在认真总结历代王朝兴亡规律的基础上写下的十篇《深虑论》，反映了其对历史、政治、经济、法治、人才等问题的认识。其中，《深虑论》的一、三、七篇，较为集中地反映了他对王朝兴衰的认识；九、十篇则集中反映了他对用人之道的思考。

赵映林《方孝孺的谱牒思想与乡村自治设计》（《文史杂志》2022 年第 4、

5 期）一文认为，方孝孺的谱牒思想有着诸多创新，强调女子入谱，重视对族众的教育团结，强调正心、诚意、修身、齐家，主张构筑和谐乡里，尤其是他的乡村自治设计更是提供了值得今人借鉴的路径。

赵映林《方孝孺之死》（《书屋》2022 年第 6 期）一文认为，方孝孺是明初大儒、杰出思想家，然而在建文四年六月十三日，随着马蹄声碎、喇叭声咽，"靖难之役"画上了句号。建文帝出亡，一批臣子不甘臣服有违礼法、"犯上作乱"的燕王朱棣，结果惨遭诛戮。总计不下数千人被诛戮，流放充军发配者有数万人之多，方孝孺拒绝为朱棣撰写登基诏书，被诛十族。究竟如何看待方孝孺的死，数百年来，莫衷一是。究其原因，则是在于论者所处的时代、地位不同，而论者的视野也有高下，见仁见智，实属正常。

张健旺《钱大昕真赏"读书种子"方孝孺》（《中国文化》2022 年第 1 期）一文认为，方孝孺事件的惨烈使人猛然意识到姚广孝的"读书种子"判断，因而"读书种子"的说法日益盛行于赤县神州。在明代和清代的读书人眼里，方孝孺是"忠劲"或"忠痴"的楷模，而在有些现代读书人的眼里则是"愚忠"的集中体现。而在乾嘉学派的大师钱大昕眼里方孝孺是"仙肌自识能离垢，素节何妨独傲霜"的"读书种子"楷模，其学深得圣贤学脉的真意，完全有自由志意达到自己作为人的真理性存在。钱大昕"护惜"方孝孺，不仅源于他的博学，还源于他的心术纯贞。钱大昕没有我们想象的那样彻底地埋头于故纸堆，只做考证的文字而对圣学义理无动于衷。钱大昕有思想，有眼光，有心志，因而他要比我们更懂方孝孺其人其学。只不过，他生活的时代，不易谈义理和心志，何况钱大昕的心性近中和而远刚烈，加之学养深厚，不喜高言空论，因而读其书不易知其人，其实他也是志士，其学问自有一段真至精神在内，此可明矣。

李琳、赵贤德《明代的"赵氏孤儿"——方孝孺后人在常州》（《江苏地方志》2022 年第 3 期）一文认为，方孝孺有"读书种子"的美誉，方孝孺被灭十族的故事让古往今来的志士仁人的心情都非常沉重。既然被灭十族，照理方孝孺不会再有后人，而现实情况是，方孝孺不仅有后人，而且他们在上海、浙江和江苏都枝繁叶茂，其中一支后人就在江苏常州繁衍生息。方孝孺存后的故事如同春秋时"赵氏孤儿"一样感天动地。

2022 年学术期刊刊发的研究方孝孺的论文还有：司马周的《一位悲壮的殉道者——论方孝孺是不是必须死》（《江苏地方志》2022 年第 6 期），赵映林的《中国思想史上的方孝孺——纪念方孝孺殉道 620 周年》（《江苏地方志》2022 年第 6 期），熊月之的《方孝孺对于江南士林的影响》（《江苏地方志》2022 年第 6 期），刘立祥的《方孝孺：一曲"天下读书种子"的慷慨悲歌》（《唯实》2022 年第 2 期），赵映林的《方孝孺的苦乐观》（《群众》2022 年第 18 期）。

（二）黄孔昭、谢铎研究

2022 年，不见研究黄孔昭、谢铎的论文。

四、明代中前期浙江籍政治家群体研究

明代中前期一大批的浙江籍士人经过科举考试而供职京师。比如章懋会试第一，谢迁、王华系状元，黄淮、张璁、谢迁入阁供职，于谦更是一代英雄，他们凭借自己的才智，兢兢业业，为明王朝政局的稳定做出了重要的贡献。无疑，作为政治家并有传世文献的黄淮、于谦、章懋、张璁、谢迁、王华，也属于广义的"浙学家"。

（一）黄淮研究

2022 年，不见研究黄淮的论文。

（二）于谦研究

2022 年，研究于谦的事迹的论文有 1 篇：凝珝的《于谦：如何玩儿出文化与老北京范儿》（《检察风云》2022 年第 2 期）。

（三）章懋研究

2022 年，不见研究章懋的论文。

（四）张璁研究

王红成、张之佐《得志行道：张璁合法共治权力的获得与行使》[《宁

波大学学报》（人文科学版） 2022 年第 1 期] 一文指出，在大礼议当中，
张璁不顾身家性命，维护世宗和兴献王的父子关系，与世宗建立了"相遇相
保"的君臣关系。世宗接受了张璁提出的"君臣共治"的执政理念，张璁也
因此获得了合法的共治权力，扩张阁权，内阁成为当时官僚系统的中枢机构。
为确保官僚系统的合理运作，世宗和张璁重新划定了阁权范围，阁权得到提
升的同时，仍保持在皇帝制度中的合理范围内，与君权共存而不悖。

（五）谢迁、王华研究

2022 年，不见研究谢迁、王华的论著。

第二节　王阳明与阳明学派研究

一代大儒王阳明出生在浙江，悟道在贵州，立功在江西、广西，讲学于
大江南北，而后有阳明学派的形成，其学术影响远及东亚地区及欧美各国，
而成迥异于中国阳明学的韩国阳明学、日本阳明学及欧美阳明学。2022 年
系王阳明诞辰 550 周年，与王阳明行迹有关的中国省域市区的政界、学界、
出版界通力合作，通过策划"阳明学研究丛书"、影印阳明学文献、编校王
阳明诗歌、主编阳明学论集等多种方式，以隆重地纪念王阳明诞辰 550 周年，
进而在各个层面推进了阳明学研究的深度和厚度，也极大地扩大了王阳明与
阳明学在各个领域的学术影响。而在 2022 年公开出版的上百种千余册阳明
学文献与研究著作中，《阳明文库》的编辑出版、《王文成公全书》的汇校、"王
阳明诗集"的笺注、"王阳明军事著作"的校注、"阳明先生年谱"的点校，
尤其是日本、欧美等海外阳明学研究论著、译著的密集推出，是 2022 年阳
明学文献整理与思想研究的亮点。

兹对 2022 年公开出版的阳明学文献与研究著作，略作述要，以便学界
同人参阅。

一、贵阳孔学堂书局组编出版《阳明文库》

位于贵州省贵阳市修文县的龙场是王阳明的"悟道地"，而贵阳市也是王阳明集中讲学与宣讲"知行合一"之地。2022 年，在贵州省委宣传部的指导下，在贵州省孔学堂发展基金会和贵阳孔学堂文化传播中心的支持下，孔学堂书局正式启动了《阳明文库》的编辑出版工作。《阳明文库》以阳明文化为核心，多角度、深层次深入挖掘阳明文化资源，高水准、全方位汇聚和推出海内外阳明学研究的精品力作，以期打造一个具有权威性、唯一性、现象级的新时代出版工程。《阳明文库》出版工程分四大版块：一是出版海内外具有较高学术价值的阳明学及阳明后学的研究著作；二是出版阳明学及阳明后学古籍善本、孤本的影印本；三是出版阳明学及阳明后学优秀历史文献的点校本；四是实现阳明文化的数据化工程。

丁为祥《实践与超越：王阳明哲学的诠释、解析与评价》（增订版，孔学堂书局 2022 年 10 月版）一书，论述了王阳明哲学的形成、发展、结构、特征和王阳明哲学的境界等。此次增订在原作基础上，进行了大幅度的修订、扩充，新收录了作者最新的阳明学研究成果。

朱承《治心与治世——王阳明哲学的政治向度》（增订版，孔学堂书局 2022 年 10 月版）一书，通过分析王阳明的致良知说、万物一体论、心性观念等蕴含的政治寓意，从形上根据、社会理想、秩序运作的内在担保等方面具体地揭示了王阳明心学的政治哲学内涵。

陈寒鸣《罗汝芳学谱》（孔学堂书局 2022 年 10 月版）一书，以时为序，通过翔实的资料展示了阳明后学罗汝芳的学思历程、思想宗旨及包括从政在内的人生实践，有助于读者更为直观地认识谱主罗汝芳其人其学。罗汝芳是晚明时期与王龙溪并提的阳明学宗师，是泰州学派最重要的思想家，其学以"求仁"为宗旨，以"孝、弟、慈"为核心，以提振人性、醒民化俗为目的。此一内容，在《罗汝芳学谱》中有着完美的呈现。

陆永胜《心学何为？——阳明学与中国当代文化建设》（孔学堂书局

2022年10月版）一书，论述了作为当代文化资源的阳明学，于当代观念文化建设、当代制度文化建设、当代生活文化建设和当代阳明文化践行中的学术思想互摄和价值观念共生。

2023年6月15日，由贵州省委宣传部（贵州省新闻出版局）主办，贵州日报当代融媒体集团承办，贵阳孔学堂文化传播中心、贵州省孔学堂发展基金会协办，孔学堂书局执行的贵州省重大文化出版工程《阳明文库》首批新书发布会在第二十九届北京国际图书博览会上举行。此次发布并参展的《阳明文库》首批书目有23种25册，其中学术专著系列有14种16册，包括《地缘、血缘与学缘的交织——中国人文和自然境域中的王阳明及阳明学派》《实践与超越——王阳明哲学的诠释、解析与评价》《一体万化——阳明心学的美学智慧》《治心与治世——王阳明哲学的政治向度》《心学何为？——阳明学与中国当代文化建设》《泰州王门思想研究》《罗汝芳学谱》《〈传习录〉释读》《本体与方法——王阳明及其后学学术思想研究》《思想与社会——王阳明的"事""术""道"》《中江藤树〈翁问答〉译注与研究》《三重松庵·三轮执斋·佐藤一斋经典译注与研究》《熊泽蕃山〈集义和书〉译注与研究》《大盐中斋〈洗心洞札记〉译注与研究》等；古籍整理系列有9种9册，包括《邹子愿学集》《邹子存真集》《阳明先生文录》《南皋邹先生会语讲义合编》《邹忠介公奏疏》和《新刊阳明先生文录续编》（线装本）、《新刊阳明先生文录续编》（精装本）、《新刊阳明先生文录续编》（点校本）、《孙山甫督学集》等。

二、"宁波文化研究工程·王阳明诞辰五百五十周年专题研究"丛书

为纪念王阳明诞辰550周年，作为"阳明故里"的宁波余姚，2018年由宁波市社会科学院发布的"阳明心学研究重大招标课题"成果在2022年纳入"宁波文化研究工程·王阳明诞辰五百五十周年专题研究"丛书，并集中出版。

　　杨德俊编著的《王阳明行踪遗迹》（贵州大学出版社 2021 年 10 月版）一书，系编者在 30 多年间数十次考察王阳明行踪遗迹的基础上，查阅了数百部千余册明清学者文献，经过 5 年的整理、编纂、修改，并集思广益，九易其稿而成。书中内容全面系统地展现了王阳明的事迹和遗迹。此外，该书还对通行本《阳明先生年谱》中涉及王阳明生平经历的时间、地点、事件等进行了考证，误处予以更正，未载者予以补充，共补录《王文成公全书》未收诗文 50 多篇（首），阳明友人和弟子、后学的诗文 60 多篇（首），以及与王阳明有关的摩崖、诗词、碑记等 150 多篇（首）。该书还收录了鲜为人知的王阳明"龙冈书院"弟子事迹，全国各地的王文成公祠、阳明书院，等等。在业内人士看来，该书史料丰富、考据严谨、图文并茂，是一部具有存史、资政、育人功能的好书，对保护王阳明遗迹、研究和传承阳明文化具有重要意义。

　　李梦云等著的《阳明心学与企业家精神》（中国社会科学出版社 2021 年 12 月版）一书，旨在从理论上厘清阳明心学与企业家精神的内在关联，并从实践上提出阳明心学对培育企业家精神的启迪。该书主要有四大学术价值：一是以阳明心学的学理研究为基础，注重发挥阳明心学的实践特性，将其与企业家精神相结合并展开应用研究，有利于开拓阳明心学研究的新视角；二是将阳明心学作为培育企业家精神的思想资源，有利于在培育企业家精神的过程中从中华优秀传统文化中汲取智慧，丰富企业家精神的多元化来源，拓展培育现代企业家精神的新视野；三是该书对作为浙东学派代表的阳明心学展开的应用研究，有利于传承源远流长的浙东文化传统，扩大浙江区域文化影响力，挖掘并发挥浙东学派的现代价值，进而促进新时代浙江文化的大发展、大繁荣；四是将中华优秀传统文化与时代现实问题相结合，既有利于弘扬中华优秀传统文化，推动传统文化在现代社会的创造性转化、创新性发展，也有利于增强文化自信，提升中华文化影响力，对彰显中国精神、中国力量、中国智慧具有一定的价值和意义。2022 年 7 月 10 日，由浙江工商大学、中国社会科学出版社联合主办的"《阳明心学与企业家精神》首发式暨阳明文化研讨会"在杭州举行。

钱茂伟等著的《阳明心学与浙东文化研究》(人民出版社 2022 年 8 月版)一书,主要从解读浙东学术的核心精神入手,梳理了阳明心学与浙东文化源流的互动,阐释了浙东文化如何影响王阳明与阳明心学,阳明心学又如何影响了浙东文化。该书第一、二、三章,重在说明哪些浙东人、哪些浙东文化因素影响了王阳明。第四章,重在阐述阳明心学的基本精神。第五至第十一章,重在说明阳明心学对明末、清初、近现代浙东人与浙东文化的影响。最后一章,点明阳明心学活在当下,至今仍有学术生命力。

张海燕《王阳明心学与西方思想研究:启蒙视域下的主体性精神》(人民出版社 2022 年 8 月版)一书,从启蒙思潮的历史视域与中西比较的跨文化维度,对明清时期阳明学派的主体性思想爬梳钩沉,定性定位。该书认为,在明清时期的这场阳明心学思想接力中,王阳明"良知即天理"的道德主体性、王艮"百姓日用"的生命主体性、李贽"人必有私"的利益主体性和黄宗羲"天下为主,君为客"的权利主体性等学说历史性与逻辑性地展开,层层递进,异彩纷呈,为古老中国向近代社会的转型做了必要的理论铺垫,不少提法至今仍有积极意义。

文炳、潘松、刘吉文等著的《阳明心学海外传播研究》(浙江大学出版社 2022 年 10 月版)一书,系统、全面地梳理了涵盖十余个语种的大量阳明心学海外传播与研究的文献资料,访谈了十余位海外阳明心学学者,从而掌握了阳明心学海外传播与研究的真实状况和最新动向。这项研究拓宽了阳明心学海外传播研究的范围,弥补了国内学界在阳明心学海外传播与研究资料搜集和梳理上的不足。

2022 年 11 月 23 日,由浙江省人民政府主办,中共浙江省委宣传部、宁波市人民政府承办的以"人类命运共同体的文化共鸣"为主题的"世界阳明学大会"在宁波余姚开幕,"宁波文化研究工程·王阳明诞辰五百五十周年专题研究"丛书,就是向与会嘉宾与阳明学界同人集中展示的学术成果。

三、"阳明学研究报告""阳明学研究年鉴"的陆续推出

张宏敏编著的《2021 阳明学研究报告》（浙江工商大学出版社 2022 年 10 月版）一书，系对 2021 年阳明学界关于阳明学研究论著、学术活动的全面梳理与系统总结。该书先是梳理出当代中国"阳明学热"的十大标志，对当代阳明学研究现状进行概述；然后将书稿主体分上、中、下三篇，介绍 2021 年度"王阳明与阳明心学研究""阳明后学研究""海外阳明学研究"的最新学术研究成果。张宏敏此前独立编著有《阳明学研究综合报告》《2019 阳明学研究报告》《2020 阳明学研究报告》。

曾顺岗、谢群洋、陆永胜主编的《阳明学研究年鉴 2019》（孔学堂书局 2022 年 10 月版）一书，评介了 2019 年国内外阳明学研究的学术成果，为学界同人了解阳明学研究提供了参考。

曾顺岗、谢群洋主编的《阳明学研究年鉴 2020》（孔学堂书局 2022 年 10 月版）一书，对 2020 年度阳明学研究的相关文献进行归纳和总结，评介国内外阳明学研究的学术动态和学术前沿，以期进一步推动阳明学的研究和传播。

肖立斌、曾顺岗、谢群洋主编的《阳明学研究年鉴 2021》（孔学堂书局 2022 年 10 月版）一书，对 2021 年度全球范围内的阳明学研究进行了总结和归纳。

四、《传习录》的校笺、评点与外译

《传习录》是阳明学的经典文本，2022 年有多个版本的《传习录》的校笺、评点与外译。

黎业明《王阳明传习录校笺》（上海古籍出版社 2022 年 6 月版）一书，以明隆庆六年谢廷杰刊本《王文成公全书》所收《传习录》为底本，以台北国家图书馆藏明刊本《传习录》等近二十个版本为校本进行校笺，即在每条语录后分列"校勘""笺疏""集评"，对异文、人物地理、典章制度等予

以必要提示，订正了其他整理本的诸多讹误，同时大量引述了前贤评论《传习录》的文字。

郦波《郦波评点〈传习录〉》（人民出版社 2022 年 10 月版）一书，系南京师范大学文学院教授郦波结合自己多年治学心得所作的精心点评。出版界认为，该书在阳明文化创造性转化、创新性发展方面有独到之处。

邱旭光《传习录：章句发微》（江西人民出版社 2022 年 10 月版）一书指出，《传习录》集中反映了王阳明的心性之学，在中国古代哲学史上有着重要的地位。该书对《传习录》一书进行了翔实的文本解读与哲理阐释。

辛红娟主编的《心学智慧：〈传习录〉中英双语精粹》（漫画插图版，商务印书馆 2022 年 10 月版）一书是《传习录》的中英对照、全彩漫画读本。该书收录典籍全文，针对体现阳明心学核心思想的语句给出英文译文和漫画解读。英文采用美籍华人学者陈荣捷的翻译，用词精准，文笔流畅。书中还配有近 400 幅生动活泼的原创漫画，具有浓郁的中国古典风格。

五、采薇阁推出《王文成公全书汇校》《阳明先生年谱》等阳明学系列文献丛书

位于四川成都的采薇阁，近年来致力于阳明学大型文献的汇编与影印出版，同时也启动了《王文成公全书》《阳明先生年谱》的汇校，2022 年在广陵书社、北京燕山出版社、巴蜀书社影印出版了多部阳明学文献。

王强、彭启彬汇校的《王文成公全书汇校》（5 册，广陵书社 2022 年 11 月版）一书，是《王文成公全书》刊行四百五十年来第一次深入进行校勘整理工作的成果。全书以日本国立公文书馆藏郭朝宾本《王文成公全书》为底本，参校《居夷集》两种（通校）、《传习录》七种（通校四种）、《阳明先生文录》十一种（通校四种）、《阳明先生文录续编》两种（通校）、《阳明先生年谱》两种（通校）、《王文成公全书》五种（通校一种）。全书校记 5500 余条，呈现了关于王阳明诗文集最新最全面的版本研究与校勘成果，值得关注。比如，《王文成公全书汇校》补正了通行本的一处重大脱漏，《全

书》卷二十九"送方寿卿广东佥宪序",在至今存世的多种应天府本《全书》中,该序皆脱三百余字;文渊阁本、摛藻堂本以下,以及当代的诸多整理本皆脱;《王文成公全书汇校》则首尾完整。

向辉、彭启彬点校了毛汝麒本、天真书院本《阳明先生年谱》(北京燕山出版社 2022 年 10 月版)。在当代阳明学研究中,学者所依赖的王阳明传记材料主要是明隆庆六年刊行的《王文成公全书》中附录的《阳明先生年谱》,该谱标注"钱德洪编述""罗洪先考订",具有很大的权威性。但是,该年谱并不是钱德洪编述、罗洪先考订本的初刻本。本次整理的"天真书院本""毛汝麒本"《阳明先生年谱》,是钱德洪编述、罗洪先考订本之两个初刻本,《王文成公全书》本即在此二本的基础上综合删订而成。

张宏敏主编的《阳明行迹方志文献选刊》(528 册,北京燕山出版社 2022 年 4 月版)一书,指出"阳明行迹"与"方志文献"两者之间存有高度的关联性,除却《王阳明全集》《阳明后学文献丛书》等阳明学基本文献外,浩如烟海的"方志文献",也是阳明学尤其是"地域阳明学"研究的重要参考文献。明代中后期流传至今的众多"方志文献",可以使我们更为深层次、全方位地了解以"阳明行迹地"为载体的阳明学与各地域文化之间的诸多关系网络,尤其为"地域阳明学"的研究提供了第一手的文献史料。如再辅以《王阳明全集》《阳明后学文献丛书》等阳明学主体文献的仔细研读,便可更为完整地盘点出王阳明与浙江、北京、山东、河北、河南、江苏、贵州、湖南、江西、福建、广西、广东等"阳明行迹地"之间的诸多关联。简言之,"方志学"中的"阳明学"是一个有待全方位检录、系统挖掘的学术宝藏。

邹建锋、王学伟主编的《阳明心学文献丛刊》(400 册,北京燕山出版社 2022 年 10 月版)一书,辑录王阳明本人及阳明后学文献二百余种,对于明清阳明学的演变以及由此衍生的明清思想史研究,有廓清文献之功。王阳明本人的文献整理,除了有数种整理本《王阳明全集》外,原始文献的影印本有采薇阁组织出版的《阳明文献汇刊》(四川大学出版社、北京燕山出版社)以及《王阳明文献集成》《王阳明稀见版本辑存》(广陵书社)等文献。关于阳明后学文献整理，虽然有《阳明后学文献丛书》（凤凰出版社、上海古籍出版社）以及《阳明学文献大系》（巴蜀书社）等出版，但由于阳明后学人数众多，现有的公开出版物远不能满足学术研究之需。《阳明心学文献丛刊》在选目上，涵盖王阳明本人的文献以及明清两代的阳明后学文献，具体选目与《阳明文献汇刊》《王阳明文献集成》《阳明学文献大系》《王阳明稀见版本辑存》等皆不重复。

邹建锋、王学伟主编的《阳明心学书院文献丛刊》（13册，巴蜀书社2022年12月版）一书，将散落在地方志、书院志中的有关阳明学文献辑录整理。与书院、讲会有关的阳明学文献，主要包括书院志、书院记、书院讲义、会语等，这些文献是考察阳明学的理论内涵以及历史发展的基本材料。该"文献丛刊"涵括以下几类：一是地方志中的书院"小传"，关于书院的创建、修葺、扩建等事宜皆有介绍，是研究阳明心学在明清时期传播的重要材料；二是自成卷帙的"书院志"，除对书院的创建、修葺、扩建等介绍外，还对书院的基本制度（如院规、祀典、会则、训约等）进行了辑录，其中还记载了弘扬阳明心学的学者生平、讲学轶事、学术讲义、书籍艺文等，这对于研究明清阳明心学的传承流变具有重要意义；三是有关阳明心学书院的"课业类"文献，如《阳明书院课业》《安定书院小课二集》等，这些对于研究阳明心学与科举考试的关系具有重要的文献价值。

邹建锋、刘丹主编的《罗近溪文献辑刊》（10册，巴蜀书社2022年6月版）一书，系泰州学派阳明学者罗汝芳（号近溪）目前传世的全部文献汇编。

展龙、王珏主编的《季本文献辑刊》（20册，巴蜀书社2022年7月版）一书，辑录浙中王门学者季本文献十二种，影印发行。

展龙、王学伟主编的《王宗沐文献辑刊》（20册，巴蜀书社2022年7月版）一书，搜辑王宗沐文献七种，汇为一编，影印出版。

此外，王宗沐《海运志》（文物出版社2022年6月版）一书，作为"海上丝绸之路基本文献丛书"之一种，影印出版。

首都师范大学图书馆影印的《阳明先生文录续编》（广西师范大学出版

社 2022 年 11 月版）一书，是王阳明文献的重要组成部分，以首都师范大学图书馆藏明嘉靖四十五年（1566）徐必进刻本为底本，首次影印出版，具有重要的文献版本价值与学术研究意义。

向辉《枝条再荣：阳明学书籍世界的研究》（台湾花木兰文化事业有限公司 2022 年 9 月版）一书聚焦王阳明与阳明学的书籍世界，从古典学的视域对阳明学展开学术思考；围绕"阳明学何以成为阳明学"这一根本问题，在书籍史的范畴内对王阳明的思想世界展开学术讨论。该书认为，阳明学的书籍史研究是以历史的书籍为依据，追寻阳明思想世界的一种尝试。书籍世界的考察，不仅关系到读书人对王阳明及其学人的历史定位，关系到心学的衍传脉络，也关系到明代的文化发展，更关系到知识的生产、传播和文化的传承。该书从阳明格竹公案、阳明传奇叙事、嘉靖本《传习录》、嘉靖本《居夷集》、嘉靖本《阳明年谱》、嘉靖本《阳明文粹》等具体个案出发，图绘出书籍世界中的阳明形象。总之，该书细致考辨了阳明思想在书籍世界的展开及其丰富内涵，厘清了阳明学书籍世界的基本脉络及主要特点，梳理了阳明学书籍世界的古典学意涵，并由此指出了作为古典学术的阳明学之可能主题及其价值。

六、王阳明诗集、军事著作、书法作品的汇校整理

王巨明编校的《王阳明诗歌集》（中国文史出版社 2022 年 10 月版）一书，收录王阳明创作的诗歌作品计 800 余首。编者根据原始版本对全部作品重新核对，注明出处，并配发 40 余幅传世的阳明先生诗稿手迹及刻石拓本图片。

赵永刚《王阳明诗集编年校注》（台湾花木兰文化事业有限公司出版 2022 年 9 月版）一书，以现存王阳明诗歌为研究对象，对其加以翔实的编年校注。该书主体有四个部分：前言、凡例、正文和参考文献。正文部分主要包括编年、校注、著录三项，采用诗史互证的考据方法，结合王阳明生平及所处时代，对其诗歌进行编年。校注由校勘与注释构成，校勘部分采用对校、理校等基本校勘方法，广泛收集王阳明诗歌的不同版本，去伪存真，择

善而从，进行文本校勘。注释部分，既注释疑难字句，又注释典故出处。典故注释，努力做到古典、今典并重，通过查阅《明实录》《明史》《明通鉴》《明史纪事本末》等史料，考证王阳明诗歌之本事。著录部分，详列文学选本、地方志对王阳明诗歌的著录信息，以资呈现后世对王阳明诗歌的接受样态。

郝永评注的《王阳明诗全集》（崇文书局2022年10月版）一书，对王阳明的诗歌进行编年、校勘、注释、集评、辑佚，全面总结了王阳明的诗歌成就，既给阳明学界提供了一个新的研究文本，也让普通读者以阳明诗为中心领略古典诗词之美。

李庆《王阳明诗校注》（上海古籍出版社2022年10月版）一书，作为王阳明诗歌注释本，全面吸收《王阳明全集》（新编本，浙江古籍出版社2010年12月版）和束景南《王阳明佚文辑考编年》（上海古籍出版社2015年5月版）的辑佚成果，广参众本，精心校勘。考释部分阐明题意、辨明出处、进行编年、考证真伪等；注释部分详注文字、典故、概念、时间、地点、人物、事件等，间或串讲句意；文末另附"王阳明诗赋编年"。

连玉明主编的《王阳明诗集全编》（商务印书馆2022年10月版）一书，收录了王阳明在不同年龄、不同背景、不同地域创作的诗歌作品共554题744首，相较前人出版的王阳明诗歌选集，增加了100余首。从这些诗歌遗作中，不仅可以了解阳明一时一事的欢喜忧乐，还可以寻绎其人生轨迹和思想历程，是研究王阳明哲学思想和事功史迹不可或缺的重要载体。

苏成爱校注的《王阳明军事著作校注》（中华书局2022年11月版）一书，系对与王阳明相关的兵学文献的校勘和注释。该书分为上、下编。上编为《王阳明评注武经七书》，是王阳明对《孙子》《吴子》《司马法》《尉缭子》《六韬》《三略》《李卫公问对》等七部兵学著作的简要批注。此次整理，以美国亚利桑那大学图书馆藏本为底本，以明代申用懋刻本为校本，以《续古逸丛书》所收静嘉堂本《武经七书》、文渊阁《四库全书》所收《武经七书》等为对校本，在校订文字是非、异同基础上，对王阳明批注的文字加了必要的注释。下编为《兵志》，是王阳明从《左传》《国语》《战国策》《越绝书》《吴越春秋》《史记》等六部文献中搜集到的战例汇编。此次整理的底本为上海图书馆藏明刻本，整理者除了校订文字、训释文意，还为每个选段编了序号，拟了标题，考订了相关事件发生的时间。

计文渊编的《王阳明书迹》（3 册，国家图书馆出版社 2022 年 7 月版）一书，汇集了王阳明一生不同时期的诗文、书札手迹及碑刻作品 100 多件，不仅具有艺术欣赏性，还具有较高的史料和学术价值。此外，计文渊还在汇编《王阳明法书文献集》，将在《王阳明书迹》基础上新增 40 多件王阳明法书作品，也包括编者个人收藏的明清刻本的阳明文集。

七、阳明学论集的编辑与出版

为集中展示王阳明与阳明学研究的新进展，浙江、贵州的阳明学研究组织机构也出版了多部阳明学主题的论文集。

向淑文、李承贵主编的《阳明学研究新论》（第五辑）（中国社会科学出版社 2022 年 8 月版）一书，收录了近年来在《贵阳学院学报》（社会科学版）"阳明学研究"专栏上刊发的有关阳明心学思想、阳明心学与心理学、阳明学研究方法论、阳明后学研究、阳明学的传承与发展、阳明学与朱子学比较的学术论文，集中反映了阳明学研究的新动态，展示了阳明学研究的新成就、新思路与新突破。

浙江省稽山王阳明研究院、中华孔子学会阳明学研究会编的《中国心学》（第 2 辑）（商务印书馆 2022 年 8 月版）一书，设置当代心学探索、心学哲学阐释、域外心学进展、区域学派研究、家族史与谱牒研究等五个版块。论集以阳明心学研究为主题，集中展示学术界对于阳明心学的最新研究成果。同时，也关注中国哲学史上与心学相关的人物、思想、问题研究，心学与国外哲学思想的比较研究，等等。

顾久主编的《阳明心学与中华文化的骨气和底气：2022"阳明心学·龙场论坛"论文集》（贵州人民出版社 2022 年 9 月版）一书，系贵阳市修文县为纪念王阳明诞辰 550 周年而举办的 2022"阳明心学·龙场论坛"，通过专家评审作为正式参会论文的 36 篇论文的汇辑。

徐方主编的《大道人心：纪念王阳明诞辰 550 周年论文集》（宁波出版社 2022 年 10 月版）一书，是宁波市社会科学界联合会、宁波市社会科学院组编的纪念王阳明诞辰 550 周年的论文作品集，包含 14 篇与阳明心学相关的论文。这些论文或研究阳明心学的某一个方面，或探讨阳明心学在国内外传播的现状，或讨论阳明心学在当代的价值。

八、日本阳明学与欧美阳明学研究

《王阳明纪行：探访王阳明遗迹之旅》（冈田武彦著、徐修竹译，浙江人民出版社 2022 年 10 月版）一书的作者，日本学者冈田武彦先生是国际知名的阳明学者，他不仅在阳明学上造诣精深，而且深刻践行阳明学。为了研究和推广阳明学，他曾先后 7 次组织考察在中国的王阳明遗迹。有关阳明遗迹的学术考察持续了 10 年，共计 200 多人次直接参与，行程 2 万余里，跨越中国 8 个省（自治区）80 余个市县。该书就是其历次考察王阳明遗迹的行程实录，充分展示了改革开放以来中日阳明文化的交流互鉴。书中不仅记述了每次考察期间冈田武彦和团队成员在中国的所见所闻，而且详细记录了所到之处王阳明所留下的各类遗迹的情状。书中所记，可系统回溯王阳明一生行迹，有助于读者了解王阳明经历的同时，进一步了解其心学思想产生的背景和影响，也可为国内相关领域学者提供进一步研究的线索和基础。该书策划审校者吴光先生，也是《王阳明全集》的主编，曾陪同冈田武彦先生一起寻访王阳明先生遗迹，他认为冈田武彦先生在传播阳明心学上不遗余力、身体力行，足以看出王阳明及其良知心学的智慧和魅力。

荒木见悟《阳明学的位相》（"海外中国研究丛书"之一，焦堃、陈晓杰、廖明飞等译，江苏人民出版社 2022 年 7 月版）一书，是荒木见悟关于阳明学研究的总结之作。全书包括"陈白沙与王阳明""心之哲学""圣人与凡人""顿悟与渐修""知行合一""性善论与无善无恶论""阳明学与大慧禅""拔本塞源论""未发与已发""乐学歌"十章及"结语——关于'自然'"，围绕王阳明及其后学、反对王学者、试图折衷朱王者以及禅学等流派和人物的思想表述与论辩，在思想的内在理路中把握阳明学的概念范畴，力图构建"何谓阳明学"的整体图景，厘清阳明学在中国思想史上的地位。

徐倩《日本明治时期的阳明学研究》（中国社会科学出版社 2022 年 5 月版）一书，以三宅雪岭、高濑武次郎、井上哲次郎为中心展开了日本明治时期阳明学研究的思想图景。一方面，分析了三人对阳明学核心概念、范畴的理论创新，客观评释其对中国近代阳明学研究的影响；另一方面，阐释了阳明学在日本明治时期社会文化方面发挥的作用，为挖掘阳明学的当代价值提供有价值的思考。

邓红、欧阳祯人主编的"日本阳明学研究名著翻译丛书"（8 册，山东人民出版社 2022 年 1 月版）一书，主要收录日本阳明学者高濑武次郎、井上哲次郎、安田二郎、岛田虔次、山井涌、楠本正继、冈田武彦与荒木见悟等人的八本代表作，荟萃了 20 世纪初至 80 年代日本阳明学研究的名家名作，呈示了日本阳明学研究从萌芽、展开到高潮的各个阶段的优秀成果，也反映了日本阳明学研究的发展历程与学术水平。该丛书由具有留日背景的学人历时八年翻译而成，为中日阳明学研究的进一步交流提供了重要的文献基础。这 8 册著作分别为：

高濑武次郎（1869—1950）的《日本之阳明学》，既对阳明学进行了全面阐述，又系统勾勒出日本阳明学的人物系谱，并对他们的著作和思想做了详细阐述。

井上哲次郎（1855—1944）的《日本阳明学派之哲学》，是迄今为止日本阳明学的权威著作，为日本阳明学在日本学术界争得了正式的话语权，梁启超、张君劢和朱谦之等中国学者深受其影响。

安田二郎（1908—1945）的《中国近世思想研究》，为论文专集，研究特点在于用西方哲学的概念、体系和手法来研究朱子学和阳明学，寻找朱子和阳明著作中的逻辑关系。

岛田虔次（1917—2000）的《朱子学与阳明学》，追溯了宋明理学发展的内在逻辑，认为阳明学是对朱子学从外（王）向内（圣）的必然发展，肯定了儒学作为"有"之哲学的价值，同时对"理""气"内涵和工夫论的相关问题进行了解析。

山井涌（1920—1990）的《明清思想史》，共分四部分，其中第二部分"性理学的诸问题"，论述了朱子学和阳明学关于"气""太极""心即理"等思想的内涵和演变。

楠本正继（1886—1963）的《宋明时代儒学思想之研究》，由"宋学"和"明学"两部分构成，"明学"部分从宋代的陆象山心学开始，论述了阳明心学的渊源，然后根据前期、中期、后期的时代划分，完整地论述了阳明学的发展过程和思想全貌。

冈田武彦（1908—2004）的《明代哲学的本质》，收集了冈田武彦四十多岁到五十多岁学术全盛时期的明代哲学研究的 12 篇论文，展示了作者阳明学研究的最高峰。

荒木见悟（1917—2017）的《明代思想研究》，由"序言"和 12 篇论文构成，以明代心学的展开为中心，阐述明代儒学正统与异端的总体性发展趋向，明确了这些思想和佛教的关联。

总之，"日本阳明学研究名著翻译丛书"将日本阳明学研究名著收入一套丛书中，具有高度的时代性、系统性和代表性，为中文学界理解和吸收日本学者的阳明学研究提供了坚实的文献基础。

伊来瑞《阳明学之欧美传播与研究》（"汉学研究大系"列国汉学史丛书之一，学苑出版社 2022 年 3 月版）一书，按照时间顺序和研究维度，系统梳理了阳明学在西方的研究情况。全书共七章：第一、二、三章，分别考察了 1916 年之前、1916 年至 1950 年和 1950 年至 1980 年的西方阳明学研究情况；第四章，分析了 1980 年至 2018 年的西方阳明学研究的历史背景；第五、六、七章，分别从历史、宗教和比较的维度，考察了阳明学在西方的研究情况。

辛红娟、费周瑛主编的《异域"心"声：阳明学在西方的译介与传播研究》（浙江大学出版社 2022 年 10 月版）一书，汇编了自 1981 年陈荣捷教授第一篇介绍阳明学在欧美译介的文章发表以来，阳明学在西方的译介与传播的学术成果。书中论文由三部分构成：上编为阳明学在西方世界的传播概览，中编介绍阳明学在欧美与俄罗斯的传播与影响，下编聚焦阳明学经典《传习录》英译研究。

倪梁康、张任之主编的《现象学视域中的东西方心性思想研究》（商务印书馆 2022 年 7 月版）一书，以心性问题为主题，以现象学为研究视角，收集了 19 篇专题文章。这些论文主要涉及中国哲学，特别是儒家心性哲学与现象学的比较研究、中国佛学与现象学的对比研究，集中代表了东西方心性现象学研究的最新趋势。

九、其他阳明学研究教材与专著的出版

2022 年 10 月 28 日，"《走进阳明》专题教育系列教材新书"在浙江省余姚市阳明小学正式发布，这是国内首套正式出版的阳明文化专题教育教材，分为《图说阳明》《寻迹阳明》《感知阳明》《品读阳明》四册，覆盖小学、初中、高中三个学段。（1）《图说阳明》（浙江教育出版社 2022 年 5 月版），以绘本的形式，让学生重点学习王阳明立志、勤学、改过、责善的良好品质。（2）《寻迹阳明》（浙江教育出版社 2022 年 5 月版），以故事为载体，以王阳明一生现有的遗迹为点展开，让学生理解王阳明的待人处世之道、为国为民之情和学为圣贤之路。（3）《感知阳明》（浙江教育出版社 2022 年 5 月版），以主题大单元的形式，让学生感知王阳明作为哲学家、思想家、军事家、教育家等的丰功伟绩，培养学生的社会责任感和民族自豪感。（4）《品读阳明》（浙江教育出版社 2022 年 5 月版），以王阳明及其弟子的经典原文为题材，让学生通过思辨等方式体悟阳明心学要点，理解中华优秀传统文化的博大精深，树立为国立学、为国立功的志向。

蔡仁厚《王阳明哲学》（浙江教育出版社 2022 年 8 月版）一书重版，对王阳明的人生经历、思想变化及其真正传达的哲学思想予以阐释。

周志文《阳明学十讲》（中华书局 2022 年 7 月版）一书，通过对阳明学之前儒学史的溯源、阳明学出现的背景分析、王阳明人生与学术的精道论述、阳明后学的发展以及对后世的深远影响的解读，让读者深切感受到王阳明"不世出之天姿""冠绝当代，卓立千古"的道德、功业与文章。

吴震《朱子学与阳明学：宋明理学纲要》（北京大学出版社 2022 年 6 月版）一书，脱胎于作者在复旦大学讲授的课程"朱子学与阳明学"，借鉴了日本学者岛田虔次《朱子学与阳明学》、小岛毅《朱子学与阳明学》等的写法，结合思想史与哲学史，介绍了以朱子学和阳明学为代表的宋明理学产生的思想背景、社会背景、问题源流、义理脉络以及大致的发展过程。

丁为祥《中国哲学通史·明代卷》（凤凰出版社 2022 年 6 月版）一书，从肩负"道统之传"的曹端出发一直到提倡"诚意慎独之学"的刘宗周，全面梳理了明代哲学的发展脉络，论证了明代理学——心学与气学在总体继承朱子学基础上的两种不同走向，最后将儒家心性之学推向高峰，并由此开启了明清之际的反思与批判思潮。其中，第五章对王阳明的心性之学予以解读，第六至第九章对阳明后学代表性的人物及其对阳明学的发展予以论述。

郑泽绵《诚意关——从朱子晚年到王阳明的哲学史重构》（人民出版社 2022 年 6 月版）一书认为，宋明理学中最重要的转折是从朱子学向阳明学的两大范式之间的转化。对此一思想史巨变，传统的叙事是：青年王阳明为效法程朱理学的格物穷理而去格竹子之理，七天后病倒，等到他谪居龙场时方悟"圣人之道吾性自足"，最终反求诸本心，确立了心学立场。事实上，朱子与阳明最大的分歧不在于理的来源是在内还是在外，而在于如何确证自己的道德信念为真、如何确认自己的道德动机是纯粹无欺，最终是"诚意"的问题。因此，该书提出"诚意"中心说，并以此中心重构这个范式转化的历史。该书以"诚意"与"自欺"问题为中心，重构从朱子晚年到阳明的哲学逻辑进程，以"诚意史观"兼容和取代"格竹叙事"。朱子批评象山学派有自欺的危险，这令他更关注如下问题：诚意如何可能？自欺如何诊断？格物致知之后为何仍须诚意？这些问题困扰着晚年朱子，使之不得不反复修改其《大学》"诚意章"注，直至其临终前三天。而阳明的知行合一、致良知与四句教等思想都可以看成心学对该问题的逐步解决和对朱子的回应。总之，该书系统地诠释了阳明哲学，在保持良知的先天性的基础上，揭示良知的开放性，探讨良知与经验如何结合、良知如何呈现于时间意识中，阐发良知与诚意之学对儒佛互动、中西文明互鉴的意义，将良知与诚意之学溯源到洒落如光风霁月的人文理想。

郝永《王阳明致良知之教》（中华书局 2022 年 8 月版）一书指出，王阳明提出的"致良知"是阳明学最为核心的命题，形成了"致良知"的心学哲学体系。王阳明的"致良知"哲学，不仅是纯粹的理性思辨，还是感性的诗意栖居，不仅是形而上的静态理论，还是形而下的动态教传，是为"致良知"之教。该书不仅从《传习录》入手，还通过对大量文篇的文本细读、对文献本身的细致钩沉，对王阳明的"致良知"哲学和"致良知"之教做了全面、系统、深入的研究，全面介绍了"致良知"之教的内容，以及这一命题产生、演变、发展的过程，同时还尝试对阳明后学做一全面观照，从而加深对宋明理学这一学术思潮的理解。

周建华编著的《王阳明乡村社会治理思想的理论和实践》（江西高校出版社 2022 年 6 月版）一书，是一部研究王阳明乡村社会治理的思想和实践的论文集，涵盖了王阳明治理崇义、庐陵、南赣、平和、上杭、九连山区、南安府、赣州府等乡村或辖区的思想的理论和实践的研究，系统整理了王阳明乡村社会治理的历史记载，以及后世关于王阳明乡村社会治理和文教过化评价的研究，尤其详细考证了王阳明治理乡村社会的思想理论和实践活动的缘起、内涵，并将王阳明乡村社会治理思想的理论和实践成果与当今社会建设现状进行比对，提出了具有现实参考意义的乡村社会治理观点。

张建华书法作品集《王阳明语录》（西泠印社出版社 2022 年 3 月版）一书，将王阳明"真三不朽"之"立言"精心选录并做注解，以楷书、行书、草书等 3 种书体进行书写，共计 730 条，分上下两卷。既书写了对王阳明"诚意"之说的践行之道，亦体现了作为"阳明故里"的余姚对阳明文化的传承与发展。

连玉明主编的《跟王阳明学修心》（商务印书馆 2022 年 10 月版）一书，包括"语录编""训录编"和"文录编"三个部分，内容涵盖王阳明的 100 句名言名句、24 篇家书训示和 42 篇名篇遗作。其中"语录编"在注释、今译的基础上，从今人立身处世的角度出发，以简明易懂的文字深入浅出地阐释王阳明的人生智慧。"训录编"内容涉及王阳明对子弟、亲友、长辈、民众的训诫，通过对其训诫思想的解读与延伸，力求实现"古为今用"，起到"资政育人"的效用。"文录编"以王阳明的一生为主线，力图通过王阳明的名篇遗作串联起其跌宕起伏、波澜壮阔的一生。总之，该书通过全面梳理、释义、解析王阳明的名句、家训、名篇，讲述王阳明故事，深挖阳明学精髓，多角度、多层次地阐释了王阳明的"心即理""知行合一""致良知""万物一体"的经世致用思想，以期为当代世界冲突与社会危机提供一种传统中国的解决方案。

十、地域阳明学暨阳明后学研究的新进展

王阳明一生活动足迹几乎遍及大半个中国，与之相随的是其讲学活动也遍布大江南北，进而形成了王门诸派。依照黄宗羲《明儒学案》的地域划分法，主要有浙中、江右、南中、楚中、北方、粤闽、泰州七大派，还有江右李材的止修学，以及近年来学界同人陆续发掘并得以确认的黔中王学、蜀中王学、徽州王学等。2022 年学界关于地域阳明学暨阳明后学的研究也取得了新进展。

（一）浙中王学研究

程育全、程朱昌编校的《程文德集》（"永康文献丛书"本，上海古籍出版社 2022 年 6 月版）一书共三十六卷，其中，"文"二十四卷，包括策、疏、表、序、记、说、引、跋、铭、赞、书、祭文、行状、墓志铭、墓表、墓碣、传、杂著等；"诗赋"十二卷，"诗"包括五言、七言古诗、律诗、绝句以及长短句等。程文德诗文质朴浑厚，《程文德集》中保存了明代政治、

经济、文化方面的一些珍贵史料，对于研究阳明学史以及浙江地方史有一定参考价值。

孙栋苗、黄懿编著的《圣学流徽：余姚中天阁史述》（西泠印社出版社2022年9月版）一书指出，余姚龙泉山中天阁之所以成为王学圣地，是因为明代正德末年王阳明在此讲学，并于嘉靖初年创立龙山讲会，"每月以朔、望、初八、廿三为期，亲自主讲，学子多时有三百余人"。为使讲学走向正规，王阳明亲自订立了每周一次的聚讲之约，并书壁《书中天阁勉诸生》，对中天阁讲会日期、原则、操作程序、方法提出了具体要求。龙山讲会持续时间不长，但在阳明学术史上具有里程碑式的重大意义，它直接促成了浙中王门的兴起，助推了阳明讲会的发展，也极大地促进了阳明学的传播。

慈子编著的《圣人之道——阳明心学绍兴基因解码》（九州出版社2022年10月版）一书，对阳明心学与绍兴的诸多关联予以详细阐释。

（二）江右王学研究

周建华、陈定云主编的《良知法书　百载传承——王阳明南赣家书》（西泠印社出版社2022年6月版）一书，辑录了王阳明在江西南赣所撰的家书。

周建华、王修权编著的《立德立言立功：王阳明在赣州》（广东旅游出版社2022年9月版）一书，对王阳明在赣州的军事行动、学术思想等予以阐释。

奔跑《在庐山遇见王阳明》（作家出版社2022年1月版）一书，以清新隽永的文字、多重变奏的叙事，咏叹了中华的山川秀美和历史变幻，探究了诸多精英人物或族群命运转折背后的文化密码。其中的"在庐山遇见王阳明"一文，对王阳明与庐山之间的诸多关联予以阐释。

许蔚《豫章罗念庵、邓定宇二先生学行辑述》（中西书局2022年2月版）一书指出，明代中期开始，阳明心学兴盛，并逐渐形成"江右王门"。吉水状元罗洪先（号念庵）、新建会元邓以赞（号定宇），是明嘉靖、万历年间相继而起的江右王门代表人物。二人行事相仿，学问也近似，以守摄工夫见长，为时人所称，尤见重于刘宗周，因而黄宗羲将二人标于卷端。该书在全面调查罗洪先、邓以赞二人的存世文集版本、勾稽佚文的基础之上，考证二人一生出处行事，并着重对其守摄工夫、个人追求及其与道、释的交往予以研讨。

彭树欣编著的《刘元卿年谱》（江西教育出版社 2022 年 1 月版）一书，以 8 千字的《刘征君年谱》为基础，博采刘元卿的相关资料 100 余种，对谱主的活动时间、地点、交游、事件等做了大量考证，并附以约 160 个相关人物的小传，还订正了原《年谱》的一些舛误。该年谱对了解刘元卿的生平、思想及江右王门的相关活动等均有重要的参考价值，也为刘元卿的哲学、教育、文学思想以及江右王门的相关研究等奠定了基础。

（三）楚中王学研究

常德市鼎城区地方志编纂室、湖南应用技术学院编写的《王阳明与常德》（岳麓书社 2022 年 11 月版）一书，系当代首部阳明后学之"楚中王门"的研究专著。全书分四部分：第一部分"常德阳明文化概说"，内容依次为"一代圣贤王阳明""王阳明讲学常德""楚中王门述论"；第二部分"常德阳明文化史迹"，介绍了常德境内 11 处与王阳明有关的遗址遗迹；第三部分"常德阳明文化论坛"，选录了 14 篇全国各地阳明文化研究专家的优秀论文；第四部分"附录"，收录了美国哈佛大学图书馆珍藏的蒋信《桃冈日录》这一国内外罕见的明代刻本。

（四）粤闽王学研究

张山梁《闽中王学研究》（厦门大学出版社 2022 年 12 月版）一书，分阳明学与福建、阳明学与漳州、阳明学与平和、王阳明研究、阳明后学研究等五部分，从不同角度探究王阳明在福建"两次半"的行经历程，阳明后学在闽的活动轨迹，以及阳明学在福建尤其是漳州、平和的发展情况。该书对福建阳明地域文化提出一些前所未发的新论断、新观点，见解独到，立意新颖，是一部弘扬、传承、发展福建阳明地域文化的新著述、新成果。

王传龙《明代福建阳明学对朱子学的批评与融摄》（厦门大学出版社 2022 年 12 月版）一书，首先考察宋代理学的崛起背景，以及程朱理学的谱系构建；其次阐述朱子学自宋至明在福建的传播模式、发展历程，以及不同地域间的差异；最后探究阳明心学与程朱理学、白沙之学的根本分歧，阳明学传入福建的模式，阳明学者与朱子学者之间的交流，以及两种群体间的影响与嬗变。与此同时，结合日本内阁文库所藏《道南一脉》收录的 287 位闽地学者，按照朝代及地域进行分类考察，归纳阳明学传入福建的三种主要模式及其代表人物思想，证明在福建为宦与讲学的外地学者才是传播阳明心学的主力军，还系统考证了明代福建朱子学者对阳明学的质疑与抨击。

（五）泰州学派研究

陈寒鸣编校的《王艮全集》（上海古籍出版社 2022 年 12 月版）一书，以袁承业《明儒王心斋先生遗集》为底本，以《淮南王氏三贤全书》中《心斋先生全集》（《重镌心斋王先生全集》）、日本京都中文出版社《王心斋全集》（《王文贞公全集》）为参校本，精心编校整理，并辑入民国三十一年（1942）刊刻的《心斋先生学谱》等重要资料，是目前为止最为完善的王艮文集汇编。

唐东辉《泰州学派"觉民行道"的哲学省察》（广西师范大学 2022 年 1 月版）一书，紧紧抓住泰州学派"觉民行道"这一特征与思想主旨，指出"百姓日用即道"是泰州学派"觉民行道"的理论基石，"大成师"是泰州学派"觉民行道"的先觉者，"孝弟慈"是泰州学派"觉民行道"的"实落处"，"乐学"是泰州学派"觉民行道"的保障，而榜门讲学、周流讲学、书院讲学和讲会讲学是泰州学派由士大夫之学向百姓之学转变的重要方式与路径。该书对泰州学派的实践品格也是"三致意焉"，指出泰州学派在儒学由庙堂转向民间，由精英转向大众，由士大夫之学转向百姓之学的过程中，大大促进了儒学的社会化进程。

王格《溯求正统：周汝登与万历王学》（上海人民出版社 2022 年 1 月版）一书，以阳明学派学者周汝登为核心，对周汝登生平事迹等进行较为全面的梳理与归纳。在此基础上，就周汝登与以王畿为代表的浙中王学，王艮、罗汝芳等为代表的泰州学派，以及当时其他思想文化脉络的关系，进行了较为细致的梳理。

傅秋涛点校的《李卓吾批评阳明先生道学钞》（中国社会科学出版社2022年10月版）一书，是李卓吾选编王阳明政论类文章加以评点而成的。该书包括两部分。其一是王阳明本人的文章，前两卷为论学书、杂著书，主要收入王阳明早年在北京做官时与朋友往还的书信；第三至七卷为龙场书、庐陵书、南赣书、平濠书、思田书等。其二是李卓吾所编的年谱，系李卓吾根据王门弟子所编的旧谱进行改编的，同时增加了大量时人的评论、笔记，有选择性地突出了王阳明作为政治家、军事家、实践家的形象。《李卓吾批评阳明先生道学钞》的编成，大大提升了阳明著作的可读性；李卓吾的评点使王阳明的政治思想和实践的精华得到突出的表现，突出了王阳明政治哲学中的亲民思想、法治精神与权力意识。

（六）蜀中王学研究

胡传淮、李宝山点校的《元山文选》（中国华侨出版社2022年8月版），以明嘉靖二十年（1541）席中、席和汇编的《元山文选》刻本为底本，书前有嘉靖二十年（1541）杨名撰"序"一篇，书后有席中撰"跋"一篇，较为详细地叙述了编纂此书之缘由及相关情况。全书按文体编排，分五卷：卷一有"序"35篇；卷二有"记"13篇、"志铭"2篇、"碑状"3篇、"祭文"11篇、"词"9首；卷三、卷四均为"奏议"，计31篇；卷五有"论"6篇、"策问"8篇、"策"3篇、"书札"19通。其中，《送别阳明王先生序》及席书与王阳明的五通信札，有助于我们进一步了解席书与王阳明的交游过程，是阳明心学研究十分重要的一手文献。

义文辉点校的《愧庵遗集》（四川大学出版社2022年1月版）一书，系四川射洪籍阳明学传人杨愧庵（杨甲仁）的传世文集的汇编整理。杨愧庵一生著有《易学验来录》《北游日录》《下学录》《自验录》《下学芙城录》《忧患日录》等，辞世后，其子杨秉乾汇辑成《愧庵集》八卷本手稿。其后110余年时间里，《愧庵集》手稿历经坎坷，直到道光十年（1830）才流落至安康张补山手中，并由其于道光十二年（1832）首次刊刻为《愧庵先生遗集》。同治三年（1864），蓬溪叶光宇重刻为《愧庵遗集》七卷。民国十三年（1924），成都金沙寺明道院又刻本铅印了《愧庵遗集》。此外，还有桐城马氏于光绪丁丑年（1877）刊刻的辑要本《愧庵遗著集要》五卷及民国十年（1921）云阳程德全复刻本。

除去上述罗列的百余种阳明学文献与研究著作，以"王阳明"为主题词，检索 2022 年学术报刊上发表的研究论文，共有 520 篇。值得关注的是，为充分研讨阳明学的丰富内涵与时代意蕴，《孔学堂》期刊于 2022 年第 2 期推出了"纪念王阳明诞辰五五〇周年专号"，共刊发 7 篇论文，分别是：杨国荣的《中国哲学中的王阳明心学》、吴震的《何为阳明学的文化研究？》、李承贵的《心学色调的君子——王阳明对儒家君子人格内涵的发展及其当代启示》、张新民的《过化与施教——王阳明的讲学活动与黔中王门的崛起》、陈立胜的《如何与天地万物成"一家之亲"——王阳明亲民说发微》、温海明的《文与悟："良知即是易"的意本论解读》、刘悦笛的《良知与良觉，性觉与心觉——兼论王阳明思想的儒佛之辨》。2022 年 7 月 18 日，《光明日报》刊出一组文学视域下的王阳明的文章：徐艳的《经典镜像中的知音——王阳明眼中的陶渊明》、武海军的《皆有一段圣贤义理在其中——选本批评视野下的散文家王阳明》、张学松的《〈思归轩赋〉与王阳明的乡愁》。2022 年，《贵阳学院学报》（社会科学版）"阳明学研究"专栏，全年刊发阳明学论文 20 余篇，也极大地推动了学界关于王阳明与阳明后学的综合研究。

此外，2022 年，围绕王阳明与阳明心学，浙江、贵州、江西等省份的社会科学界（包括境外的高校科研机构）还举办了 50 余场以"王阳明与阳明心学"为主题的学术研讨会、文化活动周等。限于篇幅以及本文关注的重点是 2022 年度的阳明学文献与阳明学研究著作，故而对期刊论文及学术研讨会所涉的阳明学研究的新进展，笔者另有专书《阳明学研究报告 2022》汇辑，在此不加赘述。

第三节　刘宗周与蕺山学派研究

一、刘宗周研究

2022 年，学界同人围绕刘宗周及其著作，出版专著一部，发表论文十余篇。内容涉及刘宗周的诗歌思想研究、刘宗周的心性论研究、刘宗周的《人谱》研究、刘宗周与阳明学之关联的研究。

（一）刘宗周的诗歌思想研究

龙世行《刘宗周诗歌研究》（贵州师范大学硕士学位论文，2022 年 6 月）一文结合刘宗周生活的晚明时代背景，根据其生平经历，对其所作三百余首诗歌进行全面梳理与归纳研究。该文指出，刘宗周诗歌题材丰富，基本上可以概括为四类：咏史怀古诗、羁旅行役诗、赠别酬唱诗和山水田园诗。作为理学家，刘宗周在诗歌中还融入了理学底蕴，如强烈的内省精神、追慕圣人气象以及浓厚的劝诫口吻，从而使诗成为他传道授学的工具之一。刘宗周在诗歌中体现出来的理学底蕴，也使其诗歌具有深邃的思想性和崇高的精神性。刘宗周的诗歌在语言上喜欢使用叠字和凄凉意象，在手法上擅于以才为诗和以文为诗，在思想情感上呈现出内容丰富、情感真挚的特点，在诗歌境界上表现为格调高昂和正气盎然。

龙世行《刘宗周诗歌泪意象发微》（《广东开放大学学报》2022 年第 1 期）一文认为，以刘宗周诗歌中的泪意象为切入点，可以发现其诗歌承载着丰富的情感内容，具体包括相思悼念、顾影自怜的文学之泪，感伤时事、怀古伤今的政治之泪，赠别感怀、日常体用的生活之泪三个方面。其诗歌泪意象表现手法多样，主要运用了典故、白描、夸张等表现手法，增强了诗歌的情感渲染力，推动了诗歌意境的营造。

龙世行《刘宗周诗歌的悲剧意识探析》（《齐齐哈尔师范高等专科学校学报》2022 年 1 期）一文认为，刘宗周作为明代大儒，不仅在理学思想方面具有突出成就，在诗歌创作上也有佳作传世，但其人生却如悲剧般坎坷。研究发现，刘宗周的悲剧人生主要体现为：家道衰落和家人早逝，一心为国为民却始终不受重用，饱经宦海沉浮之苦最终以身殉道，等等。尽管人生如此坎坷，他却在不断努力减轻这不幸的人生之苦，采取了著书立言、授徒讲学和寄情山水等路径来排解不幸，但他最终还是选择以身殉国，其中原因既有个人的，也有时代的，还与深深影响他的儒家文化密不可分。

（二）刘宗周的心性论研究

李存山《刘蕺山喜怒哀乐说与儒家气论之发展》（《哲学研究》2022 年第 11 期）一文认为，蕺山晚年提出喜怒哀乐四气说，这不但是他中期思想向成熟期思想的转折点，也标志着儒家思想史上一种"形下即形上"的新气论的诞生。这种新气论将程朱理学的性理原则收摄于先天之气的通复流行，通过重建天道自然与天理当然的联结而恢复儒家道德实践的活力，并确保纯粹至善本体对于实践工夫的主宰性，以克服朱子学与阳明后学之流弊。刘蕺山的这种新气论，既是理学内部理气合一思想趋势的发展，也是他对于先秦儒家气论思想资源创造性的再发现，具有返本开新的意义。他立足喜怒哀乐说统合心宗与性宗，重构儒家形上学与工夫论，建构了不同于朱子与阳明的理学思想体系。

王泰衡《刘宗周"诚意"观及其伦理价值研究》（山东师范大学硕士学位论文，2022 年 5 月）一文指出，刘宗周的"诚意"观自"意"入手，认为"意"为心之所存而非所发，否定"意"为心中动态之念头，赋予"意"静态的先验性的至善道德属性，这是从根本上对人内心之道德的规定。而后，他又认为"意"为心之主宰，并主张"意"是无间断恒常存在的，强调了"意"在人心中的重要地位，认为人们通过对"意"的把握，便可不断明确道德指向、规正内心。但同时刘宗周认识到仅仅依靠论述"意"为本原道德意向是不够坚实的，因此需要找寻一种绝对的至上性来给"意"为心本提供支撑，故刘宗周沿袭先代儒学诚本思想，提出"意根最微，诚体本天"的概念，自"诚"出发由天及人地为"意"为心本找寻了依靠。刘宗周将"意"与"诚"相结合，完善了"诚意"思想。

雷静《刘宗周独体论的思想历程与义理建构》（《现代哲学》2022年第6期）一文认为，独体是刘宗周哲学的核心观念，在其义理建构的思想历程中，呈现了"本体—流行—境界"的论域推进与交相阐发：（1）52岁始提"独"为好恶一机；54岁明确提出"独体"概念，并以好恶一机来诠释独体；66岁指出"好恶之性发为喜怒哀乐"，在体用流行语境中，以好恶一机来界定独体之为主宰流行的枢机、本体含义，确立独体作为心性相即的统体。（2）宗周探讨独体流行主要集中于59岁（丙子之悟）至60岁，认为好恶之意即无善无恶之体，独体是存发一机、中和一性、寂感一体的体用相即的统体，从而彰显了独体作为无滞于善恶的实体（仁体）亦即好恶一机作为主宰流行的枢纽。（3）独体论完成于66岁，体现了"独体即天枢"的境界，"独体—天枢"作为宇宙实体，是心性与天道维度相即贯通的一体，表现为好恶一机（独体）相即于德妙一原（天枢）。

（三）刘宗周的《人谱》研究

黄敏浩《刘宗周及其慎独哲学》（东方出版中心有限公司2022年8月版）一书主要论述了明末大儒刘宗周及其慎独哲学，反映了晚明心学，乃至儒学的心性之学的精神与面貌。全书先述刘宗周的生平、修养及思想发展，再通过对他的主静、中和、理气、心性、诚意等观念以及《人谱》的分析，指出其慎独宗旨背后的意涵，实可以"尽心即性"一义来概括。此义与宋明儒学传统的程、朱、陆、王乃至周、张、五峰的系统均有不同，具有独特的价值和意义。

姬喻捷《刘宗周〈人谱〉哲学思想研究》（山东大学硕士学位论文，2022年5月）一文指出，作为宋明理学的殿军人物，刘宗周对心学重建乃至整个儒学发展都做出了十分重要、不可替代的贡献。而《人谱》作为刘宗周晚年思想成熟时期的著作，是其耗费了大量心血，融入了四处讲学与一生践履之体悟的智慧结晶。他重建心性本体，提出了一整套系统的改过方案。

贾静《刘宗周〈人谱〉善恶思想研究》（河北大学硕士学位论文，2022 年 5 月）一文以善恶作为问题意识，通过深刻钻研《人谱》文本的含义，研究梳理刘宗周《人谱》中的善恶思想，并阐发《人谱》的根源性和涵盖性价值。

（四）刘宗周与阳明学之关联的研究

康宇《从刘宗周对经典的诠释看明末新王学的发展》（《中国哲学史》2022 年第 1 期）一文认为，刘宗周依傍经典诠释提出"慎独说"，建构出一套颇有新意的心体学理论。他劝导儒士读书治学，将"求吾心"与"读经典"有机联结成一体，并因"得心"之故，将朱子设计的读"四书"次第进行了改变，且重释了"虞廷十六字"。通过深入解读《大学》《中庸》等文本，刘宗周又将"慎独"发挥为"诚意"，提出二者互为本体工夫，在"心性归一"的理路中，大力倡导儒学的"心志"实践。他借读经典文字修正阳明良知说，批判程朱理气说，重新界定"四句教"，着力发挥心学中"情"的作用。其目的是收拾人心，解世道之弊。

二、蕺山学派综合研究

《浙学研究年度报告 2022》关于蕺山学派学者的研究现状，主要依照相关学者籍贯所在地的浙东、浙西分述。浙东的"黄宗羲研究"在下章"清代中前期浙学研究"中叙述，而江苏武进籍恽日初的研究动态，则在本章一并叙述。

陈睿瑜《蕺山学派与宋明伦理思想发展的转折》（《伦理学研究》2022 年第 6 期）一文指出，蕺山学派是明末清初思想流派中有重要影响的儒家学派，以刘宗周（蕺山）为首，陈确、黄宗羲、张履祥为主要代表。蕺山之学融贯宋明先儒以心、性为宗的伦理阐微，包含"心"融入理气的道德本源论、以"独"统心性的道德本体论、"慎独"迁善改过的道德修养论等伦理思想。蕺山学派在修正和总结宋明伦理思想的基础上，试图打破传统心性二分的学派纷争，重建道德体系架构，在宋明伦理思想发展中有重大转折意义，对明清之际伦理思潮的转向也有承启作用。

陈睿瑜《蕺山学派与明清之际伦理思潮的演变》（《怀化学院学报》2022年第6期）一文认为，刘宗周（蕺山）毕生为学，为挽救晚明学风凋敝、政风腐败而殚精竭虑，于明亡之际绝食殉节。蕺山伦理思想以"慎独"为核心，深刻影响了以黄宗羲、陈确、张履祥等为代表的学派门人的思想形成和道德践履。蕺山学派是明末儒学之重要代表，也在清初启蒙伦理思潮演变中发挥着积极作用，他们系统梳理、总结了明末之前儒家人性论、道德理想和道德修养等伦理思想，将古人的学识精华从玄妙转化为笃实，促进了宋明人性二元论向明清自然人性一元论的转变，推动了明清之际儒家道德人格由传统"圣人君子"向"豪杰之士"转变，促使了儒家传统民本思想向民主启蒙伦理思潮的发展。

（一）浙东的蕺山学者研究

1. 陈洪绶研究

2022年，研究陈洪绶的论文主要有：靳思萌的《陈洪绶绘画中文玩器物艺术特色分析》（《艺术市场》2022年第8期），刘芳、徐文生的《陈洪绶人物画线条艺术研究》（《美术文献》2022年第6期），胡太南、许飞飞的《论陈洪绶人物画与国产动画的趋同性》（《新疆艺术学院学报》2022年第2期），霍泽群的《高古奇骇 朴拙自然——陈洪绶佛释人物画研究》（《中国民族博览》2022年第8期），杨潇、李大盈的《读陈洪绶〈花鸟草虫写生册〉》（《美术教育研究》2022年第8期），王玉堂的《陈洪绶人物画图式对现代小品人物画的启示》（《艺术品鉴》2022年第11期），刘欣的《陈洪绶画石》（《中华奇石》2022年第4期），金已新的《孤与异——陈洪绶花鸟画的精神追求》（《百科知识》2022年第9期），许玉环的《陈洪绶〈问道图〉中之具德禅师》（《美术教育研究》2022年第4期），怡辰的《陈洪绶〈早年画册〉自题书法审美研究》（《艺术品》2022年第1期），刘雨荷的《蕙质兰心——陈洪绶〈斗草图〉女性形象研究》（《收藏与投资》

2022 年第 2 期），周佳的《陈洪绶人物画的艺术表现特征》（《新美域》
2022 年第 1 期），等等。

2. 祁彪佳研究

盛雅琳《祁彪佳艺术美学思想研究》（山东艺术学院硕士学位论文，
2022 年 6 月）一文通过分析解读祁彪佳的艺术创作以及理论著作，重点从
艺术创作、艺术批评与艺术接受等几个维度来探讨祁彪佳艺术美学思想的总
体轮廓与特征，并进一步探寻其对中国当代艺术美学体系建构与艺术理论学
科建设的价值和意义。

3. 刘汋研究

刘汋系刘宗周之子，能通父学。由于文献辑录困难，目前学界尚未开展
对刘汋的系统研究。

（二）浙西的蕺山学者研究

1. 陈确研究

2022 年，研究陈确的论文有 6 篇。

姜晓娟的《陈确〈大学辨〉与明清之际学术转型》（《原道》第 43 辑，
湖南大学出版社 2022 年 10 月版）一文指出，陈确的代表作《大学辨》，
诞生于其学术转型时期，是陈确治学思想的集中体现。陈确在《大学辨》中
指出，《大学》非圣经、非贤传，其经典地位是"二程"与朱熹等后儒强行
确立的。《大学辨》以"明道"为目的，从"道"之无始终、无大小、无先
后等方面，论证《大学》非圣经、非贤传，主张将《大学》还于《礼记》，
恢复圣学本来面目。陈确对《大学》经典地位的质疑，产生于"天崩地解"
的历史时期。它既是知识分子基于对现实的迷茫、焦虑而产生的变革学术风
气的思想萌芽，也是理学内部的一次革新。尽管《大学辨》在当时受到诸多
学者的批评，但这部在理学将坠未坠之时诞生的作品，也从侧面反映了明清
之际学术思想方面的细微变化。《大学辨》不仅在当时思想界产生了一定影
响，其中对程朱理学的大胆质疑，也开启了有清一代考证学风的先声。

汪冬贺的《"素位之学"与陈确的诗学思想》（《中国诗歌研究》第 23 辑，

社会科学文献出版社 2022 年 10 月版）一文指出，"素位之学"是陈确的论学宗旨，兼含学术与人生价值取向双重内涵。学术层面强调笃实践履、尚实求真，人生价值层面则将自我安顿与振济天下相结合，二者共同塑造了陈确的诗学思想。"素位之学"在陈确的诗歌创作中体现为清新自然与悲郁激直两种审美取向，展现出陈确诗学思想的复杂丰富，亦代表了明清之际理学家文学观念的典型特征。

尹文芳的《陈确的复性工夫论》[《邵阳学院学报》（社会科学版）2022 年第 4 期] 一文指出，与阳明以来的心学传统有所不同，陈确的思想是以先验的性善为理论基础，以"复性"的道德工夫实践彰显性善、实现性善为理论架构建立起来的。在本体与工夫之辨上，他特重工夫，强调不能离开工夫求体，主张以工夫统本体，以外显内，通过道德实践工夫彰显本体的价值与意义，达到至善的圣人之境，使儒家的价值理想不凌空蹈虚。

李殿玉、许雪涛的《陈确著〈大学辨〉的原因探析》（《理论界》2022 年第 6 期）一文认为，《大学》作为修身成人的方法被宋儒所推崇，并由此成为宋明时期最重要的经典之一。然而其作者及成书时代问题一直存在，随着四书体系的僵化，产生了一些弊端，陈确的《大学辨》就是对这些问题所做的回应。他认为《大学》非孔、曾之书，否定了《大学》所具有的权威地位，并对《大学》所提倡的方法进行了反思。陈确的《大学辨》也受到了刘宗周的影响，加之其独立自由的学风，最终形成了《大学辨》对《大学》新的理解，开启了为学方法的新探索。

董旭昊的《唯物主义视域下的陈确无神论思想探析》（《品位·经典》2022 年第 9 期）一文指出，陈确为人旷达、刚正不阿，他治学严谨并反对坐而论道的治学模式，积极地将自己的理论思想同其所处社会的实际问题相结合，依此提出了"日用是道"的主张。针对当时理学思想的空洞无实和封建迷信活动的社会危害，他以笔为刃、著书立说，同封建思想进行了坚决的斗争，在我国无神论思想史上有着重要影响。

陈屹的《再论陈确的人性论》[《四川师范大学学报》（社会科学版）

2022 年第 1 期] 一文认为，陈确的人性论思想将家庭日用的身心工夫视为人最根本的存在方式，通过对工夫域中"性—教""能—为""知—行"等系列互生互成"天人交相用"维度的阐释，说明人性或性善即是活生生地构成、维持并发展充实于身心力行工夫域中的人性或性善。由此，陈确的人性论思想既不是先天形上学的预成论或后天工夫复性论，也不是经验主义的后天发展论，而是以身心力行工夫为中心的人性生成论。

2. 张履祥研究

2022 年，研究张履祥的学术论文有 5 篇，其中有 1 篇博士学位论文：张家萌、郭昊原的《挖掘张履祥耕读相兼思想的当代价值》（《国际公关》2022 年第 24 期），张天杰、王祥的《明清之际浙西的蚕桑产业——以张履祥〈补农书〉为中心》（《湖州师范学院学报》2022 年第 11 期），高雅芯、白娴棠的《张履祥〈训子语〉解读与家教文化探析》（《文化创新比较研究》2022 年第 28 期），王丽芳的《张履祥：谁说耕读不能相兼》（《中国粮食经济》2022 年第 9 期），李燕的《明清易代与文本书写：张履祥〈补农书〉再研究》（山东大学博士学位论文，2022 年 6 月）。

3. 恽日初研究

方旭东、韩雪《蕺山思想的定位之争——由编订〈刘子节要〉的争议展开》[《南昌大学学报》（人文社会科学版）2022 年第 1 期] 一文认为，恽日初与黄宗羲围绕《刘子节要》的编纂之争，是蕺山学派割裂的重大事件之一。具体来说，黄宗羲认为恽日初在撰写《刘子节要》时所选文字不当，缺失"诚意新论"的重要内容，没有真正理解先师论"意"的本来面目，忽略了蕺山学中"独体"和"意根"、"慎独"和"诚意"相连的趋向，故而不能真正明晰先师学说的特点和精髓。恽日初受朱学影响较深，倾向于以"总周程而折中朱王"来定位蕺山之学；黄宗羲则更重王学，认为蕺山之学的核心在于修正和恢复王学的真面目。因此，黄恽之争的实质就表现为蕺山思想的定位问题。

第四节　明代中后期的其他浙学家研究

明代中后期的浙学家群体，除去阳明学派、蕺山学派的成员，还有书法家兼藏书家丰坊，散文家兼藏书家茅坤，政治家沈一贯，布衣学者胡应麟，倡导"儒耶对话"的思想家李之藻、杨廷筠，东林党人黄尊素，阳明学后劲施邦曜，抗清名将钱肃乐、张煌言（张苍水）等人，他们的学术成就与道德事功，也是明代中后期"浙学"的重要组成部分。

一、丰坊研究

2022 年，研究丰坊的论文有 1 篇。

王洪义《〈童学书程〉对当代小学书法美育的启示》（《中国中小学美术》2022 年第 12 期）一文指出，《童学书程》是明代丰坊为儿童学习书法所撰写的文献，其中的基本功训练指导以及提倡古雅、讲求教育方法、重视字外之功等观点，对当下的小学书法美育具有重要的启示意义。

二、茅坤研究

2022 年，学界研究茅坤的论文有 5 篇，分别是：林春虹的《茅坤古文观的发展与嘉靖万历时期复古思潮》（《北方论丛》2022 年第 6 期），王晓红的《茅坤〈史记抄〉文学评点的精神向度发微》（《渭南师范学院学报》2022 年第 10 期），张天欢、张克军的《茅坤散文理论初探》（《青年文学家》2022 年第 26 期），王如月的《茅坤〈唐宋八大家文钞〉副文本考察》[《西安石油大学学报》（社会科学版）2022 年第 4 期]，裴云龙的《寓正于奇：茅坤对韩愈散文典范性的重构》（《文学遗产》2022 年第 4 期）。

三、沈一贯研究

2022 年，研究沈一贯的论文有 1 篇：贾曼莉的《旧题沈一贯〈新镌国朝名儒文选百家评林〉研究》（山西师范大学硕士学位论文，2022 年 5 月）。

四、胡应麟研究

王嘉川著《胡应麟年谱长编》，2021 年 1 月由商务印书馆出版。这是 1934 年吴晗的《胡应麟年谱》发表以来，学界首次以长篇著作的形式，对胡应麟生平进行详细的梳理与研究。2022 年，关于《胡应麟年谱长编》的书评有 3 篇：张光华的《资料性·学术性·创新性——评王嘉川著〈胡应麟年谱长编〉》（《集宁师范学院学报》2022 年第 1 期），侯德仁的《廿年磨一剑，终致集大成——王嘉川〈胡应麟年谱长编〉读后》[《淮阴师范学院学报》（哲学社会科学版）2022 年第 3 期]，张光华的《〈胡应麟年谱长编〉出版》（《中国史研究动态》2022 年第 5 期）。

五、杨廷筠研究

2022 年，不见研究杨廷筠的论文。

六、李之藻研究

2022 年，研究李之藻的论文有 3 篇。

韩星《重建信仰：明清之际儒者的上帝观——以儒家天主教徒为主》（《世界宗教研究》2022 年第 3 期）一文认为，明清之际出现了以徐光启、李之藻、杨廷筠为代表的儒家天主教徒，还有其他入教或与天主教有一定联系的儒者，他们面对晚明思想转型，受到传教士"合儒、益儒、补儒和超儒"的影响，在中西文化会通的基础上以求"同"的意识重新审视和反思中国文化的内在精神和历史演变，批判道、佛和宋明理学，回归儒家早期传统，重建上帝信仰。他们在坚守中国文化主体性的前提下吸纳西方科学技术及宗教神学，试图用天主教教义和教理来会通、改造、补充甚至超越儒学，化解儒学面临的危机，以天主教精神重建中国人的信仰体系，探索儒学发展的方向和道路，从信仰维度更新发展儒学。

蔡秉衡的《李之藻〈頖宫礼乐疏〉的释奠乐解》[《南京艺术学院学报》（音乐与表演）2022年第5期]一文主要探讨李之藻的著作《頖宫礼乐疏》中关于文庙释奠乐的内容。该书分有10卷，主要书写与释奠乐有关的部分。卷三至卷七主要记载释奠乐队的编制、释奠乐器的种类及其乐谱，同时对于乐器的演奏法与歌乐的演唱法描述甚多，其乐谱与舞谱是今日研究释奠乐舞重要的参考。

杨云雁《〈頖宫礼乐疏〉乐律理论及相关礼乐实践研究》（武汉音乐学院硕士学位论文，2022年5月）一文认为，李之藻的《頖宫礼乐疏》汲取了儒学的"钩沉辑佚"之功与西学的"实证研究"之法，不仅记载了頖宫祀典中的礼节、礼物、礼器，还恢复了祭孔所用的乐器、乐律、乐谱等，其研究成果被《四库提要》誉为"稽古证今，考辨赅悉"之作。

七、黄尊素研究

2022年，不见研究黄尊素的论文。

八、施邦曜研究

2022年，不见研究施邦曜的论文。

九、钱肃乐研究

2022年，不见研究钱肃乐的论文。

十、张煌言（张苍水）研究

2022年，不见研究张煌言的论文。

第六章　清代中前期浙学研究

　　清代中前期"浙学"发展的基本脉络是：明清易代之际，心性之学衰退，经世实学思潮勃兴，以黄宗羲为代表的浙东经史学派应运而生，这一浙东学派传承有序、成员众多，一直延续到清代中后期，其中的代表人物有黄宗羲、黄宗炎、黄宗会、万斯大、万斯同、邵廷采、全祖望、章学诚、李邺嗣、郑梁、郑性、黄百家、陈讦、黄炳垕、邵晋涵、王梓材、黄式三、黄以周等。清代中前期，乾嘉考据学成为传统学术思潮的主题，毛奇龄、朱彝尊、胡渭、姚际恒、查慎行、杭世骏、翟灏、齐召南、梁玉绳、卢文弨、孙希旦、吴骞、陈鳣、严可均、洪颐煊、姚振宗等一大批浙江学者为清代考据学的繁荣发展而著书立说，贡献良多。此外，阮元担任浙江学政、巡抚期间，对乾嘉年间浙江考据学（"浙派"）的形成与发展也有推动之功。清朝视程朱理学为官方主流意识形态，"朱子学"在浙江也有传人，其中清代浙江籍的朱子学者以浙西居多，主要有张履祥、吕留良、陆陇其等人。

　　此外，在明清易代之际与清代中前期，浙江籍的著名学者还有沈德符、陈元赟、谈迁、张岱、朱舜水、查继佐、潘平格、李渔、沈光文、应㧑谦、沈昀、毛先舒、姜宸英、吴任臣、毛际可、王崇炳、袁枚、桑调元等，他们在文学、史学、哲学等各个领域也有创造性的学术成就，故而他们是广义的"浙学家"。

　　2022 年，学界同人关于明清易代之际至清代中前期的"浙学"研究，主要围绕黄宗羲与清代浙东经史学派、清代浙西朱子学、乾嘉考据学的"浙派"以及广义的"浙学家"群体而展开。

第一节　黄宗羲与清代浙东经史学派研究

一、黄宗羲研究

2022 年，学界同人围绕黄宗羲学术思想及其《明夷待访录》《明儒学案》《宋元学案》开展研究，出版学术专著 2 部，在各类学术期刊上发文数十篇。内容涉及黄宗羲的生平事迹、政治思想（围绕《明夷待访录》）、哲学思想、经济思想、实学思想、数学思想、医学思想、体育思想、武学思想、文学思想、《明儒学案》研究、《宋元学案》研究，还有黄宗羲文献研究。

（一）黄宗羲的生平事迹研究

阳正伟《"党人之习气未尽"——黄宗羲思想的另一面》（《孔子研究》2022 年第 3 期）一文认为，在黄宗羲的著述中，多有褒东林贬非东林的言论，体现出鲜明的"党见"。这些言论有些是就具体的人和事为东林辩护，有些则从根本上为东林的朋党性质辩白。而他对内官的极度鄙夷以及"以学领政"等政治主张，也是继承和发展了某些东林人士的言论思想。由于其父黄尊素在一些事情上的主张不同于其他东林人士，他在沿袭其父说法的时候，也会对东林有所批评，但这并不表明他没有党见。他的党见主要来自其师刘宗周。直至近当代，他的党见言论仍然受到很多人信奉，从中衍生出的启蒙、民主等思想也不无附会与拔高之嫌，这些都有加以厘清的必要。

顾家宁《古今内外之间：黄宗羲与明清之际思想研究的方法与视角》（《复旦政治哲学评论》第 14 辑，上海人民出版社 2023 年版）一文指出，明清思想转型一直是学界研究的热点问题，而黄宗羲则是明清之际诸子中最具"近代"色彩，同时评价上也最具争议的一位思想家。20 世纪以来的黄宗羲研究可谓成果迭出，就其问题意识与理论框架而言，大体皆着眼于"传统—现代之辨"这一焦点。正因为这一问题的复杂性，相关研究在观察视角、理论方法乃至价值结论等方面都呈现出多元差异。

（二）黄宗羲政治思想研究

吴光主编的《从民本到民主的转型：黄宗羲诞辰四一〇周年纪念文集》（上海辞书出版社 2022 年 8 月版）一书收集了 2020 年学界研究黄宗羲著作与思想的 19 篇最重要成果。2020 年正值黄宗羲诞辰 410 周年，本论文集作为黄宗羲思想阶段性研究的一个展现，对于黄宗羲思想的研究和发展很有意义。

陈旺、王悦《黄宗羲对话霍布斯：反专制与反神授、共治与独治》（《品位·经典》2022 年第 4 期）一文认为，历史赋予了 17 世纪的中英两国政治思想的可比性，黄宗羲与霍布斯在某些思想观点上存在惊人相似，但由于他们在君主观上的差异，各自的政治理想设计趋于不同的方向。基于《明夷待访录》《利维坦》两个文本的比较研究，可以得出黄宗羲与霍布斯在君主观上存在"反君主专制"与"反君权神授"的差异，在政治理想上存在"共治"与"独治"的差异。

王格《纲纪与法治：〈明夷待访录〉在清末受到的批评》[《宝鸡文理学院学报》（社会科学版）2022 年第 1 期]一文认为，《明夷待访录》在清末社会运动和思想潮流中起到过巨大的推波助澜的作用。与此同时，这一文本在清末也受到若干重要的批评，其中朱一新、李滋然和章太炎的批评尤其值得重视。朱一新主要就"变法"以及其中的"公私"问题，在理念和相应的具体措施上做出批评；李滋然则从君臣纲常之守卫辩护者的角度做出了针锋相对的论述；而章太炎的情况更为复杂，他批评黄宗羲的制度想象不仅未能落实"法治"，反而更推动了"人治"，他的批评或许带有某种策略性考量，可能指向的是清末各种立宪建制运动的推动者。这些不同面向的批评不仅深刻地指向了黄宗羲政治思想内在的问题，更展示出近代中国政治实践从纲纪到法治的演变。

高海波《从"师道"与"君道"关系看晚明清初社会改革理论与实践的三种路向——以王艮、管志道、黄宗羲为中心》(《哲学研究》2022 年第 5 期)一文认为,师道运动是宋明理学的一个重要内容。在宋代,士大夫的师道意识高涨,提出"与君主共治天下"的主张。然而到了明代,由于残酷的政治现实,师道运动一度陷入低潮。直到中晚明,从王阳明的重新提倡,到王艮提出"出必为帝者师,处必为天下万世师"的口号,师道运动重新达到了顶峰。这一运动一直持续到清初,在黄宗羲《明夷待访录·学校》中都有所体现。余英时曾认为作为一种社会改革运动的阳明学师道运动主要是一条"下行路线"。明代晚期曾出现管志道、杨起元等学者以及张居正等政治家,共同反对泰州学派乃至整个宋明理学的师道运动,企图重新恢复以皇权为中心的"中央集权"的政教秩序,揭示了一条"上行路线";另外,代表了地方士绅、商人、富农等"中产阶级"利益的东林学派和黄宗羲,则试图限制君权并进而与君主分权,这一路线可以视为"中间路线"。从这些方面来看,晚明清初的社会改革路向呈现出更为复杂的面貌。

陈小强、于欢、王泽宇《〈明夷待访录〉中的皇帝与士大夫群体关系研究》(《今古文创》2022 年第 22 期)一文认为,在传统的政治构建中,皇权与士大夫占据着重要地位。如何认识二者之间的关系对于人们理解中国古代政治有着重要的意义。一方面,黄宗羲在《明夷待访录》中用"公"的观念重塑了传统君主的政治合法性;另外一方面,他又从思想与制度层面再造了士大夫群体。他的这种政治改革方案给人们提供了一个难得的机会去认识皇权与士大夫群体之间的关系。

张爽《黄宗羲科举思想研究》(华中师范大学硕士学位论文,2022 年 5 月)一文以科举为视角对黄宗羲政治思想进行了研究,史论结合,围绕其如何通过科举改制来实现政治愿景展开研究,以期对黄宗羲政治思想有更为深入的理解。

马晓娟《从"怀旧与破旧"到"改良与复古"——〈明夷待访录〉另一

种解读》(《史志学刊》2022 年第 2 期)一文认为,黄宗羲《明夷待访录》以其强有力的专制主义批判精神与鲜明的民主思想色彩而备受瞩目。但他的这些思想背后,却又隐含着一种矛盾的心理,进而使得他的很多社会治理思想显得颇具理想化与复古性,不具现实性。其中折射出他从"怀旧与破旧"到"改良与复古"的思想轨迹。透过现象看本质,这显示出黄宗羲的思想意识里,既有反映时代变化的反专制民主意识,也有封建传统儒家正宗思想。而这正是其所处传统与现实相纠结的时代的反映。

李驰《近代解读黄宗羲思想的法学视角》[《宁波大学学报》(人文科学版)2022 年第 5 期]一文认为,近代学者以法治、宪法、法理、法史为视角描述和分析了黄宗羲思想的法学意义。通过回顾与整理这些文献,可知当下反思黄宗羲现代法学形象需做到三点:一是在研究中应谨慎运用现代法学概念,二是应尽可能地还原其思想的历史原貌;三是应提炼符合中国传统思想特征的理论框架。只有这样才能准确地刻画黄宗羲在中国法律思想史上的形象,并为构建"法的中国性"提供理论给养。

许现师《黄宗羲"天下之法"思想研究》(山东大学硕士学位论文,2022 年 6 月)一文主要分析了黄宗羲思想中的"天下之法"思想。黄宗羲的法理思想不仅仅体现在他对于"天下之法"思想本身的概述与分析,也体现在其为了实现与贯彻其治法思想而做出的诸多制度设计之中。黄宗羲认为"天下之法"应当为天下之人服务,主张"有治法而后有治人"的思想,并设计了学校制度、方镇制度等相关制度来贯彻其"天下之法"思想的核心理念。虽然由于种种因素,黄宗羲思想经历了长时间的中断,但并没有从此湮灭于历史长河之中。它虽然没有在平和的环境下逐步得到传承与发展,也没有开创中国自身的近代化法治思想,但其在二百年后却为维新变法等近代化政治运动提供了中国本土的启蒙思想资源。在近代,黄宗羲的主张为维新派与革命派提供了宣传资源与本土思想武器。而对于中国当下的法治建设,黄宗羲"天下之法"思想中也有重要的思想精华可以传承与借鉴,比如黄宗羲"天下之法"思想中的良法之治、法治与德治相结合,以及舆论监督等思想,可与现代中国社会主义法治建设相对接。

　　简佳星《〈明夷待访录·学校〉之学校制度设计述评》（《当代儒学》第 21 辑，四川人民出版社 2022 年 7 月版）一文指出，学界过去对《明夷待访录·学校》的专门研究较少，多拘泥于民本与民主的定位之争，盛赞多、批评少。而本研究重新归纳并评价了黄宗羲的学校制度设计，包括劫佛老以济儒、并蓄历法医学；由公议选出学校领导者，使之摆脱行政化；维护清议，普及教育；学校议政，为政者北面问学；贵胄子弟自幼共学，尊重政治世家从政经验等等。他一面追求清议自由和公议精神，一面又要求文化专制、以儒家思想控制公议导向，这就陷入了自由与专制的悖论。且学校议政的形式与雅典原始民主导致多数暴政的逻辑相似，可能使学校沦为以权谋私和朋党之争的不洁之境。黄宗羲虽然有较强的"非君"倾向，但他从不希望废除君主。他汲取了儒家民本思潮的精华，并非晚清变革人士所声称的那样鼓吹民主启蒙。民本与民主分属两种文化价值体系，无法相互转化。黄宗羲的学校制度设计力图实现权力运作的理性化，但也遭受了一些批评。今人应在结合现实的基础上进行借鉴，切不可生搬硬套。

　　范广欣《贵族制与黄宗羲的政治理想——比较视野中的〈明夷待访录〉》（《学术月刊》2022 年第 7 期）一文认为，黄宗羲承认有两种圆满的道德—政治秩序：其一是以三代圣王为首的君主制；其二是否定了现实的君主专制之后而重建的应然的君臣共治。两者都符合《礼运》首章"天下为公，选贤与能"的理想。近代以来中国知识分子习惯用西方传入的概念理解黄宗羲的政治理想，对其实质至今聚讼纷纭，因此有必要回到西方经典著作以确立讨论的标准。检查亚里士多德《政治学》、洛克《政府论》和卢梭《社会契约论》等经典著作，可以发现以贵族制而非民主制理解黄宗羲的政治理想更为合适。

　　冯亚军《黄宗羲与卢梭民主观比较研究》（江西师范大学硕士学位论文，2022 年 5 月）一文指出，近代著名教育家蔡元培先生曾将黄宗羲称作"东方的卢梭"，日本著名汉学家岛田虔次先生也将黄宗羲喻为"中国的卢梭"，可见，黄宗羲的民主思想与卢梭的民主思想有很多相似之处。将黄宗羲与卢梭的民主思想进行比较研究，对当代的民主建设有重要的理论意义和借鉴价值。

（三）黄宗羲哲学思想研究

陈力祥、陈平《黄宗羲对朱子批判谢良佐"以觉论仁"之驳异》（《国学学刊》2022 年第 4 期）一文认为，谢良佐以觉论仁，强调人之主体感受与道德本体之同一性。朱子批评谢良佐"仁论"将主体感受当作道德本体，既消解了形上与形下的差分，又在修养工夫上导致急躁而不沉潜的学风，还会在道德体认上带来将"人欲"当作"天理"的后果。黄宗羲将"觉"归于"气"，将"仁"归于"理"，认为理气不相离，应即气而言理，指出朱子对谢良佐的批评是析理气为二，认为应于人伦日用当中体悟"仁"，且肯认了谢良佐在程门后学中的重要地位。朱子对谢良佐的批评与黄宗羲对谢良佐的维护，是基于两人对"觉"之外延的不同理解而展开的，彰显为两条不同的理路，但二人之目的均是希冀摆脱虚浮之学风，将道德本体的认知回归于"实"，因而，两人的理论展开又是殊途同归。

胡士颖《"河洛"批评与自觉——基于黄宗羲、黄宗炎的〈河图〉〈洛书〉批评及再研究》（《哲学研究》2022 年第 4 期）一文认为，"河洛"问题是黄宗羲、黄宗炎兄弟易学、图书学批评的首要内容，也是以此形成儒学、历史文化批评的重要落脚点。他们以经书为本，求证"河洛"的真实面貌，梳理"河洛"与儒学发展的学术史脉络，驳斥以朱熹为代表的宋明"河洛"学说。黄氏兄弟的"河洛"检讨，反映了"河洛"问题的复杂性。对垒各方均面对考证、解释的难题，并于解构与建构上各显其能。二人的锐意批评及反思、反抗意识，颇受近世学者青睐，但当下之研究则将"河洛"置于尴尬之境地，几乎视同糟粕，须当再行反思。"河洛"批评及再研究，是涉及图书易学、哲学、历史、考据、辨伪等诸多方面的重要研究议题，同时也是以此探讨文化自觉、传统重建等宏大问题的具体切入点。

顾家宁《黄宗羲的泰州批判与晚明儒学转型》（《哲学研究》2022 年第 3 期）一文认为，黄宗羲对泰州学派的批判包含了三个主题：首先是对师道论的肯定；其次是对孝弟说社会教化功能的批判吸收；最后是德性与功利之辨。通过泰州批判，黄宗羲将儒学有关内与外、心性与政治问题的思考推上了新的层次，凸显了一种包含社会、政治取径，在更高层面重构儒家德性政治的思路。一方面，继承泰州的个体意识（师道论）而又突破其以个体道德外推的经世模式（孝弟经世论）；另一方面，以儒释德性功利之辨为基点反思社会政治秩序的根基，而把心性问题联结于权力公正性与制度问题。由此反映出《明夷待访录》与《明儒学案》、经世之学与心性之学的交汇，呈现出晚明儒学思想转型的一种独特形态。

（四）黄宗羲经济思想研究

孙宝山《论黄宗羲经济思想的创见》（《孔子研究》2022 年第 6 期）一文认为，黄宗羲是明末清初经世学最具代表性的人物，以往学界对其政治思想探讨较多，但其经济思想和政治思想一样具有创造性。他提出田地分配应兼顾平均性与差别性，保持货币流动性以促进流通，赋税征收实行低税率和差异化，在许多方面都对传统经济思想有所突破，具有了现代经济思想因素。黄宗羲的思想在中国的现代变革中产生了很大的影响，为中国从传统向现代的转换提供了助力。

刘文鹏《权力与经济之间——论黄宗羲对中国传统经济思想的突破》（《衡水学院学报》2022 年第 3 期）一文认为，黄宗羲对经济制度的设计可分为三个方面：首先，改革土地分配方式，将对土地的占有分为"均平"的基础项与"兼并"的发展项，在保障作为天下之人总体基本利益的前提下，允许发展个人之私利并肯认土地的"私有性"；其次，痛斥赋税制度，重点关注"赋税三害"，旨在将税收标准由国家的量出为入转向人民的现实状况；最后，倡导"工商皆本"，否弃过去"重农轻商"的国家政策，盘活民间经济活力，以实现富裕天下的目的。三项设计皆体现了黄宗羲意图转化国家在经济市场中的身份与地位并为其权力划定界限的努力。

（五）黄宗羲文学、史学思想研究

王珏《黄宗羲"诗史相表里"思想论析——史学本位的考察》（《史学

史研究》2022 年第 1 期）一文认为，在明清易代的特殊历史背景下，黄宗羲发展了传统的"诗史观"，提出了"诗史相表里"的重要命题，具体包括以诗记史、以诗补史、以诗证史、寓史识于诗作四个方面的内涵。黄宗羲将诗、史打通，突出"史"在"诗史论"中的本体论地位与意义，认为在社会离乱、历史记载缺略的情况下，诗歌不仅具有记录历史和叙述时事的作用，而且可以补史之缺，完善历史记载。同时，诗歌还可以匡正历史记载之误。黄宗羲寓史识于诗作中，他的诗学观深受自身史学理论的影响，他的诗歌创作也隐含着深刻的褒贬寓意和对明亡的痛切反思。

王记录《经学与黄宗羲的史书编纂观》（《史学理论与史学史学刊》2022 年上卷，社会科学文献出版社 2022 年 8 月版）一文认为，黄宗羲一生尊经重史，其史书编纂观深受经学影响。他坚持正统论，把"明夷夏之防"当作史书编纂首先要考虑的问题，猛烈批判了《晋书》《新五代史》《宋史》《元史》等书写篡逆政权和少数民族历史的作史之法。他立足宋、元、明学术发展的实际，反对在学术上尊"道学"而贬"儒林"，剖析历代正史设立《儒林传》的意蕴，驳斥《明史》设立《理学传》的作史之法。他跳出"道统论"，在学术史编纂中坚持"宗旨论"，以"一本万殊"之观念，打破学术定于一尊之观点，在《明儒学案》中展现学术发展的多样化和多元化。在明末清初特殊的历史与学术背景下，黄宗羲的史书编纂观有着鲜明的时代特色。

（六）《明儒学案》综合研究

赵文会《一本万殊：〈明儒学案〉学术史观考论》（《赣南师范大学学报》2022 年第 2 期）一文认为，"一本万殊"是《明儒学案》的学术史观，其根本的指向是儒学道体的存在方式问题，儒学范围内，道体"一本"，体道"万殊"。"一本万殊"思想源于《易》，在宋明理学思想体系中与"理一分殊"关系密切，根源于黄宗羲重视"心之万殊"的哲学倾向，具体落实在《明儒学案》的史料、史例、史法中。理解"一本万殊"的关键不在于"一本"，也不在于"万殊"，而在于"一本"和"万殊"之间的"关系"。在中国传统学术史编纂理论的发展过程中，"一本万殊"的学术史观具有重要的学理价值。

陈畅《方学渐心学的理论特质及其困境——兼论黄宗羲〈明儒学案·泰州学案〉的思想主旨》[《同济大学学报》（社会科学版）2022年第1期]一文认为，黄宗羲在其名著《明儒学案》中将泰州学派的学风概括为"非名教之所能羁络"的狂禅化和异端化。但是，《明儒学案·泰州学案》所收录人物并非全部都能归入此类学风，甚至有些思想家是以反对狂禅学风著称的，方学渐即为其中典型。这种看似矛盾的思想史书写方式，其实蕴涵着黄宗羲深刻的哲学洞见。通过将方学渐心学置于中晚明阳明学核心问题中考察其思想定位、背景与困境，在揭示出《泰州学案》思想主旨及哲学洞见的同时，亦能厘清方学渐心学何以展现"朱王调和"形象的理论根源。这种双重视角研究，在推进学术界对于阳明后学复杂的理论形态及其思想史出路的认知方面具有独特优势。

徐倩《〈明儒学案〉之阳明后学的分派》（《今古文创》2022年第33期）一文认为，《明儒学案》以地域文化区划思想并将学者们的学术面貌和师承教育发展结合起来，凸显阳明后学各派的学术研究风格及思想特征，真儒实学，至简至易，亦精亦微，为近代以阳明后学的分派区划奠定了学术基调，进一步为阳明后学研究提供了一个崭新的方向。

（七）《宋元学案》综合研究

金晓刚《黄宗羲后裔对〈宋元学案〉的补修及其学术史意义》[《浙江师范大学学报》（社会科学版）2022年第2期]一文认为，黄宗羲后裔在《宋元学案》书稿的流传及成书过程中发挥了重要作用。黄璋、黄征艾等人除借抄、保存及续补文献外，所撰119条按语涉及对宋元理学史的考订、评骘，彰显出自己的学术见解。从学案设置、命名、人物评价来看，黄璋父子的续补，并非此前所认为的回到梨洲原本，否定全氏补本，而是在综合梨洲、谢山两家观点的基础上，形成自己的判识，一定程度折射出清代浙东学派思想的继承与转向。

谢向杰《〈《宋元学案》黄璋校补稿〉的成稿与流传》（《东方博物》，

上海书画出版社 2022 年 1 月版）一文通过对文献、宗谱、信笺等资料的综合整理，梳理和分析了现藏于余姚市文物保护管理所的清雍正十三年（1735）《〈宋元学案〉黄璋校补稿》稿本的基本情况、流传经历和学术价值，有助于研究《宋元学案》的成书过程。

（八）黄宗羲的文献研究

张克宾《易学象数论疏证》（山东大学出版社 2022 年 3 月版）一书在对黄宗羲易学名著《易学象数论》原著进行专业校对整理的基础上，对书中之名词术语悉加疏解，对书中之易学与数术学诸问题考镜其源流，揭示其演变，指明其所然与所以然，进而跳出前贤儒道门户之争，以今日之学思对汉宋象数易学与数术学予以新的评判与认识。

蔡纪风《〈明夷待访录〉在清代中后期的传抄、阅读和接受》（《船山学刊》2022 年第 1 期）一文认为，在清代文化政策的高压之下，《明夷待访录》始终处在思想潜流之中。道咸之际，《明夷待访录》在广东和江南重新刊刻，这些刊本的背后代表着抄本的积累以及学者思想旨趣的转移。新见薛福成和袁昶的抄本以及其他《明夷待访录》抄校本，不仅体现了抄本与刻本的接力，更展示出咸丰以降士人群体转相传抄《明夷待访录》的盛况。同治年间以金陵书局为中心，士林形成了抄录、阅读和讨论《明夷待访录》的新风尚。然而学人对《明夷待访录》中的制度设计充满了困惑和异议，对其的否定和批评构成了时代的一般看法。撰成于清初而到晚清大放异彩的《明夷待访录》并非百年无闻，而是以抄本形式隐隐流传，士林对其的认识亦曲折多变。借由多部新见《明夷待访录》抄本，不仅可以一窥抄本文化中展现的思想活力，同时可见清代中后期士人政治理念的分裂与变异。

黄灵庚、肖选搏《〈明文海〉抄本考述》（《浙江社会科学》2022 年第 12 期）一文认为，黄宗羲晚年编纂的明代文学总集《明文海》未曾镌刻，只有抄本传世。天一阁藏《明文海》原稿本较多保存《明文海》原始形态，可惜仅存 26 卷。而浙图藏本是存世抄本中最为完整的善本。《四库全书》抄本现存文渊、文澜、文津、文溯四种。诸本形态各异，文渊本、文澜本、文溯本抽毁严重，文字篡改颇多。唯文津本存文最多，文字较佳。涵芬楼、皕宋楼藏抄本自四库馆抄出，同出一源，各有优劣。整理《明文海》当以浙图本为底本，文字校勘宜取各本之优。

二、清代浙东学派综合研究

"清代浙东经史学派"命题的提出与倡导者吴光教授，在 30 多年前所撰《黄宗羲与清代学术》一文中指出："关于清代浙东学派，前人往往作狭义的理解，称之为'浙东史学派'，并以章学诚为其殿军，恐怕失之偏颇。愚意以为，浙东学派是一个包括经学、史学、文学、自然科学在内的学术流派，虽以史学成绩显著，但不应仅仅视作一个史学流派。这个学派的主要代表人物，以史学为主兼治经学的有万斯同、万言、邵廷采、全祖望、邵晋涵、章学诚，以经学为主兼擅史学的有万斯选、万斯大、黄百家、王梓材，其文学代表人物则有李邺嗣、郑梁、郑性等，自然科学代表人物则有陈𫍙、黄炳垕等。"[①]

雷斌慧《清代浙东学派文学思想之嬗变——以〈孟子师说〉至〈子思子辑解〉为视角》（《古籍整理研究学刊》2022 年第 6 期）一文认为，黄宗羲的《孟子师说》与黄以周的《子思子辑解》既是儒家文化的经典，又是清代浙东学派的重要成果。从《孟子师说》到《子思子辑解》，充分展示了清代浙东学者对儒家道统的构建和细化。从《孟子师说》到《子思子辑解》，清代浙东学派逐渐由对义理的关注转化为对考据的重视，至《子思子辑解》更趋细密严整。另外，在哲学本体的选择上，《孟子师说》立心，《子思子辑解》尊礼，但在功夫修养上，两者皆以"诚"与"慎独"为津梁。从《孟子师说》到《子思子辑解》，清代浙东学派亦经历了回归当下与还原经典的变迁。从《孟子师说》到《子思子辑解》，不仅真实展现了儒学思想之演变，而且透露了清代浙东学派文学思想嬗变的消息。

---

① 吴光：《黄宗羲与清代学术》，《孔子研究》1987 年第 2 期。

三、经学为主兼治史学者——黄宗炎、黄宗会、万斯大研究

2022 年，与黄宗炎研究相关的论文有 1 篇：胡士颖的《"河洛"批评与自觉——基于黄宗羲、黄宗炎的〈河图〉〈洛书〉批评及再研究》（《哲学研究》2022 年第 4 期）。

2022 年，未见研究黄宗会、万斯大的论文。

四、史学为主兼治经学者——万斯同、邵廷采、邵晋涵、全祖望、章学诚、王梓材、冯云濠研究

（一）万斯同研究

2022 年，研究万斯同的论文有 2 篇。

王瑜《张廷玉〈明史·兵志〉与万斯同〈明史·兵卫〉比较研究》（《今古文创》2022 年第 17 期）一文认为，经万斯同审定的《明史稿》，内容翔实，规模宏大，为张廷玉《明史》的最终成书奠定了坚实的基础。两者在内容上既有前后承袭，又有某些差异，尤其在军事制度方面差异甚大。张廷玉《明史·兵志》与万斯同《明史·兵卫》在编纂体例、内容详略、思想情怀等方面也有很大的不同。

郭媚媛《〈鄞江送别图〉再探》[《宁波大学学报》（人文科学版）2022 年第 2 期] 一文认为，《鄞江送别图》所绘是康熙十八年（1679）甬上证人书院诸学友及子弟为万斯同、万言叔侄将北上修《明史》而饯别之事。饯别席上郑梁被嘱托绘《秋郊饯别图》以留念，最终未能完成。《秋郊饯别图》恐非《鄞江送别图》的旧称。"鄞江送别"的命名中蕴含了万斯同对自身北上修史的期许。他计划以一幅《鄞江送别图》为始，一幅《都门送归图》为终来总结自己的这段修史生涯。鄞江的地理位置，恰是万斯同舍"西郊""秋郊"等名称而取"鄞江"的原因。

（二）邵廷采研究

田明《学术会通意识与邵廷采古文的经世导向》[《宁波大学学报》（人

文科学版）2022 年第 5 期] 一文指出，邵廷采是清初浙东学派重要成员，毕生兼治经学、史学、理学与文学，其学术具有会通儒学诸门的意识。这种学术会通意识的着力点，最终向内归于躬行践履，向外归于经世致用。邵廷采的古文理论与写作实践均基于其浓厚的学术会通意识，这使得他的古文自然具备强烈的经世导向，分别体现在其文集中经世之文的数量繁多、史传文中的褒贬意识和古文写作的学问色彩与知识化倾向等方面。

姜海军《邵廷采经史之学的传承、诠释及其思想》[《浙江师范大学学报》（社会科学版）2022 年第 3 期] 一文指出，邵廷采是清代前期浙东学派的重要代表人物，他继承并发展了王阳明、刘宗周等人的经学思想，并基于经学努力整合程朱理学、陆王心学，以期重建新的经学思想体系。作为清代浙东学派学术思想的转关者，他在经史之学的解释学方面提出了很多新的思想与方法，比如以经学整合理学、群经互证、经史之学的现实性等，而这些也为之后浙东诸儒的经史学发展提供了重要的学术思想借鉴，更是推动了浙东学派在清代中期的学术转向。

（三）邵晋涵研究

赵庶洋《由〈辽史〉四库提要史源论现存邵晋涵提要分纂稿的性质》（《中国典籍与文化》2022 年第 2 期）一文指出，现存邵晋涵所撰四库提要分纂稿中《辽史》一篇论述辽代史事之文字较之《四库全书总目》，少了部分内容，而据考察可知，二者相关内容均出自钱大昕《潜研堂金石文跋尾》。由此推之，邵晋涵撰写分纂稿时引用钱说，收入其文集《南江文钞》时做过相当程度的修订，删去其中钱氏所引金石文字，《四库全书总目》则保存原分纂稿中这些文字。

（四）全祖望研究

解树明《〈易卦变图说〉为全祖望著作考》（《周易研究》2022 年第 4 期）一文认为，清咸丰十年（1860），《易卦变图说》始由沈映钤付诸梨枣。沈氏认为此书非全祖望之作，后世学者咸承其说。考《易卦变图说》所及著者相关信息，均与全祖望行实、著述相合。此外，周广业《经史避名汇考》《过夏杂录》明确著录《易卦变图说》为全祖望所作，并对书中内容予以征引，所引内容与沈映钤刻本一致。《易卦变图说》作者的考实，不仅对全祖望经学研究尤其是对其易学思想的研究具有推动作用，而且对易卦变图学史的研究具有重要意义。

焦印亭《全祖望补修〈宋元学案〉对黄氏原本的背离初探》（《国学》第十集，巴蜀书社 2021 年 12 月版）一文指出，黄宗羲首创"学案"体的史学著作形式，以备述自宋初迄于明末七百年的理学发展过程。他的《明儒学案》与《宋元学案》成为中国传统的断代学术史的典范，两部著作是我们了解宋、元、明三朝学术发展演变的必读文献。但《宋元学案》难以同《明儒学案》的学术价值相比拟，原因在于《明儒学案》为黄宗羲生前独立完成，集中体现了其哲学观点和立场，全祖望重新编订、修补的《宋元学案》，扩大了学案的范围，未能理解黄宗羲的儒学观念和"理学之儒"严格的学术意义，而使黄氏原著的性质发生很大的改变并招致非议。

陈晨《全祖望〈七校《水经注》〉研究》（郑州大学硕士学位论文，2022 年 3 月）一文对全祖望的《七校〈水经注〉》创作经过、版本流传以及主要内容进行了综合研究。

（五）章学诚研究

2022 年，学界关于章学诚的研究主要集中在章学诚学术思想的综合研究、"六经皆史"说、史学思想、文学思想以及章学诚的文献整理与研究等方面。

1. 章学诚学术思想的综合研究

陈其泰《章学诚学术成就析论》（《学术研究》2022 年第 6 期）一文指出，章学诚在近世学术史上是一位公认的名家，然而由于其所处时代环境的复杂性，其著述的内容和形式不同于流俗的强烈反差性，以及其价值观的超前性等项，使人难以究其底蕴。本文的撰述宗旨是立足学术史演进的视角，在深入发掘材料的基础上，做全面、联系的辩证分析，在纵向上力求揭示章学诚对传统学术精华的继承和发展，在横向上考察其学术主张如何反映出社会的需要，以鲜明的批判性思维体现出其使命意识、担当精神。

陈其泰《别识心裁 辩证分析——读〈文史通义〉札记》[《廊坊师范学院学报》（社会科学版）2022年第2期]一文认为，章学诚所著《文史通义》，既大力继承中华文化的优良传统又勇于创新，具有很高的理论价值。已有的研究成果对于总结其别识心裁、辩证分析的独具风格和理论新创成就尚有明显不足，由于沿袭"单纯考证尺度"而造成的认识误区尚未消除。在学术史研究领域留下的这一大缺憾早该认真补上，尤其是在当前，我们正处于创造性阐释中华优秀传统文化、大力发掘和总结先哲们著作中的中国精神和中国智慧的不平凡时代，章学诚面对时代大变局表现出的探索精神、理论建树、革新勇气和使命意识更显宝贵。对此深入剖析，不仅对于推进清代学术史研究有重要的学术价值，而且对于当下确立"文化自信"也具有重要的理论意义。

薛璞喆《从经史到文史：章学诚学术史观初探——兼论传统学术史观之演进》（《朱子学研究》第三十九辑，江西教育出版社2022年12月版）一文指出，学术史观是指学者对学术发展演变脉络的评论和认识。从我国古代的实践看，庄子《天下篇》首开端绪，经司马谈父子《论六家要旨》《史记》"成一家之言"的发展，又经刘歆《七略》重学术"演变"和刘勰《文心雕龙》重学术"认识"的分途，唐官修《隋志》和刘知幾《史通》延展承续，宋后沿此二途代有袭传，清章学诚《校雠通义》和《文史通义》会通二途于一，堪称学术史观的集大成者。

胡贤林、孙振田《〈七略〉"辨章学术，考镜源流"论析》（《兴义民族师范学院学报》2022年第6期）一文指出，"辨章学术，考镜源流"是清代史学家章学诚文献学思想的核心。但章氏所谓的刘歆撰《七略》意在"辨章学术，考镜源流"的论断，尚须做进一步辨析。《七略》书籍类别的划分，或是学术的客观反映；《七略》书籍性质的归类，亦始于刘歆之前；《七略》书籍的著录次序，并无强烈的"辨章学术，考镜源流"的主观用意；《七略》相关序文称相关的学术出于相应的王官，意在构建以先王为核心、以王官为辅佐的执政体系；《七略》相关序文的论述，并无明显的"辨章学术，考镜源流"之意图。章学诚所言的《七略》"辨章学术，考镜源流"的目的为"宣明大道"，终未能指明《七略》的旨趣在于国家治理实践。

2. 章学诚的"六经皆史"说、史学思想研究

张栩凤、刘毅青《辞章学视域下的章学诚"六经皆史"说》（《粤海风》2022 年第 1 期）一文指出，章学诚的"六经皆史"说，批评家历来多有阐述，但章学诚以辞章学勾连文史，建构理论体系，却未被学者充分注意。葛兆光"史皆文也"将章学诚的文史观和西方后现代史学相联系，窄化"文"之概念，并忽视了中西史观的差异。张少康从表现形式的角度注意到"六经皆史"与"六经皆文"可以相通，此洞见已经趋向于关注辞章，但未做出充分表述。在两位学者的理论成果之上，本文从辞章学切入，将"六经皆史"说放在以语言为本位的文学传统中进行探讨，楬橥辞章之学对章学诚史学观的影响，进而阐发章学诚以辞章为桥梁，破除文史壁垒，通过"文—道"关系实现"以史明道"。

陈其泰《章学诚对学术史演进的卓识——〈文史通义〉札记》[《淮阴师范学院学报》（哲学社会科学版）2022 年第 1 期] 一文认为，章学诚的卓著成就在乾嘉学坛上独树一帜，所著《文史通义》打通"文""史"两大领域，从整体上考察学术史演进的特点和规律，总结历史经验，同时勇于针砭时弊，倡导优良学风。深入探讨其中《博约》（上、中、下）和《浙东学术》《朱陆》等名篇，能够充分地领会其从学术发展出发、以辩证态度做实事求是分析的睿思卓识，这在今天仍然具有宝贵的学术价值和理论价值。

钟岳文《〈文史通义〉：史学理论发展史上的一座丰碑》（《月读》2022 年第 1 期）一文指出，清代的乾隆、嘉庆年间，中国传统学术文化出现了两大发展趋势：一是乾嘉考据学，产生了不少考据学大家，他们撰写的考史著作和考订的古籍可谓汗牛充栋，在考证历史事实和考证史书讹误等方面都取得了辉煌成就；二是文史理论的总结，产生了以浙东学派史家章学诚为代表的批评性与总结性相结合的史学思潮，对 18 世纪以前的中国史学做了系统考察与总结，取得了重大的理论成就，成为中国古代史学理论发展史

上的一座丰碑。

陆力《章学诚史学致用的理论化构建》[《河南理工大学学报》（社会科学版）2022 年第 1 期] 一文认为，章学诚所构建的理论以"道"为基础，共分三层，即天道、人道、先王之道，三者是由普遍性到特殊性，由抽象到具体的过程。在这三层"道"说中，章学诚尤其重视第二层的人道，并以人道为基础将经世致用学理化，并进一步将"六经皆史"纳入其中，从而完成了"六经皆史"理论基础的构建。至此，章学诚成为中国传统史学致用思想的集大成者。

李耀威《以"书教"为义：章学诚〈左传〉文章批评思想》（《人文论丛》2022 年第 2 辑，武汉大学出版社 2022 年版）一文指出，作为史学思想家，章学诚构建出以《尚书》为源头的"书教"谱系，《左传》是其"大宗"，传承"书教"宗旨，可为史书与文章写作之楷模。基于此，章学诚在分析《左传》文章特征时，着重关注其传经之体、体直神圆、详略得宜、不能旁通四大特点，刻意忽视其异事、言辞、笔法等部分。科举教育革新是章学诚弘扬"书教"、实现其文化理想的重要途径。他强调应该对科举教育思想中的直接功利因素加以限制，对教学内容加以扩展和延伸，从而使八股文跳出单纯应试窠臼，达到与儒家经典直接沟通、追求超功利的深层精神价值之目的。章学诚《左传》文章批评是他社会变革方案的重要组成部分。在具体教育实践中，他着重强调《左传》在文体、"入口气"、叙事、论人方面可以作为八股文写作的重要参考。然而，在带有浓厚个人色彩的理论体系中，章学诚对儒家经典展开历史化定位与解读，其主观意愿是将人们从八股束缚中解脱出来，客观上却使经典的"同时代性"特征遭到削弱；再加上他对科举制度的妥协，最终导致他的《左传》文章批评实际影响有限。尽管其中隐含复杂的矛盾与痛苦，这依然可称为中国古典《左传》文章批评的最后一次创新尝试。

王记录《"通史家风"与章学诚的通史思想》（《史学史研究》2022年第 4 期）一文指出，要想准确理解章学诚"通史家风"的内涵，"通"和"家"这两个概念缺一不可。"通史家风"之"通"，既有编纂学意义上的

"纵通"和"会通",也有思想层面上的"通识"和"变通";"通史家风"之"家",以"家学"为中心考察史学宗旨之承变,从"家学"到"《春秋》家学"再到成一家之言的"通史家风",建立了"通史家风"与"《春秋》家学"之间的精神联系。章学诚比较了"通史""集史""断代史"的差异,认为三者"家法"不同,宗旨有别,将似通而非通的史著排除在通史之外。章学诚认为,"专家之学"和"别识心裁"是通史撰作的最高境界,"别识心裁"既体现在体例上,又体现在史义上。以"通"论"家","家"因"通"而明源流;以"家"衡"通","通"因"家"而分类例,这是章学诚通史思想的最大特点。

李长春《章学诚历史哲学中的知识问题》(《哲学研究》2022 年第 7 期)一文指出,章学诚把历史视作道体的"成象",把人类对历史的认知看成对"成象"的"效法"。这样,"象"既是连接历史本体和历史认知的桥梁,又是认知活动得以成为可能的条件。道体的"成象"有时间性,人对"成象"的"效法"也就有时间性。人类求知既以接受时间性为前提,又需不断寻求对时间性的超越。章学诚把各种不同的知识类型视作时间性在人类求知活动中的呈现,不同知识类型又根源于人的不同禀赋。深刻认识知识类型和个体禀赋之间的关系,立足个体禀赋来克服流行的知识类型的局限,这样的求知活动才是对道体的深切体认。

3. 章学诚的文学思想研究

张蕴艳《从章学诚〈文史通义〉的整全性与精神性看近现代中国文论的源流》(《学术月刊》2022 年第 4 期)一文指出,在当代"后理论"语境下,从文论的视角,将章学诚的《文史通义》放在中西"精神谱系"或"学术源流"的脉络上来加以考察,可见前现代时期即中国近现代文论发轫期之精神谱系的整全性、精神性。《文史通义》对"道"之"三人居室"特性的解释与"道器合一"的整全性追求,对"史德"与"文德"相辉映的"纵横之辞"的回溯,对"易""气""理""情""性"等生生之精神的提炼与重振,为近现代中国文论史与学术精神史的续写埋下了深远的伏笔。

汪莹《章学诚古文系统建构与古文批评实践研究》（安徽大学硕士学位论文，2022 年 3 月）一文指出，章学诚是清代著名的文史大家。文家与史家的双重身份极大地影响了后代研究者对其阐释的视角和重心。章学诚对古文系统的建构，源自他对史的推重。从这一系统出发，他对古文进行了别出心裁的解构与重建，完整且清晰地体现其文史融通的努力。唐宋八大家与桐城派作为古文言说的代表，自然而然成为章学诚批评的对象。

刘锋杰《章学诚的艺术论：在"工"与"徒善"之间》（《古代文学理论研究·中国文学思想的跨域探索》第五十五辑，华东师范大学出版社2022 年版）一文指出，章学诚反对"工文则害道"说，重视文学的自身特性；主张"言之有物"，重视创作的表现情志；揭示古文十弊，强调文学的真实性。但以"史文"评"诗文"时，不能完整地体认诗文属性。他徘徊在"工"与"徒善"之间，当其重视工巧时，探讨文学的艺术性；当其偏向反对"徒善"时，则落到轻文倾向中。

陈光《学术中心论的理论建构——章学诚"文德"新探》（《文艺评论》2022 年第 5 期）一文指出，传统学术视野下对"文德"的考察，以"心术"为勾连，以"史德"释"文德"，进而形成创作论和批评论两个领域的理论诠释，最终落脚于作者与批评者的态度与方法。以"史德"释"文德"的诠释方法未能尽章学诚"文德"的全部内涵，创作论与批评论的两分亦不符合章氏的立言初衷。立足章学诚的整体学术视野会发现，"文德"指向的是治学者在"乃衷于道"这一文之根本属性的指导下，如何使学术性著述活动达于道的理论设计。"文德"与"辨章学术，考证源流"皆属于章学诚学术中心论的理论建构体系。

4. 章学诚的文献整理与研究

曹天晓《章学诚集外文三篇辑考》（《古籍研究》总第 76 辑，凤凰出版社 2022 年 12 月版）一文从清人族谱、别集、方志类文献中得章氏各体文章三篇，皆为《章学诚遗书》所未收者。这三篇文章均作于嘉庆元年（1796）以后，对于章学诚晚年的教育思想、文章学观念及生平交游情况有所揭示。

（六）王梓材、冯云濠研究

由于文献不足征，学界对王梓材、冯云濠的研究相对滞后，但是 2022 年学界公开发表的论文中也有涉及王梓材、冯云濠对编纂《宋元学案》的贡献，比如谢向杰的《〈《宋元学案》黄璋校补稿〉的成稿与流传》（《东方博物·金石书画》，上海书画出版社 2022 年 11 月版）。

五、以文学见称而兼通经史之学者——李邺嗣、郑梁、郑性、郑大节、郑勋研究

2022 年，学界不见有研究李邺嗣、郑梁、郑性、郑大节、郑勋的论文。

六、以历算学见称而兼通经史之学者——黄百家、陈讦、黄炳垕研究

2022 年，学界不见有研究黄百家、陈讦、黄炳垕的论文。

七、清代浙东经史学派的尾声——黄式三、黄以周研究

2022 年，学界不见有研究黄式三、黄以周的论文。

第二节　清代浙西朱子学研究

明代中晚期，朱子学尊崇地位被阳明心学冲击，明清之际又经顾炎武、黄宗羲、王夫之等学者的批判，朱子学正统地位受到严重威胁。清初由于最高统治者特别是康熙对朱子学的推崇，朱子学又逐渐复兴并盛行起来。上章提到的张履祥，与黄宗羲一样，也是明末大儒刘宗周的弟子，但与刘宗周、黄宗羲系广义的"阳明学者"不同，亡国之痛，促使张履祥深刻反思"王学"

（阳明学）之弊，最后摒弃"王学"，一意归本程朱理学，是清初典型的"由王返朱"的学者。作为理学家的张履祥，不务虚谈，践履笃实，为廓清明末阳明后学清谈杂禅之风做出了贡献。他虽终身未曾显达，但对于程朱理学在清初浙西的复兴与发展起到了重要作用。可以说，在清代初期的浙江已经形成了一个以张履祥为领袖，以吕留良、陆陇其为骨干的"清代浙西朱子学派"。

一、张履祥研究（存目）

2022 年的张履祥研究，已在上章"明代浙学研究"中胪列，兹不赘述。

二、吕留良研究

何善蒙《明清易代之际的批判理学：再论吕留良理学思想的基本定位》（《浙江社会科学》2022 年第 4 期）一文指出，以往对于吕留良理学思想的讨论，基本上都是以"尊朱辟王"来概括。实际上"尊朱辟王"的说法并不合适，因为这样的解释是比较含糊的，不能很准确地表达吕氏所处时代的思想状况、吕氏本身对于自我身份的认同以及吕氏思想的基本价值倾向。有鉴于此，对于吕氏理学思想的概括可以视为"批判理学"，这样更能体现处于明清易代之际以遗民身份自限的这样一种具体的理学思想形态。吕氏理学思想显然是批判王学的，但是又跟一般意义上的朱子学不一样，这是由吕氏所处的特殊生活氛围和身份意识所决定的。

三、陆陇其（陆稼书）研究

2022 年，学界有 2 篇关于陆陇其研究的论文。

任莉莉《〈正谊堂全书〉本〈问学录〉删节问题研究》[《华南师范大学学报》（社会科学版） 2022 年第 6 期] 一文指出，陆陇其《问学录》在理学传播史上占有重要的地位，是陆陇其宗述朱子理学的代表性著作。该书结成后，在陆陇其生前未能刊印，后出现多个版本。其中，张伯行于康熙四十七年

（1708）刊刻的《正谊堂全书》本《问学录》较之原本在篇幅上有大量删节，而光绪十六年（1890）《陆子全书》本可见《问学录》原本全貌。陆陇其撰辑此书的宗旨是"嘉、隆以来阳儒阴释之学，悉抉其疑似而剖其是非"，力辟姚江之学以尊朱子。张伯行刊刻是书时，自谓"特删去其辨难牵引之太繁者"，原书著录 250 条，《正谊堂全书》本共删去 108 条。学界对于《问学录》这两种版本现象尚未予以关注，有必要对此书删节一事加以探析。

胡梦飞《清代文人行记中的大运河——以陆陇其〈三鱼堂日记〉为中心》（《沧州师范学院学报》2022 年第 3 期）一文认为，清代众多文人墨客经运河北上或南下，在其行记中留下了众多有关运河风情的记载和描述。在这些文人行记中，陆陇其所撰写的《三鱼堂日记》无疑是较有代表性的作品之一。《三鱼堂日记》共 10 卷，收录了陆陇其在康熙五年（1666）至康熙三十年（1691）间所写的多篇旅行日记，其中对往返运河的见闻做了详细记载，尤其对当时山东运河和淮扬运河水工设施、城镇风貌和名胜古迹的记载和描述，可与正史、地方志等史料相互印证，为深化运河水利史和区域社会史研究提供了重要参考。对其日记分析和解读，有助于我们了解清初运河的历史变迁。

第三节　乾嘉考据学中的"浙派"研究

清代中前期，乾嘉考据学成为传统学术思潮的主体。学界通常认为，清代考据学主要分为以惠栋为首的"吴派"，以戴震为首的"皖派"，以焦循、汪中为代表的"扬州学派"，其实还应该有以卢文弨等为代表的"浙派"。在清代中前期，毛奇龄、朱彝尊、胡渭、姚际恒、查慎行、杭世骏、翟灏、齐召南、梁玉绳、卢文弨、孙希旦、吴骞、陈鳣、严可均、洪颐煊、姚振宗等一大批浙江籍学者为清代考据学的繁荣而著书立说，助推了考据学在浙江的实践与发展。此外，乾嘉之间，阮元任浙江学政、巡抚期间，对乾嘉之际浙江考据学（"浙派"）的发展也有助力。

一、毛奇龄研究

2022 年的毛奇龄研究，集中在探讨他的经学与著作考辨研究。

乔娜《回归原典：毛奇龄〈孝经〉学的学术史意义》（《故宫博物院院刊》2022 年第 11 期）一文指出，《孝经刊误》和《孝经定本》分别是朱熹和吴澄改易《孝经》文本的著作；《孝经问》是毛奇龄反对改易《孝经》的著作。本文从《孝经》成书和章次章名、今古文、分经传和改易等方面论述了朱熹、吴澄和毛奇龄三人所论《孝经》学观点的异同，并从经学思路、文本来源等角度分析了三者不同的原因，进而总结了毛奇龄以回归原典为指归的《孝经》学的学术史意义。

周永泽《毛奇龄乐律学著述阐微》（《中国民族博览》2022 年第 7 期）一文认为，毛奇龄著有三部乐律学专著，均收录于收书取舍极为严苛的《四库全书》中，这在所有清代学者中也是较为罕见的。然而学界对其乐律学著述研究仍较为薄弱，且研究多限于其音乐思想方面的研究，对其乐律学原理的解读考量不足，对其在清代乐律学史中的地位与研究价值观照不足。

陈伟文《毛奇龄〈曹伯母寿〉考辨》（《红楼梦学刊》2022 年第 3 期）一文指出，孙林海《毛奇龄〈曹伯母寿〉考》认为，诗中曹伯母指曹寅之母孙氏，并据此材料否定曹寅母卒于康熙四十五年享年 75 岁的传统观点。但事实上，孙先生对毛奇龄诗存在误读，此诗与曹家史料并无吻合之处，诗中的曹伯母不可能指曹寅母。曹禾与毛奇龄同举康熙十八年博学鸿词科，康熙二十四年时任侍读之职，其年曹禾之母正好 80 岁，曹禾父曹玑为明遗民，忧国以死，凡此皆与毛奇龄《曹伯母寿》一一吻合，证明曹伯母应指曹禾之母。

二、朱彝尊研究

2022 年，学界的朱彝尊研究主要围绕朱彝尊的人物交游、文学（诗、词）思想、金石书法、著作文献而展开。

（一）朱彝尊人物交游研究

胡愚《朱彝尊典试江南所得士丛考》（《嘉兴学院学报》2022 年第 1 期）一文认为，朱彝尊于康熙二十年（1681）出任江南乡试副主考。将此科乡试作为科举史中的一个片段进行个案考察，并以所考举人之生平、科名、官职、政声、艺文诸方面，勾勒其群体面貌，分析与研讨了举人考中进士之比例、落榜待选等问题。朱彝尊与这些举子的交往行迹，对探究清初的人文生态也有助益。

黄鹏程《论朱彝尊的酬赠诗与仕隐心态》（《中国诗歌研究》第二十三辑，社会科学文献出版社 2022 年 10 月版）一文认为，酬赠诗的研究应当回到诗人具体的创作场域，符合酬赠诗的社交属性与功能。在博学鸿儒科征聘的背景下，清初诗人朱彝尊的酬赠诗数量显著增加。他积极参与京城的文学活动，酬赠诗是其融入京城诗坛的社交媒介，并在出处矛盾中表达对出仕的渴望。出于维系官场交际圈的需要，朱彝尊的部分酬赠诗缺乏真情实感并具有模式化的局限，背离了他的诗论追求。对此，朱彝尊力求创作的"客中见主"，其酬唱诗表达对官场的厌倦和对田园生活的向往，也承载着排遣愤懑、纾解压力的功能，体现了朱彝尊仕隐心态的嬗变过程。最终，朱彝尊对酬赠诗的认知有所转变。

（二）朱彝尊文学（诗、词）思想研究

吉倩《朱彝尊题画词研究》（《汉字文化》2022 年第 20 期）一文认为，朱彝尊创作的题画词题材广泛，内容丰富，反映了其交游题赠活动。朱氏还借题画词咏史抒怀，表达对民生疾苦的关注等思想情感。朱彝尊题画词语言清丽，风格清空淳雅，在一定程度上体现其词学主张。

夏志颖《朱彝尊〈解佩令·自题词集〉新探：文本索隐、词史观照与典

范生成》（《中华文史论丛》2022 年第 3 期）一文认为，朱彝尊的词体创作与理论之间存在时间错位，康熙十一年（1672）至十八年，是朱彝尊形成其个性化词学观的关键时期，在此之前，他并无自觉的词学观；在此之后，其词学观影响渐广，但本人之创作热情急剧消退。朱氏《解佩令·自题词集》只能对应康熙十八年《浙西六家词》本《江湖载酒集》，是划分其词学道路的重要界标。该词对艳情题材的反复阐说，与清初词坛艳词话语中的焦虑、悔尤心态相呼应，也反映出朱彝尊与试"博学鸿词"时的幽微心理。《解佩令·自题词集》成为后人解读朱词的重要依据，词中对词学师法、写作特点的自陈在后世词论中得到持续演绎，而该词的体、调、韵、语句同样泽被深远，这些因素共同推动其跻身清词名篇之列。

张宏生《相似的内涵与不同的思路——朱彝尊和张惠言关于比兴寄托的论述及其后学的接受》[《苏州大学学报》（哲学社会科学版）2022 年第 5 期]一文认为，比兴寄托是中国文学的重要命题。朱彝尊和张惠言是清代最重要的两个词派——浙西词派和常州词派的领袖，他们的词学理论中都涉及这个问题，而且内涵有相似之处，但朱彝尊本人对此在理论和实践上都并无进一步发挥，其后学也并不将其作为朱彝尊的重要理论贡献。朱彝尊的两篇序主要的动机是尊体，并提倡南宋词学。张惠言则不仅有意识地提出了比较全面的理论，而且更加契合时代、社会和当时的士人心态，因而得到了后学的热切追随，并推动了整个清代词学走向了新阶段。清代学术非常重视师法，这两个词派的后学的传承和选择，可以从一个角度认识朱、张的核心理论，也可以揭示这两个词派在发展过程中的重要特色。

刘梦园《集句词艺术形貌探微——以朱彝尊〈蕃锦集〉为例》（《汉字文化》2022 年第 18 期）一文认为，清词大家朱彝尊的词作成就历来为词学界首肯，而其集唐诗为词的《蕃锦集》在清代词话家中得到的品评却褒贬不一，主要还是因为词话家们对集句这一特殊文学样式的态度有别。本文从探究集句及集句词的内在成因出发，分析集句在修辞上作为引用格，在内容上尚好对句对于集句形成的影响；并以朱彝尊的《蕃锦集》为例，剖析集句词所具有的特殊艺术形貌及其反映出的诗词意象的特质。

陈桑闲《朱彝尊〈鸳鸯湖棹歌〉中的嘉兴运河文化研究》(《嘉兴学院学报》2022 年第 5 期)一文认为,《鸳鸯湖棹歌》并不是朱彝尊本人最看重的作品,但却是他作品中极为特殊的一部分,被称为"有韵的地方志"。从《鸳鸯湖棹歌》里描绘的水乡文化的重要成因——湖泊与河流,再到湖泊与河流背后的情感折射——思乡之情,找到了"大运河"这条线索,把诗歌中"名胜古迹""地方特产""经济贸易""风情民俗""历史人物"等描写串联在一起。从创作背景上看,竹枝词和棹歌等民歌的合流以及朱彝尊在异乡漂泊时对故乡的怀念,是其诞生的主要原因;从内容上看,风土百咏组诗看似散漫,实则亦有自己的逻辑体系;从运河与嘉兴、运河与诗人两方面论述了为什么运河文化成为《鸳鸯湖棹歌》的逻辑主线,大运河是怎样将诗歌中描写的名胜古迹、繁荣的经济贸易、水乡文化民俗等内容紧密联结起来的。

殷红《"南书房旧史":朱彝尊的词臣身份认同与诗风嬗变》(《明清文学与文献》第十一辑,中国社会科学出版社 2022 年 8 月版)一文认为,作为一名曾经的抗清志士,朱彝尊词臣身份认同的产生、发展与最终形成是康熙朝士人心态转变颇具代表性的重要景观。它所带来的朱彝尊创作上的应制化倾向顺应了康熙朝施行文治与建构正统性的时代需要。

陈灿彬《嘉兴后学与朱彝尊诗注的再生产》(《文献》2022 年第 2 期)一文认为,清代可考的朱彝尊诗注共有十六种,注者群体以嘉兴府士人(同里后学)为主。诗注的编纂和刊刻主要受社会风气、士人趣味、文本的地域性、注本的象征性等方面影响和推动。流传最广的江浩然、杨谦、孙银槎三家注本以及新发现的李富孙批语过录本在文献的层累中不断更新,其递进关系可以给未来的汇注指明方向,其开放性则昭示着再生产过程的循环往复。"诗注再生产"是文学史上颇为普遍的现象,其机制、策略、过程虽然各有不同,但都能由此扩大文集影响力,成为作家经典化的重要一环。

(三)朱彝尊金石书法研究

谢继帅《朱彝尊自用印的分类统计与考释》(《中国书法》2022 年第 8 期)

一文认为，目前已知的朱彝尊自用印，以印文内容计算共有六十余种，主要可分为姓名字号印、里籍门第印、生辰排行印等七类。这些印鉴不少是出自徐贞木、徐寅等篆刻名家之手，形制、材质多种多样，而印文信息又常可与传世文献相互补充印证。通过具体分析印文内容，我们可以对朱彝尊的日常生活与精神世界获得许多比较感性的认识。

（四）朱彝尊著作文献研究

崔晓新《朱彝尊著述补正九则》（《嘉兴学院学报》2022年第1期）一文认为，朱彝尊著作等身，然大量著作由于未成书、未曾刊刻、流传不广或代人所作等原因而鲜为学界知晓。吴梁的《朱彝尊著述考略》、杜泽逊的《朱彝尊著述续考》、王卓华的《康熙博学鸿儒著述考》、张宗友的《朱彝尊著述补考》先后对朱彝尊著述作有钩稽，近又续得朱氏著述2种，另有对学界已有相关成果之补正者7种，今列于此，以补正前文所未备。

闫茂华《朱彝尊〈曝书亭集〉茶事考》（《农业考古》2022年第5期）一文认为，《曝书亭集》为其重要的文学著作，挖掘整理散见于各篇章中的茶文化内容，考察其茶事活动，可以发现在他的爱情、亲情、友情、乡情、同僚情、师友情中都充满着浓浓茶意。浅析朱彝尊的茶事活动，不仅有利于充实朱彝尊研究，对丰富茶文化的内容也不无益处。

三、胡渭研究

2022年，研究胡渭的论文有1篇。

秦旭楠《胡渭〈洪范正论〉中的神秘思想辨析》（《重庆第二师范学院学报》2022年第2期）一文认为，《尚书》的《洪范》篇首提"五行"概念，是后世五行灾异说的原始依据之一。汉时刘歆将《洛书》传说与《洪范》联系起来，成为后世解经中神秘思想的源头。胡渭笃信天降《洛书》，他的《洪范正论》对汉代以来洪范学中的"诬枉"之说进行矫正，构建起颇具神秘色彩的、以五行为中心的天人感应体系。胡渭《洪范正论》中的神秘思想体现了他对孔孟天人感应观念的继承与发展。

四、姚际恒研究

2022 年，不见有研究姚际恒的论文发表。

五、查慎行研究

2022 年，学界研究查慎行的论文有 2 篇。

王新芳、张其秀《论查慎行"熟处求生"诗学理论与明代书画论之关联》（《古代文学理论研究·中国文学思想的跨域探索》第五十五辑，华东师范大学出版社 2022 年版）一文认为，对于查慎行诗学理论中"熟处求生"的含义，目前学界均理解为一种创新精神，甚至有学者认为查慎行在反复吟咏同一题材中求新求变，即所谓"熟处求生"。其实仔细追寻查慎行"熟处求生"的来源后可以发现，此语出自宋代的禅宗话头，亦受到明代书画理论中"练熟还生""熟外生"说的直接影响。其所谓"生"，是指绚烂至极、归于平淡的艺术境界，这才是查慎行"熟处求生"的真正内涵。故而查慎行诗论中的"熟处求生"，是对明代书画理论"练熟还生"说的移植。且在追求平淡自然这点上，查慎行的"熟处求生"与其崇尚白描的艺术倾向又恰好相互交融，故不宜从字面上望文生义地解读成艺术创新。

王新芳《从查慎行〈初白庵诗评〉看其"唐宋互参"诗学理论》（《中国诗歌研究》第二十三辑，社会科学文献出版社 2022 年 10 月版）一文指出，学界此前多认为，查慎行提出"唐宋互参"是宋诗派"借唐兴宋"的策略，而从《初白庵诗评》的角度来看，其所谓"唐宋互参"乃是折中唐宋、兼法历代诸名家之义，"唐宋互参"的精神实质是兼综与包容。从《初白庵诗评》的评点力度来看，学杜和学苏是"唐宋互参"之核心与具体体现。查慎行能够选取唐宋两朝诗歌成就最高的杜甫和苏轼作为主要师法对象，表现出其对诗学史极为敏锐的洞察力及其取法乎上的眼界与抱负。然而由于受《四库全书总目提要》的影响，学界对查慎行诗歌一直有着学苏、学陆的偏颇概括，这使得其"唐宋互参"中的"唐诗宗杜"部分一直被遮蔽与掩盖。

六、杭世骏研究

2022 年，研究杭世骏的论文有 2 篇。

叶子鹏《杭世骏〈三国志补注〉特点研究》（《名家名作》2022 年第 1 期）一文认为，杭世骏以裴松之"集注尚有阙焉，因更广采异闻"作《三国志补注》，在裴注的基础上增补逸文，欲以博洽胜之。是书广征博引，兼具考证，尤善地理，既注"陈志"又兼注"裴注"，因其噬奇爱博，多有纰漏。然"是书虽繁芜，而未可尽废矣"，其文献和史学价值不容忽视。

刘欢萍《"买卖破铜烂铁人"——乾隆南巡期间的杭世骏》（《古典文学知识》2022 年第 3 期）一文认为，乾隆南巡期间，杭世骏与乾隆皇帝之间的交往生发出不少颇有意趣的遗闻轶事，它们在清人野史、笔记、小说中被广为传写。

七、翟灏研究

万久富、朱春红《翟灏〈通俗编〉吴方言词疏证举隅》（《语文学刊》2022 年第 6 期）一文认为，翟灏《通俗编》具有汉语词源学研究价值、汉语词汇史研究价值、汉语方言词汇史研究价值、汉语语汇史研究价值。

八、齐召南研究

2022 年，未见有研究齐召南的论文。

九、梁玉绳研究

李淑燕《梁玉绳研究》（上海古籍出版社 2022 年 8 月版）一书对于梁玉绳的研究主要包括三个大的方面：一是考察梁玉绳的家世、生平和交游，揭示梁氏家族文化世家背景和其结交学者以及乾嘉时代的学术氛围对其治学的影响；二是考察梁玉绳的学术特点和治学方法，总结梁氏在取证广泛、考证严密、长久专于一事等方面，既具有乾嘉考据学的总体特色，又反映出个人所独有的特点；三是对梁氏《史记志疑》《人表考》《元号考》《志铭广例》《瞥记》《蜕稿》等著作进行详细解析。

十、卢文弨研究

2022 年，学界研究卢文弨的论文有 3 篇。

邵岩《卢文弨、吴骞校补〈千顷堂书目〉史部地理类方志目录再校》[《宁波大学学报》（人文科学版）2022 年第 3 期] 一文认为，《千顷堂书目》是明清之际著名藏书家、目录学家黄虞稷以自家藏书为基础，广为搜寻明代文献典籍编撰而成的明代经籍目录。《千顷堂书目》问题较多，清代诸多藏书家都曾为之校补，其中有卢文弨和吴骞。卢、吴二人依据不同底本，考订时代分类，校正文字，增补条目、注文等，取得不小成绩。然而，经校补后的书目仍存诸多问题，卢、吴二人尚有遗校、误校之处。以卷六至卷八史部地理类方志目录为中心，校出卢校误八则、吴校误十九则。

李小荣《卢文弨称〈目连戏〉为"目连变"原因之蠡测》（《闽江学院学报》2022 年第 1 期）一文认为，卢文弨《钟山杂记》之所以把优人所演《目连戏》称作"目连变"，主要原因有三：一是祭厉仪式中《目连戏》演员的扮相变化；二是《目连戏》禳灾时的依通灵变；三是目连大戏的百戏或幻戏场景，其怪诞不经所体现的戏剧闹热性，突显了它从祭神到娱人性质的巨大转变。而卢氏所说"优人演《目连变》"时目连戏之种类，当指宗教仪式、仪式剧和戏剧大戏，而非一般意义上的折子戏。

韩超《卢文弨〈群书校正〉的真伪及其价值》（《清史研究》2022 年第 1 期）一文认为，中国国家图书馆藏有两部《群书校正》，《北京图书馆古籍善本书目》著录为"清卢文弨撰"，其体例类似《群书拾补》，为校记汇编之作。然而，与《群书拾补》被广泛称引不同，此书鲜有学者提及或利用。因此，有学者提出此书非卢文弨所撰。若此论成立，以此书为依据的研究成果都将存疑。作为清中期重要的校勘学家，卢氏校勘成果向为学者所重，故辨明此书真伪，对于认识此书价值及推动相关研究具有重要作用。

十一、孙希旦研究

2022 年，未见有研究孙希旦的论文。

十二、吴骞研究

张贺《吴骞〈拜经楼诗话〉及其诗歌批评理论研究》（安徽大学硕士学位论文，2022 年 4 月）一文以吴骞的《拜经楼诗话》《拜经楼诗集》《愚谷文存》等著述为研究对象，旨在考察其诗歌批评理论，力求全面客观展现吴骞在清代诗歌批评领域的贡献与成就。

十三、陈鳣研究

彭晓丽《陈鳣〈论语古训〉研究》（曲阜师范大学硕士学位论文，2022 年 3 月）一文指出，陈鳣诠释《论语》以训诂为重，兼论经义。在对《论语》具体篇章的训释上，陈鳣通过详考文字音形流变、考释实词和分析虚词，以期还原《论语》真义；并在完备训诂的基础上，对儒家君子观和孝道观深入阐发。陈鳣治经以郑玄为学术宗主，对郑玄《论语注》推崇备至，在《论语古训》中从尊崇郑注、推衍郑义和修正郑说三个角度捍卫郑注。《论语古训》娴熟运用文献考据方法，通过《论语》与经学、史学文献的互证，从而达到实事求是的解经目标，所得结论大多能够自圆其说，亦能发前人之所未发，具有一定新意。此外，在训解《论语》的过程中，陈鳣对传世孔注《古论》的真伪问题形成了初步认识，他主张《集解》所引孔注为何晏伪作，这一观点对清代及后世学者有一定启发意义。《论语古训》广征博引，训解详备，在清代及《论语》学研究史上别具一格，具有重要的史学价值，对今人研究《论语》仍具有重要参考意义。

十四、严可均研究

2022 年，研究严可均的论文有 1 篇：陈鸿森的《严可均〈尔雅一切注音〉

跋》（《中国经学》第三十辑，广西师范大学出版社 2022 年 8 月版）。

十五、洪颐煊研究

2022 年，学界不见有研究洪颐煊的论文。

十六、姚振宗研究

2022 年，学界研究姚振宗研究的论文有 3 篇。

李兵《台图藏姚振宗誊清稿本〈后汉艺文志〉的校勘价值》（《古籍整理研究学刊》2022 年第 4 期）一文认为，姚振宗《后汉艺文志》素以收书全面、体例完善、考证详明而著称。台北"国家图书馆"藏姚振宗誊清稿本《后汉艺文志》四卷，在该书现有版本中，此版本时代更早，错讹较少，质量更高，但却长期被研究者所忽略。经校勘全书，与通行本相比，台图本可改正其误字 30 处，可补充其缺漏 31 处、删除其衍文 4 处，可更正其误倒 19 处。今后整理研究该书，应充分利用台图本。

傅荣贤、房亮《姚振宗〈七略别录佚文〉略论》（《大学图书馆学报》2022 年第 3 期）一文认为，姚振宗《七略别录佚文》虽以"佚文"为名，但并不从辑佚学的角度"以搜辑佚文为事"；而是从目录学的角度"推寻端绪"，努力复原《别录》的体制，其《七略别录佚文》也成为最接近《别录》本来面目的文本。具体而言，他将《七略》《别录》作为"二书"分别写录，揭示了两者一为校雠学、一为目录学的学科分殊；分析《别录》成书始末，显示《别录》存在两个版本，一是"随竟奏上，皆载在本书"的单篇叙录，二是"时又别集众录"而成的第二个版本。以此为据，可知第一个版本只有基于校雠分工的简单分类，第二个版本则完整地承绪了《七略》的分类体系。此外，姚振宗收录《战国策》等八篇相对完整的叙录，也反映了他的灼见。然而，姚振宗也存在以荀悦《汉纪》"为《辑略》之文"、因没有认识到《汉志》班固注兼取《别录》《七略》而将班注全部移录为《七略》佚文等方面的不足。

　　房亮、傅荣贤《姚振宗〈七略佚文〉对〈七略〉体例的复原及其得失》（《图书情报工作》2022 年第 8 期）一文认为，姚氏《七略佚文》不仅在辑佚学意义上指向《七略》的复原，成为最为接近《七略》原貌的文本；也在目录学意义上，揭示了《汉志》基于"史志之例"而生成的目录学新范式，重建了目录学的框架结构，从而也改变了传统目录学动称"依刘向故事"的叙事模式。由此，姚氏《七略佚文》也超越了诸家争胜于所辑条目多寡的辑佚学层次，成为聚焦"体例"的目录学之作。

十七、阮元与浙学研究

　　2022 年，关于阮元与浙学的研究性论文有 4 篇。

　　夏勇、李敏《上图、甬图藏阮元〈两浙𫐐轩录〉稿本考论》（《古籍整理研究学刊》2022 年第 5 期）一文认为，上海图书馆与宁波图书馆各藏有一部阮元辑《两浙𫐐轩录》的稀见残稿本。该本较之《两浙𫐐轩录》嘉庆刻本与光绪十六年（1890）浙江书局重刻本这两部常见刻本差异甚大，主要表现在诗人、诗作、小传、文字、编排方式乃至其他信息等方面。它应是阮元主持编刻《两浙𫐐轩录》过程中的一个阶段性产物，成书时间约在嘉庆三年（1798），后因阮元官职调动而未能及时编定刻印。其中既包含大量刻本所无的诗人、诗作、小传乃至其他信息，又可据以考察该书编者的诗学取向与编纂模式，文献价值相当高。

　　李霏《阮元与嘉道时期浙地金石学风尚》（中国美术学院博士学位论文，2022 年 6 月）一文以阮元在浙江的金石活动为研究对象，旨在探究阮元对嘉道时期浙地金石学的风尚转变及其流衍的作用与意义。阮元抚浙期间的金石活动，对后世影响深远者有四：一为摹刻天一阁本宋拓《石鼓文》；二为摹刻南宋王复斋所辑宋拓《钟鼎款识》；三为辑释私家所藏铜器铭文，编撰《积古斋钟鼎彝器款识》；四为搜访浙东、浙西地区金石古迹，撰成《两浙金石志》。论文以上述拓本和著作为主要研究材料，尝试将阮元金石鉴藏的理念和旨趣还原到历史情境中，具体从人际、空间、地缘关系和图像媒介等方面展开研讨，以冀深化阮元金石学活动与地域文化关系的个案研究。

陈伟《阮元〈两浙金石志〉订补七则》（《图书馆学刊》2022 年第 2 期）一文认为，阮元《两浙金石志》收录浙东、浙西地区自秦至元之金铭石刻，种类颇夥，价值丰富，在金石学和目录学领域内皆有重要意义。但所录碑文及考证亦间有脱漏或讹误之处，现将阅览过程中所见之七条讹脱进行订补，以使该书更趋完善。

郭月圆《阮元与乾嘉浙学》（浙江工商大学硕士学位论文，2022 年 1 月）一文指出，阮元是有清一代极具代表性的学者型官员。在浙江，阮元先后任浙江学政、浙江巡抚，宦浙长达十二载，有充足的时间实现其学术理想。他在浙期间的种种学术文化举措，对乾嘉时期浙江学术有着重要影响。

另外，陈东辉编著《阮元研究文献目录》（台北经学文化事业有限公司 2022 年 1 月版）一书，对海内外学界的阮元研究论著予以全面汇辑。

第四节　明清之际与清代中前期的其他浙学家研究

在明清易代之际至清代中前期，浙江籍的著名学者还有沈德符、陈元赟、谈迁、张岱、朱舜水、查继佐、潘平格、李渔、沈光文、应㧑谦、沈昀、毛先舒、姜宸英、吴任臣、毛际可、吴之振、王崇炳、袁枚、桑调元等，他们在文学、史学、理学等各个领域也有创造性的学术成果，故而属于广义的"浙学家"范畴。

一、沈德符研究

2022 年，不见有研究沈德符的论文。

二、陈元赟研究

2022 年，不见有研究陈元赟的论文。

三、谈迁研究

2022 年，不见有研究谈迁及其著作的论文。

四、张岱研究

2022 年的张岱研究，主要围绕他的文学思想、哲学思想、文化传承意识等展开。

（一）张岱文学思想研究

倪文燕《记忆与认同——张岱〈陶庵梦忆〉〈西湖梦寻〉的回忆性书写》（《三门峡职业技术学院学报》2022 年第 2 期）一文指出，《陶庵梦忆》《西湖梦寻》是张岱在明亡后所作，充满了对过往的追思与认同。张岱通过对记忆文学化的复述强化自己作为明代晚期文人的文化身份，以此抵抗其身为清朝边缘遗民的身份现实。同时，张岱对明王朝强烈的政治认同也影响着他的文学书写，《陶庵梦忆》和《西湖梦寻》虽是散文但依旧暗含其政治倾向。张岱通过对明朝盛世时空的书写抵抗现实，表达自己对旧朝的忠诚，但旧日早已成梦，由此张岱的散文书写总是有一丝抹不去的感伤。

董守轩《人性解放思潮下张岱哀祭文的抒情艺术》[《湖北经济学院学报》（人文社会科学版）2022 年第 6 期] 一文指出，张岱的哀祭文在晚明诸家中独树一帜，具有鲜明的个人色彩和极高的艺术价值，其文主要以倒叙式回忆、穿插性细节和曲折的语言进行抒情，情感性和艺术性极强。张岱哀祭文将对亲朋故友的伤怀和对历史变迁的思虑融为一体，以不拘格套的抒情艺术呈现出来，既继承了前代文章之长，也增添了新的时代内涵，对后世哀祭文的发展有着重要意义。

韩叶林《论张岱对陶渊明的接受——以诗歌为中心的考察》[《西安文

理学院学报》（社会科学版）2022 年第 2 期] 一文指出，明末清初文学家张岱在精神思想与诗格诗法上体现为对陶渊明的接受，并在此基础上实现了升华与拓展。精神思想上，张岱与陶渊明有着相似的人生经历，主体人格精神承续了陶渊明；与此同时，其生活理想与文艺思想又是对陶渊明思想的升华。诗歌创作上，张岱的田园山水诗、饮茶诗等是对陶渊明田园诗、饮酒诗等的效仿，体现了张岱对陶渊明生活志趣的认同、接受与践行；同时，他所创作的纪行诗、山林诗以及咏方物诗又是对陶诗题材与表现范围的开拓，体现了张岱独特的审美情趣以及生活美学。借此可以窥见晚明清初独特的社会、文化生活面貌下的文人心理与艺术趋向。

马露、汪芳启《论张岱〈陶庵梦忆〉中的"痴人"形象》（《德州学院学报》2022 年第 1 期）一文指出，"痴人"或呆傻，或癫狂，或执迷。张岱主观摒弃"痴"的贬义，由衷地欣赏众多耽于所爱、精于所爱的"痴人"。《陶庵梦忆》中的诸多"痴人"皆是晚明时期真实存在的人物，张岱不仅仅从回忆中撷取他们的典型事件进行描述，而且下笔言不避俗，语多谐趣，着重还原、突出人物的"深情"与"真气"。"痴人"形象的塑造遵循了张岱一贯的创作习惯，同时也体现其"张子自为张子"的创作主张。张岱自身"痴"于修史，即使易代之后生活艰难，仍将余生之心血皆付之于修撰史书上。正因如此，他才能将目光及文笔聚焦于"痴人"身上，理解"痴人"所痴所爱，由衷地赞赏他们，与之展开精神交流与艺术对话。

（二）张岱与阳明心学关系研究

张宇、武道房《张岱心学"本心说"与其文学思想的关系》[《浙江海洋大学学报》（人文科学版）2022 年第 6 期] 一文指出，张岱倾向于阳明心学，在本体论上，以"心"为本体，主诚与尽性，将情纳到性中来，其心学立场亦反映在他的文学思想上。张岱的文学思想与他秉持的心学"本心说"有着紧密的联系。在文学创作论上，张岱主张创作要顺应本心，力求贵我与自得，为文要有自己的独特风格，反对模仿、依傍他人。在文学审美观上，张岱以"心"为本体去尽性与致诚，以率性与真情的审美观取舍文章，主张为文要有"冰雪气"。

范根生《"痴情"与"绝情"：张岱情欲思想之重探》（《绍兴文理学院学报》2022 年第 9 期）一文指出，张岱以其文辞清丽、情真意切的《陶庵梦忆》《西湖梦寻》等为人所熟知，故学界对他个性自由、情欲解放的面向阐发甚多。实际上，张岱笃信良知，乃阳明学者，其理欲观并非如此简单。张岱的理欲观尽管带有他那个时代鲜明的特征和现实取向，但他并没有完全超出传统理学家所确立的理欲规范。一方面，张岱标举"痴情"以对抗当时弥漫于社会的自欺与伪善之风，高扬自然性情之真以拒斥僵化的道德礼教；另一方面，他仍严守"天理""人欲"之二元对立，要求人制欲归理，不为血气缠扰，还性命之初，表现出"绝情"的面向。"痴情"与"绝情"是张岱理欲观的一体两面，也是理解其前后迥然有别的生活方式和态度的关键点。

（三）张岱的文化传承意识研究

赖玉芹、张辉《论张岱的文化传承意识》（《湖北省社会主义学院学报》2022 年第 5 期）一文指出，张岱的遗民身份及故国情怀、其杰出作品及史学情结、其文化生活及艺术品位等无不为学者们关注及研究。作为一个深受晚明文化熏陶的文人，他对历史文化有着浓厚的传承意识，这一方面尚少为人注意。文章以为，张岱的这种传承意识包括：他对晚明西湖的历史遗迹记忆、对众多艺术家和百工技艺的记录、对家族文物的珍藏、对文化古迹的保护、对历史名人遗迹的考证与反思等等。这种浸润在儒家士人身上对文化传承的强烈意识值得今人借鉴。

李春强《张岱戏曲情理观及其理学基底探析》（《四川戏剧》2022 年第 7 期）一文指出，张岱的戏曲情理观是指在"深情"前提下于情节构思上的通情达理，不可否认其传承了传统写意戏剧的精髓。"得情而矜"构成其戏曲情理观的理学基底。此一结论可从"情"与"理"的范畴意义衍化史考察中获得更加深刻的确证。"文道合一"则是张岱戏曲情理观在人生境界层面的观念本原，正因此，其情理观富含深刻的实践性。由此一文论与理学的融通研究，可清晰窥见宋明理学知识系统与越中曲家群体之间的独特精神联系。

五、朱舜水研究

2022 年的朱舜水研究，主要聚焦在朱舜水思想在日本的传播影响。

韩东育《朱舜水"东夷"褒贬的初衷与苦衷》[《东北师大学报》（哲学社会科学版）2022 年第 1 期] 一文指出，对日本"东夷"的"褒贬互见"和清朝"东夷"的"损誉不定"，使朱舜水的在日角色和日后作用变得十分复杂。在"明清交替"的兴亡背景下，朱氏一方面通过"乞师"行为希望深受汉文化浸润的日本能承载起"反清复明"的文明大任，但同时也认为日本距离他的期待还有漫长的路程；另一方面对造成"华夷变局"的清朝义愤填膺，但也通过对清军"迎刃破竹"的状摹和明军"前途倒戈"的白描，暗陈了几分对鼎革终局的无奈和默认。定居日本后，朱舜水对于高谈性命、无视民瘼的士林风气的反思，不但揭破了明朝灭亡的政治学术隐情，也为日本汲取"明朝之失"并走向实学事功之路，开启了异国实践的场域。二百年后，当朱舜水传播于日本的"华夷对立"观念最终转化成日本与中国的"国家对决"时，有日本国参与的中国内乱，最终也给舜水的母邦带去了东洋人的灾难，尽管这并不符合他的初衷。

韩东育《走近朱舜水》（《读书》2022 年第 11 期）一文认为，朱舜水是个奇人。这不光是因为其绝处求生的本领，能让他在反清复明运动中有惊无险地穿梭于舟山、日本、安南十五载，更在于他一路走来一路光焰，俯仰咳唾悉如舜典，以至于撒手尘寰后竟被水户藩主德川光圀作为唯一的外人宾师葬入自家墓地，还为其亲泐碑名。像他这样获得日本方面的赞许比中国还要高的人物，在中日交流史上，堪称绝无仅有。

六、查继佐研究

2022 年，不见有研究查继佐的论文。

七、潘平格研究

2022 年，不见有研究潘平格的论文。

八、李渔研究

2022 年，学界关于李渔的研究主要集中在他的哲学、美学思想及李渔作品对外传播研究方面。

（一）李渔哲学思想研究

黄强《再论李渔哲学观点源于王阳明心学》[《江南大学学报》（人文社会科学版）2022 年第 4 期] 一文认为，李渔哲学观点源于王阳明心学，对这一论题开展讨论的前提有二：一是应当采用"李渔哲学观点"的提法；二是李渔极为推崇王阳明，对心学体会很深。两个方面赖以支撑的文献资料，本身就是李渔主动自觉接受心学影响的直接证据。将《资治新书（初集）》《玉搔头》《闲情偶寄》三书中李渔与王阳明心学对接的资料做系统翔实的考述，足以证明李渔哲学观点源于王阳明心学。《考论》一文认为李渔的"以心为师"说源于"医者，意也"这一中医古训，是对文献断章取义的刻意曲解。李渔作为儒家思想的信徒，并受到道家、禅宗思想的影响，但在其著述中却见不到对三家思想长篇大段、引经据典式的理论探讨，李渔对王阳明心学精髓的有意识接受同样如此。这是李渔哲学观点、思想理论表述的鲜明个性特征，有其必然如此的原因。

赵维国、杨仕鑫《征经入稗：论李渔拟话本小说"征经"之功用》（《中国文化研究》2022 年第 1 期）一文认为，李渔的拟话本小说《十二楼》和《无声戏》中引用大量的儒家经典，对小说叙事和人物塑造产生了深刻的影响。就小说叙事而言，引经据典能够凸显小说的核心矛盾，调节叙事语气；就人物塑造而言，儒家经典可以为小说人物的命名提供参考，也可以润色人物语言，烘托人物形象。

曹灵美、傅筠茹《李渔小说〈无声戏〉概念隐喻英译研究——体验哲学视角》（《牡丹江大学学报》2022 年第 6 期）一文以体验哲学为视域，重点探究韩南英译《无声戏》概念隐喻背后的身体体验、环境体验和文化体验认知成因，探讨韩南译本对目标语概念认知的影响。

（二）李渔美学思想研究

张腾《由文震亨、李渔著作管窥明末清初美学思想》（《艺术市场》2022 年第 6 期）一文以文震亨和李渔为例，从他们的生活时代、成长背景，以及相关著作的艺术思想、理念等方面进行比较研究，由此管窥明末清初时代变换间的美学思想特点。

高焕《李渔〈闲情偶寄〉中的生活美学思想研究》（山西师范大学硕士学位论文，2022 年 5 月）一文认为，《闲情偶寄》内容丰富，涵盖面广，包括仪容、服饰、居室、饮食、养生等方面的内容，是李渔努力突破物质条件的束缚、总结美的生活经验的记录，是我国历史上第一部写给市民大众的生活美学著作，被刘悦笛评价为中国人"生活美学"的入门词典。李渔从日常生活出发，立足市民生活的现实土壤，注入文人士大夫的文化情趣，追求俗中之雅，被杜书瀛评价为"古代日常生活美学大师"。李渔的生活美学思想除了立足当时生活的现实土壤之外，还以中国传统美学为基础，对其发扬创新，这也是他取得较高成就的一个重要原因。

（三）李渔作品对外传播研究

王一凡《英语世界李渔美学思想的译介与影响研究》（山东大学硕士学位论文，2022 年 5 月）一文指出，李渔的美学思想主要集中在《闲情偶寄》这部论著中。李渔不仅对中国古代戏剧美学进行了全面的总结，还在仪容、生活、园林美学等方面有独特的见解。随着中国综合国力的不断提升，中国美学正在融入国际美学界，对李渔美学思想的研究也应当具备国际视野。

叶雨《李渔〈十二楼〉的英文译介研究——基于三位汉学家的选材和研究视野对比》（上海外国语大学硕士学位论文，2022 年 5 月）一文指出，明末清初著名小说家李渔的拟话本小说《十二楼》多次经过汉学家的翻译进入英语世界，然而不同的汉学家采用了不同的译介方法。德庇时是东印度公司驻中国的职员，他想通过译介《十二楼》来介绍中国社会，所以选材时注重异域性，翻译时采用节译与直译的翻译手法，他的译作还被转译成其他语言。茅国权是一位中国学者，想要在国内外全面地推介李渔作品，以此提高李渔在中国文学史上的文学地位，因此选材时选择全译，翻译时采用译写翻译手法，但他的作品在学术界受到猛烈批评。韩南欣赏李渔的独特性，因此选材时注重创新性，翻译时受个人兴趣与学术素养的双重作用，主要采用了直译的翻译手法，其译本也受到普通读者和学者的一致好评。通过对比可知，随着时间的推移，三位汉学家越来越尊重原著的诗学观。

九、沈光文研究

2022 年，不见有研究沈光文的论文。

十、应㧑谦、沈昀研究

2022 年，不见有应㧑谦、沈昀的研究专论。

十一、毛先舒研究

2022 年，学界研究毛先舒的论文有 1 篇。

杜玄图《李渔的曲韵观及其曲韵系统——兼与毛先舒〈南曲正韵〉比较》[《湖南工业大学学报》（社会科学版）2022 年第 3 期] 一文指出，李渔的曲韵系统与同时代毛先舒的《南曲正韵》相比，二者都呈现出据腔论韵、综合南北韵的特点。两家的曲韵观既存在差别又相互融通；二者对前代曲韵观念都既有继承，又有发展，并非明代前后期南曲不同用韵观的简单延续。

十二、王崇炳研究

2022 年，学界研究王崇炳的论文有 1 篇。

吕国喜《论王崇炳咏史怀古诗词》[《兰州文理学院学报》（社会科学版）

2022 年第 3 期] 一文梳理王崇炳咏史怀古诗词的主题内容, 集中于身份强调、地域认同与读史志趣, 分析其艺术表现手法如想象、对比、用典等, 总结其多用传体以及哲学意蕴等特征, 反映出王氏"雅慕桑梓, 留心前烈"的文化自觉、抑恶扬善的善恶观、一分为二的辩证思维以及借此"载道"的文学观。

十三、姜宸英研究

徐晴《姜宸英与程邃交游考——兼谈姜宸英的印学观及其价值》(《大学书法》2022 年第 6 期)一文认为, 姜宸英与清初篆刻家程邃交游甚密, 二人在印事方面交流频繁。此得益于二人关系紧密, 姜宸英的印学思想与程邃有着一定的联系, 主要体现在"崇古"观和推崇程邃等方面。姜宸英的印学观念不仅改变了清初印坛低俗之气, 而且对清代篆刻的发展起到了促进作用。

十四、吴任臣研究

2022 年, 不见有研究吴任臣的论文。

十五、毛际可研究

胡春丽《毛际可年谱》(下)(《玉溪师范学院学报》2022 年第 1 期)一文以毛际可《安序堂文钞》《会侯先生文钞》《浣雪词钞》为主要资料依据, 旁征毛氏诸多亲友、交游的别集、年谱、方志编纂而成, 对毛氏生平、仕宦、交游、著述等进行了梳理和考证。

十六、吴之振研究

2022 年, 不见有研究吴之振的论文。

十七、袁枚研究

2022 年的袁枚研究, 主要围绕他的文学(诗歌)思想展开。

蒋寅《嘉道间诗学对袁枚性灵说的反思》(《湖南师范大学社会科学学报》2022年第1期)一文指出,嘉道间诗学以反思袁枚性灵诗学的流弊为逻辑起点,针对"性灵"概念流行和泛滥,诗坛重新祭出"性情"这一古典诗学核心概念,并就性与情、性情与道德、性情与学问的关系展开讨论,将"性情"概念放在诗学史的演进、发展中加以锤炼,终于完成了对这一传统概念的周密诠释,为嘉道间诗学的平衡发展以及此后诗学观念的转型并融入近代化的潮流奠定了基础。

刘贵贤、刘英波《袁枚诗论与文论比较探微》(《长治学院学报》2022年第1期)一文指出,袁枚以其独特的思想与丰富的作品被称为"清代最具个性与才性的思想家和文学家"。其中,袁枚的诗论与文论最富文学价值,也最能体现其别具一格的思想见解。文章将两者进行对比分析,发现他在门户之争、考据训诂、诗文创新等方面的观点多有相似之处,而在原则、形式、功用等方面的观点多有不同。这些同与不同观点的共存,再现了康乾时期文坛的复杂状况,也揭示了他身处其中的多样性抉择。

兰润民《〈庄子〉对袁枚诗歌理论与创作的影响》(山东师范大学硕士学位论文,2022年5月)一文认为,袁枚是清代中叶的诗坛领袖,也是清代"性灵说"的主倡者。他的诗歌创作倡导个性、抒发性灵,诗论主张公道客观、理性包容,为汉宋之争盛行、考据之风弥漫的清代诗坛注入一股清流。袁枚在诗学理论及诗歌创作方面取得的成就与其取法《庄子》关系紧密。袁枚对于《庄子》一书"爱之而诵之",表现出主观喜爱、主动取法的态度,其生活理念、文学观念都在一定程度上借鉴并发展了《庄子》的内涵。

郑宇丹《从"言志"到"言己":袁枚"性灵说"与乾隆后期自利性话语的传播》[《国际儒学》(中英文)2022年第1期]一文指出,"性灵说"始于南朝,经由刘勰的《文心雕龙》回归"诗言志"的传统。清乾隆年间的袁枚试图以"真性情"消解礼教的束缚,将诗学的重心由"言志"转向"言情"。在此过程中,随园给予袁枚对外交往的空间,诗话给予袁枚臧否文坛的权力,一个用"温和—生产—利润"原则扩散话语权力的模式得以建立,

"言己"成为此模式的重要表征。在文网密布的乾隆朝，"性灵说"的存活是"去政治化"的结果，也意味着士人阶层价值取向的异化，从以"言志"为核心的精神传统，逐渐走向重利轻义的一面。这种文化的下行加剧了中国近代的社会危机。

十八、桑调元研究

2022 年，不见有研究桑调元的论文。

第七章 近现代浙学研究

本报告把龚自珍、孙衣言、孙锵鸣、孙诒让、黄体芳、黄绍箕、黄庆澄、陈虬、宋恕、陈黻宸（下章介绍）、俞樾、章太炎、谭献、陆心源、朱一新、李慈铭、沈曾植、蔡元培、王国维、马一浮、蒋伯潜、宋慈抱等近现代浙江籍的思想家，界定为"近现代浙学"的杰出代表，进而对 2022 年学界同人围绕他们的生平学行、著作思想展开研究而取得的成果进行盘点与梳理。

由于本章所述近现代浙学家人物较多，也多没有清晰的学脉传承与学派观念，故而二级标题的设定不再采取"节目（诸如第一、二、三、四节）"，而是直接以"一、二、三、四"等作为章目下的二级标题。

一、龚自珍研究

2022 年，学界同人通过发表论文的方式，围绕龚自珍的文学思想、政治思想、生平事迹考辨及历史影响等展开研究。

王维《龚自珍诗歌的二律背反现象及其成因》[《西安文理学院学报》（社会科学版）2022 年第 1 期] 一文认为，从宏观视域来看，龚自珍的诗歌在思想价值与艺术审美上，存在着明显的二律背反现象。就思想领域而言，龚自珍在猛烈批判封建专制的同时，又竭力维护之，甚至企图通过"自改革"来挽救摇摇欲坠的清王朝。从艺术范畴来看，龚诗一方面大有冲破古典格律之势，呈现出近代诗自由化、通俗化、口语化的新特征；另一方面又以佛学、朴学、音韵学等专门之学入诗，呈现出学人诗奥僻艰涩、佶屈聱牙的旧风貌。龚诗旧风貌与新特征并存的二律背反现象，乃是理想与现实、理学与诗学、复古与求变等多种合力共同作用的结果。考察龚诗的二律背反现象，探究其深层次的形成原因，可全面、准确地反映龚氏的诗歌风貌及诗史地位。

李志萍《禅魄诗魂：论龚自珍诗歌的佛禅意趣》（《名作欣赏》2022年第2期）一文认为，龚自珍是近代诗坛具有开创性的巨匠，其作品以鲜明的人道关怀、深刻的社会批判和超前的艺术追求构成独特的诗意世界。除文坛殿军的身份外，龚自珍还是一位造诣颇高的佛教信仰者，其诗歌与佛学思想水乳交融，佛禅物象的纯熟化入，为诗歌增添一份澄澈之美，以"自贵其心"和"普度众生"为哲思内核的诗歌成为龚自珍恣意徜徉佛国净土的钥匙，佛禅诗境又在意象、语言等层面丰盈了龚自珍诗歌的美学意涵。

王珊、王成《"抒情传统"视域下晚清诗学探微——以龚自珍、黄遵宪为例》[《湖北师范大学学报》（哲学社会科学版）2022年第6期]一文认为，作为晚清新变诗学的先驱，一些理论家的诗学所体现的"情"，已经转变为一种"持续的文化动力"，对后起的诗歌创作产生了深远影响，其中龚自珍、黄遵宪的诗学理论尤为突出。如果以"抒情传统"理论视域重新审察他们的诗学观念，就会发现龚自珍的神秘主义与黄遵宪的至理真情，带有强烈的抒情特质，其思想既是时代精神的召唤，也是对后起诗学新的精神的召唤。

范永康、蔡杭攸《龚自珍"性灵"思想的新变及诗歌创作》（《楚雄师范学院学报》2022年第4期）一文认为，龚自珍的性灵理论主要包括"尊情说"和"童心说"两方面内容，虽然继承了李贽、公安"三袁"和袁枚等人的思想传统，却注入了新的时代内涵：鼓吹个性解放、开启思想启蒙、倡导匡时济世，从而体现出性灵理论之新变。龚自珍把性灵思想落实到诗歌创作实践中，在诗歌中抒发与国事相关的忧患之情，扩展了情感的广度与深度；在作品中展现出叛逆精神，追求个性解放。龚自珍的性灵思想及其创作对梁启超、黄遵宪、柳亚子及鲁迅均产生了重要影响，为性灵文学的健康发展提供了重要参照。

萨日娜《龚自珍政治思想及其"近现代性"研究》(《今古文创》2022 年第 24 期)一文致力于从龚自珍政治思想形成的原因出发,对龚自珍提出的一系列政治思想进行研究,进一步探究龚自珍政治思想的"近现代性"。

孙之梅《龚自珍经典化过程中的谭献与袁昶——兼论"惊四筵""适独坐"的审美分层》[《山东师范大学学报》(社会科学版)2022 年第 3 期] 一文认为,龚自珍诗文在近代的经典化过程中,首先需要一个完善的全集。谭献从同治二年(1863)就开始了对龚自珍作品的搜集抄录,完成了《龚定盦外集》,此集应该是吴煦本之祖。与此同时,谭献也是龚自珍诗文最早的评论者,认为龚自珍的见识"智足以知微",伦列清中后期汪中、周济一流人物;于龚文褒贬互有;于龚诗直截批评其"豪不就律,终非当家";于龚词评价最高,称赞其"绵丽沉扬,意欲合周、辛而一之,奇作也"。与谭献同为浙江人的袁昶对龚自珍的接受经历了由崇拜到质疑的过程,但在纠结中从龚自珍的"爆红"中发现了"惊四筵""适独坐"的审美论,并对这一理论进行了深入的思考与建构,该理论不啻为龚自珍经典化过程中的意外收获。

房启迪《民国报刊所涉龚自珍接受及其新变探析》(《苏州教育学院学报》2022 年第 2 期)一文认为,民国报刊中的龚自珍接受,主要体现在龚自珍的生平讨论、著述考证与文学批评方面,这些接受体现了新变:一是受内忧外患的社会环境影响,龚自珍的经世思想得以进一步阐发;二是在文化转型的情况下,民国学者尝试将西方文学理论运用于龚自珍的作品阐释,在对文言与白话的探讨中也常涉及龚自珍作品。民国报刊所涉的龚自珍相关材料,较为全面地反映了民国学界对龚自珍的接受情况。

孙邦金、王燕霞《龚自珍的春秋公羊学与政治改革思维——兼论改革与社会革命的关系》[《温州大学学报》(社会科学版)2022 年第 2 期] 一文认为,龚自珍历来被认为是近代中国政治改革思潮的前驱。他从《周易》、春秋公羊学等经学中化来的变易哲学和历史三世说,为其政治改革的动力与方向提供了双重理论依据。其"与其赠来者以劲改革,孰若自改革"的政治命题,作为近代中国"改革"话语之嚆矢,不仅开启了近代中国改革与革命这两种历史进步模式之间的分流与对峙，而且蕴含了通过持续深入的自我革命而不是简单的易姓革命来实现中国根本性变革的社会革命思想。

邓君浩《龚自珍收藏金石碑帖研究——以〈宋拓兰亭定武本〉为中心探讨》（《美术教育研究》2022 年第 7 期）一文认为，从龚自珍的诗文与同县后学吴昌绶的《定庵先生年谱》中可知，《宋拓兰亭定武本》为龚自珍金石碑帖收藏之一。在清代史料文献中，如顾千里、沈树镛以及叶昌炽皆有对龚自珍旧藏《宋拓兰亭定武本》的题跋或记载。该文也根据龚自珍诗文与史料记载中的题跋，在当时的碑学兴盛背景下看待《宋拓兰亭定武本》的观点、意义以及此拓本的流传。

二、孙衣言、孙锵鸣研究

2022 年，未见研究孙衣言、孙锵鸣的论文。

三、孙诒让研究

2022 年，学界关于孙诒让研究的专著有两种，还有两篇硕士学位论文。

董朴垞著、董铁铮清抄、陈光熙点校的《孙诒让学记》（研究出版社2023 年 1 月版）一书，分传记、时代背景、家世、交游考、学术、治学方法举例、引书考、著述考、孙氏乔梓留心乡邦文献、对乡哲遗著按语专辑、玉海楼、杂俎、文征、纪念，共十四卷。这是《孙诒让学记》足本的首次出版，是较早研究孙氏的专著。

陈东辉等编著的《孙诒让研究文献目录》（台北经学文化事业有限公司2022 年 5 月版）一书，对海内外学界的孙诒让研究论著予以全面汇总。

王嘉煜《孙诒让〈周礼正义〉郑注接受研究》（山西师范大学硕士学位论文，2022 年 1 月）一文指出，郑玄与孙诒让在中国礼学史上都占有极为重要的地位。孙诒让《周礼正义》在对郑注高度尊崇的同时，又不轻信盲从，能够用实事求是的态度，对郑注精审简奥之处继续加以详申，对郑注误解经文之处继续进行纠正。研究孙诒让《周礼正义》对郑玄注的接受，不仅可以探讨孙氏的治经方法，弥补孙氏《周礼正义》研究史上的不足，还可以厘清郑、孙二人对《周礼》的立场，了解郑玄注的接受史，具有多重意义。

林康《孙诒让〈尚书〉学研究》（山东大学硕士学位论文，2022 年 5 月）一文以孙诒让的《尚书》学为研究对象，通过梳理孙诒让《尚书骈枝》《十三经注疏校记》等著作，总结孙诒让的《尚书》学成就，评价其《尚书》学得失。

四、黄体芳研究

2022 年，研究黄体芳的论文有两篇。

任慧峰《黄体芳的学术思想与南菁学风的形成》（《人文论丛》2022 年第 2 辑，武汉大学出版社 2022 年 11 月版）一文认为，清光绪八年（1882），江苏学政黄体芳在江苏学政衙署驻地江阴创建了蜚声大江南北的南菁书院（今江苏省南菁高级中学前身）。该书院是清代经学研究的最后一个重镇，其"实事求是""开明活泼""和乐融洽"的教育风貌在晚清江苏众多书院中独树一帜，直接影响近代江苏乃至全国的学风，并为近代各界培养了大量人才，在晚清民国的社会各界都有着举足轻重的影响。

王福民《黄体芳与南菁书院》（《江苏地方志》2022 年第 4 期）一文指出，作为晚清著名的清流与学政，黄体芳始终关心的都是为国抢才。他年轻时拜孙衣言为师，深受永嘉学的浸染，而对程朱理学也持认同态度，并对两者进行阐释与调和。同治时清廷大倡实学，黄体芳积极响应，并以李兆洛的通儒之学为效仿对象，选取书院山长，希望能在南菁重振李氏之遗风。在担任山东、江苏学政期间，黄体芳在科举弊端日趋显露之时，努力从中挖掘积极因素，以时文引导学子，以策论提倡朴学。他学术思想的种种特质，都或深或浅地融入南菁书院的血脉。

五、黄绍箕研究

2022 年，研究黄绍箕的论文有 1 篇：陆德富的《黄绍箕的介绍信》（《读书》2022 年第 11 期）。

六、黄庆澄研究

2022 年，不见有研究黄庆澄的论文。

七、陈虬研究

2022 年，研究陈虬的论文有 1 篇。

刘思文《清末维新报刊的价值、理念及其启示》（《青年记者》2022 年第 1 期）一文指出，清末维新人士陈虬、陈黻宸和宋恕等参与创办或运营了《利济学堂报》《新世界学报》《东瓯日报》和《经世报》等具有首创价值的报刊。这些报刊以面向普通受众，唤起民族觉醒；提供交流平台，促进社会昌明；传播学术文化，助力国家发展为核心宗旨理念，紧扣报刊读者属性、重视报刊内容属性、发挥报刊平台属性，对近代报刊发展有一定的启示与借鉴意义。

八、宋恕研究

2022 年，不见有研究宋恕的论文。

九、陈黻宸研究（存目，详见下章）

十、俞樾研究

2022 年，学界的俞樾研究，主要聚焦于他的文献整理，并探讨他的文学、社会交游与著作考辨等。

（一）俞樾文献整理的新进展

张燕婴点校的《俞樾诗文集》（人民文学出版社 2022 年 3 月版）一书，收录俞樾诗文作品《春在堂诗编》《宾萌集》《春在堂杂文》等二十六种，另有诗文辑佚和附录三种。该书较为全面地反映了俞樾的诗文创作情况。

2022 年 8 月 4 日，"花落春仍在，书传意更长——《俞樾全集》出版座谈会"在线上举行。《俞樾全集》以凤凰出版社影印南京博物院藏光绪末增订重刊《春在堂全书》本为底本，由复旦大学汪少华教授、东南大学王华宝教授主持整理，历近十年时间而成。全书近千万字，共计三十二册，是对俞樾学术思想、文字作品的全新系统呈现。北京大学杨忠教授、中国社会科学院刘跃进研究员、复旦大学陈尚君教授、中国训诂学研究会副会长虞万里教授、南京大学程章灿教授以及《俞樾全集》整理团队和出版方编辑团队等，出席座谈会并展开交流研讨。

杨忠指出，《俞樾全集》注意做深度整理工作，在校勘方面下了大功夫，做到后出转精，为研究俞樾以及利用他的学术成果做出了重大贡献。陈尚君认为，《俞樾全集》向我们展示了一代国学大师的人生的全貌，著作的完整的立体的状态。刘跃进说，俞樾具有广而深的大家风范，在经史之学、民间文学、红学以及其他杂学方面均取得了较高的学术成就，其兼收并蓄、务求通博的学术风范，对传统学术的近代转型产生过重要影响。虞万里强调，俞樾一生著作宏富，经、史、子、集均有涉猎，整理难度和工作量都很大，此次整理，多有纠正原书讹误之校记。杜泽逊、程章灿指出，《俞樾全集》对于俞樾现存著述收集完备，既有首次点校的，也有再点校的，得益于主持人和出版社组织得力的学术团队通力合作，《俞樾全集》是迄今为止内容比较齐全、校勘比较精审、标点比较准确的一个最新版本，是值得充分肯定和赞扬的。①

彭喜双、陈东辉编著的《俞樾研究文献目录》（台北经学文化事业有限公司 2022 年 5 月版）一书，对海内外学界的俞樾研究论著予以全面汇编。

（二）俞樾的文学思想研究

林高享《俞樾寿序文研究》（华侨大学硕士学位论文，2022 年 5 月）

---

① 《〈俞樾全集〉展示一代儒林宗硕学术人生》，《中华读书报》2022 年 8 月 10 日。

一文认为，俞樾因其自身的成就与地位，向其求取寿序者络绎不绝，今存世寿序文达 105 篇。其中所体现出的艺术特征与不落入俗格的努力都有其自身的意义。

张燕婴《诗文为媒：俞樾的日本观察、交往与书写》（《中国典籍与文化》2022 年第 2 期）一文，全面梳理俞樾诗文著作中有关他与日本人交往赠答的记载，可知光绪八年、九年间（1882—1883）他受岸田吟香之托编纂并刊刻《东瀛诗选》的经历，是俞樾与日本汉文化界结下长久因缘的契机。随后日本也成为俞樾"看世界"的一个重要窗口。俞樾以赠答诗记录下他与日本人士的交往，在风物诗中有他对来自日本什物"新""奇"等特质的体认，在以序文为主的散文创作中也反映出他所认知的日本。比较俞樾与竹添光鸿观察对方国家的方式，可以作为展现晚清时期中国和日本知识阶层视界差异的一个案例。

董韦彤《中日汉诗观视野下的俞樾诗学理念及其学养渊源》（《浙江学刊》2022 年第 1 期）一文指出，俞樾在《东瀛诗选》中将日本江户诗风的演进概括为"二变三期说"，表现出明显的中日诗歌比较倾向，准确地抓住了二者的源流关系。清代学术从最初的汉宋相争逐渐走向合流，受到学术环境和师承的影响，俞樾养成了兼收并蓄、开放包容的学术观，这成为其宽和允正的汉诗观形成之基础。俞樾以学人为诗，却和晚清宋派诗人所标榜的学人之诗异趣。但与一般文人相较，他的诗学理念又体现出独具学者风格的特点。俞樾学养根基与诗学观的融通互动，构成了其中日汉诗观的内在理路。

徐雁平《俞樾晚年诗作与过渡时代的文学感知》[《暨南学报》（哲学社会科学版）2022 年第 11 期] 一文指出，俞樾勤于著述，诗作数量颇为丰富，其晚年（1880—1907）诗作因更能表达自我、记录社会变化，自传性质尤为突出。俞樾的晚年诗作表达了衰老、病痛如何磨蚀生命，回忆如何暂时缓解内心的迷茫；记载了他面对西洋物质文化和技术时的惊奇、接纳与徘徊；还保存了他在明白生寄死归道理时对留名、扬名的强烈念想。俞樾未能进入近代文学史著作所包含的作家系列，然他晚年诗作所叙写的时间感觉、生命体验，对西洋器物的接受态度以及自我留名的诗学实践行为，都表现出他徘徊、犹疑的内心状态，这一混杂的状态正是过渡时代文人的普遍情感结构。以俞樾晚年诗作为案例的"向内"研究，可深化近代文学研究的内涵。

李雯雯《俞樾晚年文学创作活动与学术观照》（《文化学刊》2022 年第 10 期）一文指出，俞樾晚年隐逸苏杭治经教学，积极投身江南耆老的文学集会活动，关注、赏识明清女性文学的发展。其凭借博采众长的学术风范、笔耕不辍的文学创作，对中国文坛做出了极大的学术贡献。

（三）俞樾的学术交游研究

马其伟《晚清碑学氛围下俞樾金石交游与碑刻鉴藏活动考察》（《大学书法》2022 年第 6 期）一文从四个方面来讨论俞樾"篆隶体"书风：其一，俞樾与晚清碑学；其二，俞樾的金石交游现象；其三，俞樾碑刻鉴藏活动考察；其四，俞樾的碑学实践与"具美"观念。俞樾的篆隶书风的形成一方面离不开其大量的访碑、拓碑活动，另一方面与其在金石交游中的碑刻鉴藏活动不无关系。

郭敏《俞樾与杨岘隶书之比较研究》（《西泠艺丛》2022 年第 8 期）一文指出，晚清的俞樾和杨岘学识丰富、修养全面，有着相同的文化背景。二人的隶书有着相似的取法，均深入传统、碑帖融合，却又个性鲜明、风格迥异。

（四）俞樾的著作考辨研究

张红心、江凌圳、吴侃妮《俞樾养生功法〈枕上三字诀〉及版本考》（《中医文献杂志》2022 年第 5 期）一文指出，《枕上三字诀》系清末浙江儒学大师俞樾所撰。该书以论述养生功法为要，分为"塑""锁""梳"三口诀和路径，其制外养内的理论方法在养生史上有诸多引述。全书篇幅精简，论述颇精，是一部研究静功摄生的重要文献典籍。《中国中医古籍总目》记载有该书的两个版本，经实地调研考辨，实为清刻本和清石印本两个版本体系。

吴永祥《俞樾灯谜作品集〈隐书〉初探》（《湖州职业技术学院学报》2022 年第 3 期）一文指出，俞樾乐于谜道，闲暇时以作谜自娱。他将自己所创作的百则灯谜编为一卷，取名《隐书》。通过研究《隐书》所收灯谜之数量、性质、类别及其别解，以及俞樾灯谜创作中的用典和艺术特色，可以看出《隐书》中的谜作经学气息浓郁，以谜底别解为主，并呈现平实质朴之风。

张小琳《清代民间婚姻生活及其特点——以俞樾〈右台仙馆笔记〉为中心》（《青春岁月》2022 年第 14 期）一文指出，俞樾在其笔记小说《右台仙馆笔记》中，以自身所见所闻记载了女性节烈、寡妇再嫁、妇女出轨或为孝失节、男女私通和卖妻鬻子等现象，展现了清代民间婚姻生活的风貌及特点：婚嫁论财之风盛行，嫁娶重门第；早聘之风盛行、婚姻契约化程度加深；社会对未婚女子私通的容忍度极低；妇女守节与失节现象并存，坚守贞节成为多数女性的自觉行为；女性买卖之风盛行，女性社会地位低下。

王博《俞樾〈字义载疑〉的成书与"箧中旧稿"之重葺》（《古籍整理研究学刊》2022 年第 3 期）一文指出，罗雄飞先生认为俞樾所著《字义载疑》一书是《古书疑义举例》的前身，今不传世。该文从手稿本与函札等文献入手，揭示《字义载疑》写定初期未经刊刻，而被俞樾藏于"箧中"。俞樾于同治十年（1871）编写《第一楼丛书》时，对"箧中丛残旧稿"进行了大量的"编辑荟萃"，此书得以更名重纂。进而搜罗分析《字义载疑》的散见书例，证明其与《古书疑义举例》之间并无版本关系，而与同时期《儿笘录》之成书或有关联。

十一、章太炎研究

2022 年，学界同人出版的多部章太炎研究专著、公开发表的 50 余篇章太炎研究论文，主要围绕章太炎的生平事迹、经学思想、诸子学思想、儒学思想、文学思想、政治实践与政治思想、佛学思想、科学思想、医学思想、哲学思想、史学思想、学术地位与历史影响、文献著作等而展开，并取得了丰硕的研究成果。

（一）章太炎的生平事迹研究

王锐《革命儒生：章太炎传》（广西师范大学出版社 2022 年 11 月版）

一书，以章太炎作为叙事基点，重塑清末民初的时代语境，聚焦传统士绅与革命先觉者，爬梳维新变法、辛亥革命、新文化运动等诸多大事，讨论了作为"革命家"的章太炎的核心关怀、思想来源，梳理了其与政治、学术之间的复杂关系。此外，作者行文力求通俗简洁，有机地呈现了章氏一生的思想与行事，并借此展现清末民初的思潮涌动及文人政客群像。

干春松《从鲁迅点出章太炎的两个"身份"说起》（《博览群书》2022 年第 8 期）一文认为，鲁迅先生说章太炎是"有学问的革命家"，点出了章太炎一生最重要的两个"身份"："革命家"和"学问家"。章太炎于 1869 年出生于浙江余杭，康有为、梁启超领导的维新改良运动点燃了他血脉中的"反清"情绪，并因此与改良派的君主立宪立场分道扬镳。章太炎主张通过革命的方式来推翻腐朽的清政府并迎接民主共和的新中国。所以，他以《驳康有为论革命书》鲜明地展现了他基于民族革命的立场，并与以孙中山为代表的革命派合作。

裘陈江《章太炎与孙至诚交往论学始末——以新见章氏佚信的考释为核心》（《史林》2022 年第 4 期）一文认为，章太炎晚年弟子孙至诚所著《化鹏室文录》载有其与其师来往书信七通，其中第一通为章氏佚信。故校正书信文字、考证通信时间、考释书信内容，对于了解和丰富章太炎、孙至诚的生平事迹及其交往始末颇有助益。

陈尧《中国近代革命派救亡启蒙的途径——以章太炎、孙中山为例》（《广州社会主义学院学报》2022 年第 3 期）一文认为，革命派的重要人物章太炎、孙中山以救亡启蒙为革命目标，积极寻找各种途径实现民族复兴。

（二）章太炎的经学思想研究

陕庆《从"六经皆史"到"古史皆经"——章太炎经史互释的思想史内涵》（《中国哲学史》2022 年第 5 期）一文认为，经史变奏、经史互释内在于漫长的经学史之中，章学诚、章太炎等所主张的"六经皆史"是清代以来经史问题的一部分。本文详析了章太炎对章学诚的"六经皆史"说的继承与发展，以及今文经学与古文经学对于经、史的分歧集中地体现为对"事"

的不同态度。章太炎多重的经史互释不仅是为了确立六经的信史地位，也旨在将创造性和典范性开放给六经之后的时代，更是为了沟通当时激烈变革与传统之间的关系，这是章太炎关于革命问题的一个回答。

（三）章太炎的儒学研究

贾泉林《章太炎晚年儒学诠释的三种面向》（《孔子研究》2022 年第 6 期）一文认为，章太炎晚年"粹然成为儒宗"，积极提倡儒家"修己治人"之学，其对儒家"修己治人"之学的诠释具有十分丰富的内涵，具体可以总结为三种面向：一是历史的面向，即从奠定中华文明核心价值的角度，肯定儒家"修己治人"之学的历史合法性；二是世界的面向，即在中外文化、中外文明比较的视野中，确认儒家"修己治人"之学构成了中国文化主体性的核心内容；三是现实的面向，即从对 20 世纪 30 年代中国民族危机与文化危机的回应中，发掘儒家"修己治人"之学的现实意义与时代价值。章太炎晚年儒学诠释的三种面向亦构成了当代中国儒学复兴的基本面向。

（四）章太炎的诸子学思想研究

孟琢编《章太炎讲诸子》（上海人民出版社 2022 年 12 月版）一书是"章太炎讲述系列"之一种。先秦诸子是中国学术思想的源头和宝库，章太炎从少年时代起就对先秦诸子的"百家争鸣"产生浓厚兴趣，历经多年研究以后，1906 年 9 月于日本东京出版了《国学讲习会略说》一书，发表了学术思想史论名篇《论诸子学》（后改题为《诸子学略说》），文字犀利、寓意深刻，形成了风格鲜明的诸子学治学路径，影响颇大。

李智福《"不齐而齐"抑或"齐其不齐"——章太炎〈齐物论释〉对康有为大同思想之隐秘回应》（《哲学动态》2022 年第 2 期）一文认为，章太炎的《齐物论释》在字里行间隐隐指向康有为，康有为是其隐秘对话者。《齐物论释》对康有为的学术反驳主要有：针对公羊学"《春秋》为汉制法"的今文经学观点，章太炎对庄子的"春秋经世"做出古文经学式之解释，以《春秋》为史志，非为后世制法；针对康有为"齐其不齐"、野进于文、崇尚普遍性的大同理想，章太炎提倡"不齐而齐"、文野异尚、尊重殊异的多元主义；针对康有为以科技进步、物质文明为基础的大同学说，章太炎指出文明进化并不能给人类带来福祉，有可能带来另一场苦难；针对康有为鼓吹孔教主义，章太炎则借助佛学与庄学"离言说相，离名字相，离心缘相"的无神论思想对之回应，主张消解一切圣人、圣王的神圣价值。总之，康有为的大同理想是一个"齐其不齐"的具有尚同性质的圣人建构秩序，崇尚普遍性和一元性；章太炎的社会理想是一个"不齐而齐"的具有尊重差异性质的"依自不依他"的自发秩序，提倡差异性和多元性。

何刚刚《从〈膏兰室札记〉看章太炎"以西释子"的诠释特点及其当代启示》[《长沙理工大学学报》（社会科学版）2022 年第 2 期] 一文认为，章太炎是晚清"以西释子"风潮中的代表人物。他在《膏兰室札记》中用西方科学知识，从不同维度对诸子学重新进行了诠释。但因为他所利用的西方科学知识主要集中在天文学与生物学领域，对于其他科学知识的了解并不充分，导致他的解读存在很大的局限性。此外，由于他价值先行的立场使得诠释充满了主观性，流露出明显的"西学中源"倾向，由此造成了对诸子学和西方科学的双重误解。章太炎"以西释子"所出现的问题启发当代中西哲学比较研究应该始终遵循诠释的基本准则，恪守诠释的边界，避免对文本进行过度诠释与混乱诠释。

（五）章太炎的文学思想研究

余莉《章太炎文论思想中的经子互动发微》（《中国文学研究》2022年第 2 期）一文认为，受乾嘉学术及扬州学派文论思想的影响，章太炎以经子互动之学术思维，将文字训诂与名实之辩引入文学研究领域，通过对关键字的溯源与释义来确立文学的内涵与体例，通过推崇周秦、魏晋名理之文构建以主智为美的文章审美观，集清代经学家文论之大成。在晚清中西文论的碰撞中，显示了一个传统学者的学术坚守与文化自信。

谢琰《论章太炎的文体学》（《社会科学文摘》2022 年第 9 期）一文认为，章太炎是近代罕有的体系性思想家，同时也是集大成的古典学术宗师。他对诸多古典文体的理解与评述，一方面构成其庞大思想、学术体系的一部分，另一方面又成为该体系的其他部分乃至整个体系的一个立足点或刺激源。他始终坚持从语言文字出发继承与弘扬古典文化，决定了其文体学具有不同于一般文学批评家所理解的文体学的独特学理依据、分类标准、评价体系。章太炎的正名思想以"对汉语言文字的名实关系、名实源流、名实规范的深入思考"为中心。他高度重视从语言文字规范角度理解和诠释文体；具体而言，体现在正字例和正文例两个方面。

余莉《晚清社会学与章太炎文论观的建构》（《武陵学刊》2022 年第 5 期）一文认为，作为晚清社会学的积极参与者，章太炎的学术思想一度受到社会学理论的影响，其中也包括他的文论观。社会学带来的进化论不仅影响了章太炎的文学起源研究，使他关注文学与言语、文学与文字、文学与图像的关系，而且其挟带而来的求新、求变意识也影响了他的文章审美，形成以周秦诸子为正体、以汉魏论体文为典范的论体审美观。此外，社会学引发的环境论与体格论也为章太炎的文学风格研究指引了新方向。

李雨轩《从"文体"到"主体"——章太炎〈文学总略〉中的述学文体和言说姿态》（《社会科学论坛》2022 年第 4 期）一文从述学文体和言说姿态的角度观照章太炎的《文学总略》，亦由此窥探章氏述学文的整体样貌。章氏在此文中借由"以文字为准"，规定了"文"的体系结构、判断标准、主体诉求等，完成了对"文"的总览和建构。从文体角度来看，章氏的述学文有两个重要特征：一是兼有质实和韵味；二是将各种材料与自家论述有机结合，使之融贯成一整体。从言说姿态的角度来看，《文学总略》显示了章氏的"大主体性"，这种"大主体性"又有现代性、民族性和历史性等内在属性；此外，《文学总略》还暗含一种审美性，指向章氏对传统文人士大夫表述方式的隐性追怀，构成对"大主体性"的参差比照。

谢琰《论章太炎的文体学》（《文学评论》2022 年第 4 期）一文认为，章太炎的文体学以正名为思想基础，以建立语言文字规范为核心诉求，包含独具特色的文体分类学与文体流变论，对纷繁复杂的文体现象提出了独断而统一的规范性意见。他极力维护"记录"作为一种理性能力的崇高价值，由此也凸显了"存真的焦虑"。在中西文明强烈冲撞的时代背景下，他慧眼独具地揭示出汉语自身所包含的"规则系统的力量"，由此推动古典文学传统之再认。

（六）章太炎的政治实践与政治思想研究

王锐《从巩固国权到联省自治——章太炎政治主张的转变及其内在逻辑》[《杭州师范大学学报》（社会科学版）2022 年第 4 期] 一文认为，从立志走上革命之路起，章太炎一直在思考如何能让中国摆脱帝国主义的侵略，保证中国主权与领土的完整。在此前提下，他还聚焦于如何在中国实现名副其实的民主政治，使政治设计能够保障大多数民众的权益，而非沦为少数特权集团的工具。武昌起义之后，章太炎积极投身新政权的建设。他先是倡导巩固国权，希望联合立宪派与旧官僚让新政权得以稳定，但不久之后，便发现这些群体与自己不是一路人，而袁世凯则更等而下之。他逐渐意识到，北洋集团长期把持中央政权，极易干出卖国勾当，于是开始积极提倡联省自治，并为此多方奔走。从清末到民初，章太炎的政治主张在表面上虽有所变化，但核心关切一以贯之，即通过制度设计来抵御帝国主义对中国的侵略，将保障民权与巩固国权有机结合。只是在民初"军绅政权"的架构下，他的政治主张难以得到实践。他本人也未能跳出既有的权力格局，思考如何组织动员新的政治力量。

梅寒《"革命者"与"猛士"——章太炎实践思想的两重维度》[《苏州科技大学学报》（社会科学版）2022 年第 1 期] 一文认为，章太炎的实践思想具有"文"的革命和佛学实践两重维度。章太炎通过原因、方法、目的三个环节表达了自己的实践思想。

王锐《近代变局下的中国传统政治重估——以清末梁启超与章太炎的不同阐释路径为中心的探讨》（《历史教学问题》2022 年第 1 期）一文认为，梁启超与章太炎，在清末皆为思想界、舆论界影响极大的人物。在他们的论说中，如何分析、评判中国传统政治占据着比较重要的位置。而这个问题在当时绝非仅限于学术层面，更与如何理解中国面临的变局与危局、未来中国的政治建设应如何进行息息相关。梁启超在戊戌变法之后比较明显地受到经由日本学者译介的近代西方社会科学话语影响，时常以近代西方资本主义国家的历史经验为标准，来评价中国传统政治。与之不同，章太炎尝试从中国自身历史发展脉络出发来理解中国的过去、现在与将来。因此，他着眼于发掘、阐释、表彰中国传统政治之中具有价值的部分，使之既成为新史学的重要组成部分，又能够为人们思考未来的制度建设提供理论参考。在今天新的中外形势下，需要反思梁启超式的阐释路径，继承和发扬章太炎式的阐释路径。

干春松《从历史和信仰来理解国家和民族：康有为与章太炎的分歧》(《中国文化》2022 年第 1 期）一文认为，建立现代国家是近代中国政治家和知识群体的共同要求，其中，康有为和章太炎两种身份兼具，他们基于对中国传统的"民族"和未来的"民族国家"形态的不同认识，提出了不同的国家目标，这也决定了他们选择以革命还是改良方式来达成建国目标的差异。进一步说，康有为与章太炎对这些问题的歧见又与他们的经学立场密切相关，梳理他们之间的分歧，有助于认识近代中国的建立及其晚清至民国的政治思想的发展轨迹。

卢玥《公共政策的文学对话：从〈文化偏至论〉看章太炎对青年鲁迅的影响》(《国际公关》2022 年第 15 期）一文认为，通过分析《文化偏至论》中青年鲁迅的文化立场，能够了解章太炎对青年鲁迅在公共文化政策、政治政策以及社会治理观念等方面的影响。

吴蕊寒《章太炎对民初议会政治的实践与批评》(《学海》2022 年第 5 期）一文认为，章太炎在 1912—1916 年间的议会政治实践是曲折而多变的，他的态度经历了四次转变：辛亥革命后，他从激烈反对议会政党制度变为积极投身政党活动；在遭遇挫折后，他逐渐退出党争并转向支持袁世凯；与袁决裂后，他又寄望于重组政党力量以抵抗专制、维护共和；袁氏垮台后，他重获自由，再谈今日中国不宜有党，回到了最初对议会政治的反对立场。复杂的嬗变背后隐藏的是章太炎对政党和代议制度彻底的拒斥，以及对政体变革显著的保守态度，这与章太炎齐物哲学体系下对个体与团体关系的理解、对政体与政事的分疏密不可分，尤其彰显了他希望通过回向历史和传统政治经验重建秩序、安立世间法的政治哲学。

（七）章太炎的佛学、科学、医学思想研究

朱浩《章太炎佛学思想中的人性研究》[《苏州科技大学学报》（社会科学版）2022 年第 5 期] 一文认为，章太炎的佛学思想有很多专门探讨人性的内容。这些内容不仅反映出他对佛学理论的深刻思索，也展现了其尝试用佛理解释人性的努力。佛学重视内省，对于人们明其心体、晓其本性有很强的启迪作用，章氏并没有刻板地沿用佛学中本有的人性说教，而是在肯定善恶种子在人性本体中存在的同时，指出随着"俱分进化"现象的发生，伪善、伪恶使人们无法做出正确的道德判断。这成为人们不能认知本性的重要原因。荀子的人性观念则有力地启发了章太炎的道德伦理思想，同时章氏又否认了宗教的原罪说，注重意志力在人性中的决定性作用。

黄嘉庆《章太炎早期札记中的"西学"问题》（《现代中文学刊》2022 年第 2 期）一文认为，章太炎早年所作的《膏兰室札记》中有不少关涉西学的部分，但由于太炎缺乏西方知识背景，而以训诂等传统手段来理解西学，导致其"西学"与今人所理解的自然科学有很大区别。首先，由于缺乏数学训练，他所理解的"西学"是定性的而非定量的知识；其次，他以感官为标准判断知识的正确性，使其"西学"知识只能停留在感官层面；最后，这些经过转化的"西学"，又生产出了新的"知识"。章太炎在与西学的互动中，发展出了对"西学"的独特看法，这些看法直接参与了他此后的理论建构。

黄抒婷《章太炎的中医观研究》（苏州大学硕士学位论文，2022 年 5 月）一文认为，医学被视作章太炎学问之"余绪"，鲜为人知，然而实际上，他于医学上所取得的成就并非在其文史哲之下，医学思想是其思想体系中不可或缺的构成部分，他对中医产生的影响以及对中医事业的贡献，更是具有划时代之意义。

（八）章太炎的哲学、史学思想研究

朱浩《章太炎道德哲学中的"熏习性"研究》（《临沂大学学报》2022 年第 3 期）一文认为，"熏习性"之说在章太炎的道德哲学思想中，扮演着举足轻重的角色。厘清这个概念的内涵，有助于我们不断加深对章太炎伦理思想的认知。章太炎在触及西学之初，即提出"熏习性"的产生，并非出自"经验"，而是源于"先验"。其后由于受到"俱分进化"思想的影响，他又意识到"熏习性"与人性中的"善""恶"等命题之间，有着千丝万缕的联系。正是由于"熏习性"在人们道德实践中，能够从多重维度间接地左右人们意识活动中的道德价值判断，故而章氏进一步提出"熏习性"自身还受到来自"经验"的外铄。由是出发，他将思索的目光指向具体道德哲学的践行问题，在探讨这个命题的时候，章太炎聚焦于宗教和意志，力在"涤除名相"，帮助人们洞悉"熏习性"中的作用和价值。

彭春凌《章太炎与井上哲次郎哲学的再会及暌离》（《抗日战争研究》2022 年第 4 期）一文认为，从 1905 年阅读《哲学丛书》到 1910 年出版《国故论衡》，整个阶段都属于章太炎与井上哲次郎哲学的再会期。通过井上哲次郎及其周边日本学者引介的德国进化主义生理学和心理学，章太炎进一步将宇宙与人的交汇点定位在"活动"上，愈发靠拢叔本华的意志论。章太炎立足尊重和扩展个人的自我感知，井上哲次郎则把理想的极处置于超出个体之外的绝对实在之物。章太炎承认人间的有限和不完美，把听从下民的欲求作为清末革命的目的。井上哲次郎号召社会的差别性元素遵从"大我之声"的伦理召唤，他的"现象即实在论"不断满足天皇制道德意识形态对权威性的要求。两者在认识论、伦理观和政治哲学上出现的暌离，某种意义上象征着两个民族的心智角力和道路对决。章太炎的齐物哲学主张平等之"道"主动向下、不断变化去相合有差别的万物之"理"；井上哲次郎的论敌井上圆了倡导无限的"实在"去适应差别、有限之人生，与章太炎的观念却意外地亲近冥合。

李智福《章太炎庄学思想研究》（中国社会科学出版社 2022 年 9 月版）

一书，全面检讨了章太炎"上悟唯识，广利有情"之庄学思想，章太炎云"命世哲人，莫若庄氏"，放目古今中西，庄子是其心目中第一哲人。章太炎将庄学定位为内圣外王之道，其内圣学通过唯识学构建起来，即所谓"体非形器，故自在而无对；理绝名言，故平等而咸适"；其外王学则以庄学观照世道人生。他通过阐释庄子齐物哲学而抒发自由、平等、宽容、不伤害原则、和平主义、平民主义等政治思想，这些思想具有元伦理学、元政治学、元价值学的特色，即其所谓"操齐物以解纷，明天倪以为量""消摇任万物之各适，齐物得彼是之环枢"。总之，本书揭示了中国古典道家哲学通过章太炎的阐释而履行返本开新、贞下起元之思想使命，章太炎可谓近代新道家之集大成者。

何刚刚《"真俗之变"：论章太炎"求是"与"致用"关系的演变逻辑、成因及其影响》（《社会科学论坛》2022年第2期）一文认为，"求是"与"致用"分别代表了两种不同的学术价值取向。作为晚清古文经学代表人物的章太炎虽然深受"实事求是"方法论的影响，但在有些时期对"致用"也多有强调。具体来说，章太炎早年的思想表现出明显的"致用"倾向；从1906年开始，从"致用"转入对"求是"的追求；到了1920年后，又开始强调"致用"的重要性。这种变化有社会现实因素的影响，但更重要的是与他"真如"哲学的建构与夭折有着密切关系。而章氏"求是"与"致用"关系的演变，又在一定意义上造成了其哲学体系内部的矛盾与现实关怀的失落。

王云燕《试论章太炎对赵翼史学的认识与评价》（《文化学刊》2022年第9期）一文认为，在清末民初的史学近代化历程中，乾嘉学人赵翼的史学著作受到学界关注，诸多学人从不同的视角重新审视赵翼史学，评论角度不一、看法各异，折射出近代学术的纷繁面向。以梁启超为代表的新史学家高度颂扬赵翼史学的进步性，与之相反，章太炎则承袭乾嘉汉学家的路径，继续以"经师"的眼光视之，得出的结论截然相反。章太炎与梁启超学术根底不同，视角、立场各异，二人对《廿二史札记》的一抑一扬，特别是评点此书彰显的学术旨趣，其实异中有同，不乏相通之处，昭示着史学近代化过程中多元并存的治学路径。

（九）章太炎的学术地位与历史影响研究

朱维铮《章太炎与近代学术》（上海人民出版社 2022 年 3 月版）一书对章太炎主要著作如《訄书》《检论》《国故论衡》进行了深度解读，尤其注意章太炎在论学与论政之间的矛盾冲突，从而揭示了章太炎思想中的内在紧张；着力挖掘章太炎在晚清民初重要思想学术变迁中的位置，指出章太炎是主要的提倡者和不可忽略的重要人物。

彭春凌《章太炎与近代中国思想的全球史脉动——〈原道：章太炎与两洋三语的思想世界（1851—1911）〉绪论》（《中国现代文学研究丛刊》2022 年第 12 期）一文认为，16、17 世纪的科学革命和 19 世纪的生物进化学说带来了宇宙和人的观念的根本革新。章太炎用传统对"道"的诠释，来阐述斯宾塞的"进步"（progress）或"进化"（evolution）。从"以进化为枢轴"到"以俱分进化为进境"，可以概括辛亥革命前章太炎思想发展的一条内在理路。这一思想历程，又足堪辐射自 19 世纪中期到 20 世纪初，跨越大西洋、太平洋的英语、日语、中文三个文化圈，由于宇宙与人的观念革新而牵动的宗教、伦理、社会政治学说、美学诸领域之思潮跌宕和交互影响。以下引绪发端，勾勒上述研究的缘起、主旨以及所涉英、美、日、中四国紧密关联的知识群落之基本面貌。语言文化的差别、帝国主义与被压迫民族间利益诉求的差异，衍生了思想跨洋流动的复杂性。而深描那些从空间上层累地建构了历史观念的关键意义元素，乃是重绘这部流动的人类精神史诗及其繁复而连贯之篇章的必要途径。

王锐《章太炎与曾国藩形象在近代的翻转——兼谈范文澜的曾国藩论》（《天津社会科学》2022 年第 6 期）一文认为，不同于晚清时期士绅阶层的普遍看法，章太炎对晚清名臣曾国藩颇多批评。基于革命立场，他认为曾国藩不仅在学术上缺少心得，时常借学术以干利禄，而且效忠清廷、镇压太平天国起义、与由西方殖民者组建的"常胜军"关系紧密，这些都须进行严厉批判。与此同时，章太炎认为虽然程朱理学在清代被奉为官学，包括曾国藩在内的理学名臣难逃逢迎统治者之讥，但作为一种社会规范，理学的意义不容忽视。而作为章太炎的再传弟子，范文澜虽然以马克思主义史家闻名于世，但他的历史叙事里却时常可见晚清革命党的政治主张。他对于曾国藩的评价，一方面不悖于中国马克思主义史学，另一方面也与章太炎的曾国藩论有一脉相承之处。从章太炎到范文澜，可以窥见 20 世纪中国革命过程中精神层面的某种延续性。

（十）章太炎的文献著作研究

廖茂婷《〈章太炎家书〉稿本用字研究》（《汉字文化》2022 年第 9 期）一文认为，章太炎的文章素来以艰涩难懂著称，这与其用字古奥密切相关。《章太炎家书》稿本再现了章太炎真实的用字面貌，对其特殊用字现象考察有助于深入挖掘章太炎的文字学思想和文化心理。考察发现，章太炎的用字有着浓厚的崇古色彩，即习惯选用古字和冷僻字记录相应词语，尤其常见以《说文》古字记录，其家书的用字相较于其他书信文章的用字更加简易平实。这是由章太炎具有深厚的"小学"根底、热爱国粹的民族情怀、"求根探源"的文字学思想以及求新求异的用字心理形成的。

王志《章太炎所编〈学林〉创办与出版状况略考》（《民俗典籍文字研究》2022 年第 1 期）一文认为，《学林》是章太炎第三次流亡日本时创办的重要杂志。虽然《学林》筹办于 1910 年，但所出两期《学林》皆出版于 1911 年，而非学界通常认为的 1910 年。这一点，有许多材料可资佐证。学界流行的黄侃主编《学林》之说亦不可信。虽然《学林》是由太炎弟子们协助创办的，但其撰述与编辑工作则主要由太炎承担。

苏天运《章太炎〈春秋左传读〉引钟鼎文字考论》（《励耘语言学刊》2022 年第 1 期）一文指出，一般认为，章太炎对出土文字材料持较为保守的态度。但通过考察我们发现，受时代氛围、学术师承的影响，章太炎在早期的学术实践中对钟鼎文字进行了一定的引证和运用。该文即以章太炎的《春秋左传读》为研究对象，详尽考察了其中钟鼎文字的材料来源及所发挥作用，并尝试对其运用得失进行评价。

十二、谭献研究

2022 年，学界同人研究谭献的论文有 3 篇，分别是：杨斌的《叶衍兰致谭献书札三通考释》（《词学》第四十八辑，华东师范大学出版社 2022年 12 月版）、刘红红的《论民国新旧两派词学对谭献的接受》[《内蒙古大学学报》（哲学社会科学版）2022 年第 6 期]、孙之梅的《龚自珍经典化过程中的谭献与袁昶——兼论"惊四筵""适独坐"的审美分层》[《山东师范大学学报》（社会科学版）2022 年第 3 期]。

十三、陆心源研究

2022 年，学界关于陆心源的研究主要聚焦在他的藏书与刻书。

隗茂杰《陆心源〈群书校补〉初探》山东大学硕士学位论文，2022 年 5 月）一文指出，陆心源《群书校补》39 种 92 卷，刊刻或始于 1889 年，刊成于1893 年之前，收入《潜园总集》，是陆心源利用家藏善本对古书进行校勘补遗的重要著作，具有重要的校勘和辑佚价值。此书的纂辑背景有六：一是利用善本，订补官书；二是热心宋史，兴趣使然；三是家富藏书，因书究学；四是关心中医文献；五是关心乡邦文献；六是此书的纂辑是陆氏刊刻古书活动的延续。借助陆心源前期撰写的题跋，可以基本厘清《群书校补》的纂辑过程。

杨敏慧、李万康《陆心源藏书印考略——以日本静嘉堂文库宋元版为中心》（《湖州师范学院学报》2022 年第 3 期）一文指出，陆心源藏书印的明确与完善是证明藏品曾属陆氏所有的重要依据之一，而目前此领域研究存在一定缺失。通过对日本静嘉堂文库宋元版藏书与《皕宋楼藏书志》的图文考究，初步确定陆心源在宋元古籍中钤有藏书印十六方，且进一步提出并论证"陆心源印""岭南东道兵备使者""六十以后号再巳翁""三品风宪一品天民""楚狂后裔"五方印章应为陆氏藏书印。这批藏书印的确立，为进一步研究陆心源旧藏书画提供了标准与依据。

十四、朱一新研究

2022 年，学界研究朱一新的论文有 2 篇，分别是：乐爱国的《晚清朱子学者对戴震〈孟子字义疏证〉的批评——以夏炘、朱一新为中心》（《学术界》2022 年第 3 期）、朱万章的《晚清朱一新致谭宗浚信札考》（《荣宝斋》2022 年第 3 期）。

十五、李慈铭研究

2022 年，学界研究李慈铭的论文有 2 篇，分别是：蓝青《李慈铭〈春融堂集〉未刊批点辑录》（《明清文学与文献》第十一辑，中国社会科学文献出版社 2022 年 8 月版）、钱丽霞的《李慈铭金石鉴藏与书法研究——以〈越缦堂日记〉为中心》（郑州大学硕士学位论文，2022 年 5 月）。

十六、沈曾植研究

2022 年是沈曾植先生逝世 100 周年。10 月 15 日，"近世通儒——纪念沈曾植逝世 100 周年特展"在嘉兴博物馆开展。本次展览共展出展品 170 件，大致分为以下四部分：第一部分展出家族成员的书画作品和沈家一些日常用品、女红绣品、家族墓出土玉器等；第二部分展出沈曾植同年录、奏折、时政言语稿、论军制稿、论教育文稿等为官时期的遗稿，特别是在安徽任期时的很多珍贵照片和文稿，这些都是首次展出；第三部分展出好友致沈曾植的书画和相互间的往来信札、拜帖名刺等；第四部分展出其学术成就，内容涉及金石书画、诗词文学、舆地、律法、经史、佛学等。王国维称沈曾植为"集有清三百年学术之大成且继往开来的学者"。

11 月 18 日上午，由嘉兴南湖学院与嘉兴文化广电旅游局联合主办的"中国金石书画研究院成立仪式暨纪念沈曾植逝世 100 周年活动"在嘉兴南湖学院举行。11 月 18 日下午，由嘉兴市文化广电旅游局、嘉兴市文学艺术界联合会主办的"纪念沈曾植逝世 100 周年学术研讨会"在嘉兴举行，与会专家从沈曾植书札、遗墨、金石、著书、藏书等方面论述了沈曾植经世致用的治学思想，探讨了沈曾植书风在书法史上的地位。

王谦《从"通人之学"到"通人之书"：沈曾植书法研究》（人民美术出版社 2022 年 3 月版）一书为悼念沈氏逝世 100 周年而作。"通人书法"和"寐草"是此书的两个关键词，作品主要创新也由此体现。其一，首次提出"通人书法"的概念，以沈曾植为近代"通人书家"之典型，对其诗学、诗功和书学、书艺进行研究。作品从"学人之诗"入手，聚焦于沈氏晚年书风的形成轨迹与定型范式，探讨其书学理论、书法成就与学术之间的多重回互关系，作者的分析和立论基本不离"通人"层面，知人论世，沈曾植书法研究由此而进入新的阶段。其二，作者借鉴当代学者将王蘧常章草命名"蘧草"的理路，将沈曾植（号寐叟）晚年书风定名为"寐草"，借此厘清书法界多年存在的书体混淆问题，并将"寐草"视为对王献之所倡导的在"稿、行之间""改体"主张遥隔 1500 年之后的首次成功实践。作者认为，沈曾植以其并不完全遵循章草规范的寐草，为后世提供了一个开放范式，昭示出书法创新的无尽可能性。这种贡献历久而弥新，对当代书法创作亦具启发价值。

2022 年学界关于沈曾植的研究论文有：杜启涛的《沈曾植对清代碑学理论的补充及实践探索》（《荣宝斋》2022 年第 12 期），巩硕、李滨序的《折中融合：晚清以帖入碑思想的承传——沈曾植、于右任书法艺术比较》（《东方收藏》2022 年第 11 期），文津的《浅析沈曾植行草书用笔特点》[《山西大同大学学报（社会科学版）2022 年第 5 期]，孙稼阜的《名家临名帖——沈曾植临〈瘗鹤铭〉》（《书法》2022 年第 10 期），王谦的《沈曾植书法碑派来源考论》（《人文天下》2022 年第 7 期），叶培贵的《〈从"通人之学"到"通人之书"：沈曾植书法研究〉序》（《中国书法》2022 年第 7 期），闫帆的《沈曾植书法风格演变研究》（曲阜师范大学硕士学位论文，2022 年 5 月）、薛元明的《天绅大瀑透空下 彼岂胸臆填风雷——沈曾植临摹解析》（《青少年书法》2022 年第 2、4、6、8 期），孙稼阜的《名家临名帖——沈曾植临〈爨宝子碑〉》（《书法》2022 年第 1 期），陈凌菡的《沈曾植与日本学人往来之论考》（《世界近现代史研究》第十八辑，社会科学文献出版社 2021 年 12 月版）。

十七、蔡元培研究

2022 年学界的蔡元培研究，主要围绕蔡元培在北京大学的教育实践与教育思想，蔡元培的美学美育思想、哲学思想、文学思想、翻译学思想、生平事迹、人物交游研究而展开。

（一）蔡元培在北京大学的教育实践与教育思想综合研究

陈彦文《蔡元培北大教育改革探索及启示》（《品位·经典》2022 年第 23 期）一文认为，蔡元培在改革北大教育实践中形成的大学教育思想影响深远，主要包括：大学相对独立、教授治校、思想自由、学术至上及人格教育等方面，通过探索研究蔡元培这一时期的教育思想，有助于我国推动教育强国。

杨卫明、汪秋萍《进退之间：蔡元培辞职与回任北京大学校长考述》（《教育与考试》2022 年第 6 期）一文认为，蔡元培为学人誉作"北大永远的校长"，他对北京大学的改造，在近代中国高等教育发展史上具有界标与典范意义。但就职北京大学校长期间，他曾多番请辞与回任，却也耐人寻味。探赜索隐，学术坚守与政治纷扰的博弈以及蔡元培秉持的"教育独立"理念，成就了一道亮丽而多舛的景观。进退之间，彰显着先行者坚毅执着的品行。

吉祥佩、李宜江《蔡元培的大学学科建设思想及其当代价值》（《中国人民大学教育学刊》2022 年第 1 期）一文认为，蔡元培在主掌北京大学期间，他的大学学科建设思想逐渐成形，包括以"学术研究"为核心的学科理念、以"学术分校""融通文理"为抓手的学科体系、以"研究所""学术刊物""学术社团"为枝干的学科平台、以"校—院—系"为基准的学科建制和以"教授治校"为主体的学科管理体制。蔡元培的大学学科建设思想不仅推动了近代大学学科由官僚本位向学术本位的转型，而且开启了近代大学学科制度的本土化建构过程。

　　杨俊铨《蔡元培社会责任教育观及其当代价值》[《绍兴文理学院学报》（教育版）2022 年第 1 期] 一文认为，蔡元培强调社会责任教育在塑造良好公民、改良社会风气中的意义。他以仁爱为核心，将社会责任分成坚守公义与崇尚公德两种，从相反相成的两个面向呈现出社会责任的道德蕴含及教育内容。他积极寻求完人理想与中国实际的切合点，既提出了基于健全国民塑造、培育世界公民的价值诉求，也阐发了家庭、学校、社会等多教并举与体育、智育、德育等诸育融合的实践路径，从"教什么""为何教""怎么教"三个方面彰显出社会责任教育的完整逻辑。

　　罗永华、扈中平《蔡元培"世界观教育"的三重意蕴与启示》[《绍兴文理学院学报》（教育版）2022 年第 1 期] 一文认为，在中国近代教育史上，蔡元培首倡的"世界观教育"，融合了中国传统文化中的儒家教育思想和西方近代人道主义理论中的人本主义精神，它的价值取向是"以人为本"，育人目标是培养"完全人格"，具体内容包括何为"人的幸福"和如何获得"人的幸福"，有着丰富的教育意蕴。

　　姚家育《北京大学早期的平民学校（1918—1930）——考察蔡元培平民教育思想的一个视角》（《山东高等教育》2022 年第 3 期）一文认为，因受蔡元培的感召和引领，北京大学师生创办平民学校，开展平民教育，助推教育平等。蔡元培的平民教育观念从此落地，并转化为北京大学师生的共同行动。平民学校及其平民教育成为 1918—1930 年北京大学校园一道亮丽的风景线。蔡元培不遗余力宣传教育平等的观念，培养学生服务社会的能力，服务社会和教育平等构成了蔡元培平民教育思想的形与质。蔡元培是北京大学平民教育的开创者，承继晚清新式教育"开民智"之风，身体力行，率先垂范，在北京大学校内外产生了广泛的影响。

　　杨涛《高质量发展背景下高等职业教育的类型与定位——以蔡元培高等学校分类思想为分析中心》[《河南师范大学学报》（哲学社会科学版）2022 年第 6 期] 一文指出，在中国现代高等教育起步阶段，蔡元培的高等学校分类思想中蕴含了普通高等教育和高等职业教育地位平等但性质不同的萌芽。蔡元培主张应当通过学术分校来分别培养学问型人才和实用型人才，希望所有高等专门学校均升格为大学。

杨俊铨、刘婉《论蔡元培的公民责任观及教育意蕴》[《集美大学学报》（教育科学版）2022 年第 6 期] 一文认为，蔡元培的公民责任观是新时代道德文化建设的重要资源。他将公民责任视为个体在社会公共生活中应当遵循的伦理准则或道德规范，从"行正义""尽公德""循礼仪"等层面阐述了其具体蕴含。他将教育作为培养健全国民、塑造良好社会的主要路径，主张遵循受教育者，尤其是儿童的主体性与身心发展规律，以多教并举的方式促进公民责任意识与实践能力养成，彰显出鲜明的现代追求与实践特征。

李宜江《蔡元培德育观及其对立德树人落实机制的启示》（《齐鲁学刊》2022 年第 4 期）一文认为，蔡元培融合中西、古今德育思想，初步形成了适合近现代中国社会发展需要的德育观。道德救国是蔡元培德育观的历史场景，并体现了人德共生的内在蕴意。培育共和公民是蔡元培德育观的思想实质。在德育落实方面，蔡元培提出重视家庭、学校、社会教育合力作用，发挥学校教育主阵地作用，发挥教师榜样示范作用，注重德育实践等路径。

（二）蔡元培的美学美育思想研究

李今、陈雨泓《蔡元培"美育代宗教"中的国民性改造——以"一战"前后文化实践为中心》[《烟台大学学报》（哲学社会科学版）2022 年第 3 期] 一文认为，蔡元培提出"美育代宗教"并非出于单纯的学理思考，其中也包含国民性批判的时代话语。他有感于国人执着于私利，借法兰西"优美"的民族性审视中国，试图以美育改造国民性。1916 年蔡元培反对孔教为国教，是"美育代宗教"提出的另一背景，"美育"同时指向儒家礼乐文化，"非孔教"仍是为了批判国民性。蔡元培的美育论述倡导舍己为群、从容超脱的精神，此二种倾向的平衡构成蔡元培理想中的国民性格，为中国近现代国民性改造提供了世界化与中庸化的模式。

戴汶倩《蔡元培"以美育代宗教"研究》（曲阜师范大学硕士学位论文，2022 年 5 月）一文指出，在五四新文化运动中，蔡元培提出的"以美育代宗教"

说，对中国社会的发展产生了深远的影响。他是作为一名大学校长即教育家提出这一主张的，但它不仅仅是一个关乎教育的命题，更是一个美学命题。它是五四时期中西文化和美学思想交汇和碰撞的产物。虽然"以美育代宗教"自提出以来，在学术界存在着广泛的争论，但是，它也在争议中深深地影响着中国现代美学和美育的发展。

李媛、周慧梅《蔡元培美育思想与中国早期教育电影的美学取向——以金陵大学摄制的教育电影为中心》（《教育文化论坛》2022 年第 6 期）一文认为，20 世纪 20 年代，在蔡元培等人的倡导下，教育电影日渐成为一种对民众进行思想启蒙和国民性改造，以建立现代性民族国家的重要社会教育工具。在教育电影的摄制取向中，蔡元培美学思想中的人和社会启蒙向度颇有影响力，且直接作用于以金陵大学为代表的教育电影摄制机构中。

刘跃兵《同源异流的美学建构——席勒与蔡元培艺术教育观之比较》[《美与时代》（下）2022 年第 9 期] 一文认为，蔡元培与席勒是近代中西方美育史上最具有代表性的美学家，他们都结合各自的时代与社会特点倡导美育，艺术教育观念是其美育思想的重要部分。二人的艺术教育观都以康德美学为理论基础，然而，由于社会身份、时代背景、中西文化传统等方面的差异，他们对艺术教育的目的和属性的理解各有侧重。此外，他们的思想理论在风格上也呈现出完全不同的面貌。

慕漫红、彭泽云《蔡元培的美术批评实践及其思想来源探析》（《中国美术研究》2022 年第 1 期）一文认为，对蔡元培美术批评思想体系展开探讨，能够深刻地了解、认识到西方近现代哲学、美学是如何被运用到中国美术批评实践之中的。

徐元《重温蔡元培美育思想要义 创新推进新时代美育工作——中国美术学院美育工作的探索与思考》（《艺术教育》2022 年第 8 期）一文整理了蔡元培美育思想之要义，结合中国美术学院美育工作的相关事件，论述了其对推进新时代美育工作的重要支撑作用。

马子淇《蔡元培美育思想在当代中国学校教育中的影响与应用》（《艺

术教育》2022 年第 7 期）一文阐述了蔡元培美育思想的提出背景及内容，对政府的美育政策进行了较为详细的梳理，总结美育的价值，分析如何将蔡元培美育思想应用到当代学校教育中，将美育与当今时代特点相结合，探索出一条更适合中国学校教育的美育之路。

田瑞、陈伟《中国现代美育思想中的江南情怀与都市想象——以蔡元培、丰子恺、鲁迅为例》（《都市文化研究》2022 年第 2 期）一文认为，在现代中国，以上海为中心的江南地区不仅是"后江南美学"的文化重镇，其作为中国近现代城市化建设的起步地区，更是中国现代美育肇发兴盛的思想阵地之一。蔡元培、丰子恺、鲁迅作为土生土长的江南学人，其美育思想也不可避免地呈现出他们身上所具有的江南文化气质，为中国现代美育（学）的现代性形态赋予了些许江南美学的诗性色彩。

周畅《从感性启蒙到自由王国：蔡元培艺术教育思想探析》（《湖北文理学院学报》2022 年第 10 期）一文认为，蔡元培在融合中西方美育思想的基础上，创造性地提出"以美育代宗教"说，并提出具体实施的思路和方法，建构了现代中国第一个完整的美育思想体系，成为中国现代美育和艺术教育的奠基人。蔡元培将感性启蒙作为艺术教育的逻辑起点，艺术教育是实现美育的主要路径和方法，它以审美的普遍性和自由精神为引领，旨在促进人格完善，最终实现"以美育代宗教"的自由王国。蔡元培的艺术教育思想对当代中国的美育和艺术教育仍具有重要的启示意义。

汤芸《以美育为核心的民族学——蔡元培的民族学思想形成初探》（《西北民族研究》2022 年第 6 期）一文认为，蔡元培作为中国民族学的奠基人之一，奠定并发展了一种基于相对主义与比较视野、以美育为核心的民族学思想。其民族学思想的构成有三个层次和特点：一是蔡氏在留学德国之前，在对进化论与渐兴的"国教"运动的反思中，强调人道主义基础上的开放与包容；二是蔡氏在留学德国之后，在经由康德而至尼采的转化中形成的美学思想，反对至上道德的封闭性，并提倡审美造就的开放性；三是蔡氏通过"以美育代宗教"的呼吁与实践，最终确立了将民族看作美学事实的民族观。蔡氏从美育出发来塑造"美美与共、和而不同"的民族关系，这一民族学思想不仅是对其所处时代的同化论的有力反思，更为当下铸牢中华民族共同体意识提供了一种有益的学理思考路径。

（三）蔡元培的哲学思想研究

张子昂《试论蔡元培的民族哲学思想》（《作家天地》2022 年第 22 期）一文就蔡元培民族哲学思想的形成及演变过程进行了分析，用哲学的视角深入探讨了蔡元培的民族学思想，试图揭示隐含在蔡元培思想当中的民族哲学思想，有助于推动相关的认识与研究，更好地丰富中国哲学史。

许春华《"中国的"与"哲学的"双重理路——以蔡元培之"序"、陈寅恪与金岳霖之"审查报告"为中心的探讨》（《孔子研究》2022 年第 4 期）一文认为，20 世纪初期胡适的《中国哲学史大纲》、冯友兰的《中国哲学史》（上下册），创建了"中国哲学史"学科形态。蔡元培为胡适所作之"序"，陈寅恪、金岳霖为冯友兰所作"审查报告"，意味着对"中国哲学史"的不同理解。蔡元培以"中国民族的哲学思想发达史"，对应"哲学家的哲学思想发达史"；金岳霖以"中国哲学的史""好的哲学史"，对应"在中国的哲学史"，明确了"中国民族的""中国哲学的"在"中国哲学史"中的主体地位。陈寅恪"同情之了解"的态度与方法，坚持"思想"比史料更根本的学术信念；金岳霖突出"论理学"与"讲道理"的论证方式，确立了"中国哲学史"中"哲学的"特质。这种"中国的"与"哲学的"双重理路，有益于推动中国哲学本土叙事的深入探讨。

（四）蔡元培的文学、翻译学思想研究

段怀清《"文变"之后：蔡元培文学思想的新开展》[《复旦学报》（社会科学版）2022 年第 3 期] 一文认为，蔡元培文学思想的"新开展"，时间上涵盖了他的后半生，其中对于中国文学与文化的重新阐释解说，糅合了进化论、革命论、沿革说、替代说等，生成一套具有蔡元培个人知识逻辑、思想逻辑、伦理逻辑与审美逻辑的"文艺中兴"说。

刘洋、文军《翻译家蔡元培：译作、译论与贡献》（《上海翻译》

2022 年第 4 期）一文发现蔡元培曾译介多部具有重要影响的国外学术著作，提出独树一帜的译学思想，同时围绕翻译活动做了大量富有建设性的工作，为译学等诸多学科领域以及近代中国教育事业的建设与发展做出了突出的贡献。其翻译事业不只是个人学术志趣的体现，更是其心系教育、民族和社会的责任感和使命感的直接印证。

刘洋、文军《翻译活动家蔡元培：成就及影响》（《语言教育》2022 年第 4 期）一文认为，蔡元培为近代中国翻译事业的发展做出了卓越的贡献，这不仅体现在他的翻译实践和翻译思想中，同时还体现在他以一个领导者和组织者的重要角色直接参与并促成了一系列具有重要影响的翻译活动上。

（五）蔡元培的生平事迹、人物交游研究

张丹、邱雪峰《蔡元培先生与国立中央博物院的筹建》（《美术观察》2022 年第 2 期）一文认为，蔡元培是中国博物馆事业的先驱者，他对博物馆学理论和实践开展的思考和行动，特别是在倡导创立国立中央博物院过程中的一系列探索，反映出他开阔的思路和学术视野，其博物馆建设理念和博物馆教育观对中国现代博物馆的发展和运营仍有着积极的启示。

孙宜学《蔡元培与泰戈尔》（《书屋》2022 年第 11 期）一文指出，第一个邀请泰戈尔访华的中国人，可能是蔡元培。蔡元培深入研究过印度哲学对中国文化的影响，因此对恢复中印文化交流十分重视。

十八、王国维研究

2022 年学界的王国维研究，公开发表有 60 余篇学术论文，主要围绕王国维的经学思想、《人间词话》"境界说"、文学思想、戏曲思想、悲剧美学、美育教育、史学思想、文献著作以及王国维的人物交游、生平事迹等方面展开。

（一）王国维的经学思想研究

宫云维《始创新经学的大师：王国维经学研究述论》（《浙江社会科学》2022 年第 5 期）一文认为，王国维是中国近现代学术史上著名的学术大师。

其治经，跳出了清代以来的今古文之争，把经学还原为独立科学研究的对象，用最新的考古材料来与古经进行比较研究，取得了一系列丰硕成果。其方法胡适称之为"科学的治经方法"，其人胡适称之为"始创新经学的大师"。王国维以经证史，在古史研究上取得了巨大的成就；反过来，以史治经，也为古经的研究做出了重要的贡献。

（二）王国维的《人间词话》"境界说"研究

齐云清《王国维境界说作为文学批评模式的理论内涵及其实践》（《湖南广播电视大学学报》2022年第1期）一文认为，自王国维于1908年发表《人间词话》以来，其对境界的具体定义及"境界说"作为文学理论是否构成体系存在争论。王国维的"境界说"实际上搭建了一个完整的文学批评模式，既有理论作为骨架筋脉，又有以理论为基准进行的具体批评作为血肉填充，为中国古代文学批评模式的接续转型提供了有益的借鉴。

郭英、尹戴忠《论王国维"境界说"中"三对范畴"的诗词体现》（《青年文学家》2022年第5期）一文指出，王国维是最早运用西方哲学、美学等知识诠释中国古典文学的大家，《人间词话》便是他的代表作之一，"境界说"是其中的核心内容。王国维因受所处时代带来的古今文化及中西文化的影响，使他在以往"意境"理论研究上，有了进一步的完善与发展。关于"境界说"，他从不同角度切入，剖析和总结了三对范畴："有我之境"与"无我之境"，"造境"与"写境"，"隔"与"不隔"，详细叙述了"境界说"的主要内容。

童梦瑶《王国维〈人间词话〉中的"境界"说》（《汉字文化》2022年第19期）一文聚焦于《人间词话》中的"境界"说进行研究，"境界""意境"的概念都是中国传统文论的核心范畴，其概念对我们理解诗词和文学具有深刻的影响。目前我们国内对于《人间词话》的研究已经取得了一定的成果，对这方面的研究也很广泛，已经积累起深厚的理论资源，但与此同时，对"境界"说的研究在当代语境下也存在一些值得深入探讨和解决的问题。

张潇丹《论王国维〈人间词话〉中境界之"真"》（《开封文化艺术职

业学院学报》2022年第9期）一文认为，《人间词话》最重要的理论无疑是"境界说"，同时王国维在此书中还提出了"真"这一美学观念。事实上，王国维的"境界说"是以"真"为依托的，境界之"真"在词学中具有举足轻重的地位，"真"既是"境界说"的核心，也是其脉络，具有丰富的内涵与多层含义。对王国维《人间词话》中"真"的内涵进行分析，有助于加深我们对王国维"境界说"中"真"的理解。

陈莹《从王国维之避而不谈柳永词看其学术品格的分裂》（《平顶山学院学报》2022年第6期）一文认为，王国维《人间词话》点评了历代众多的词家，却忽略了在北宋词学史上占有重要地位的柳永，仅以寥寥数笔将其带过，其中原因令人深思。王国维在传统士大夫审美、儒家文化人格和自身性格弱点的左右下，内心充满矛盾，导致其学术品格的分裂。王国维对柳永词的回避，实际上是对自己内心冲突的回避，是他在学术与人格发生分歧的困境中不得已而采用的策略。

（三）王国维的文学、戏曲思想研究

李浴洋《"传统"的发明——"整理国故"运动与王国维"文学革命的先驱者"形象建构》（《文学评论》2022年第6期）一文认为，王国维早年写下了大量文学论著，但在清末民初，并没有多少人察觉它们的跨时代意义，有的还被当时的文坛同人有意无视。直到"整理国故"运动兴起，其"现代的"与"科学的"文学思想才开始备受关注，进而在文学研究会同人的推动下，被置于"文学革命"带来的新的观念视野与问题意识中加以认识，其本人也被逐渐建构为"文学革命的先驱者"。与此相伴的，是"新文学"在"文学革命"之后的自我调整与成长，以及"新思潮"的内在辩证与突破。王国维的"先驱"意义既在如是历程中被"发现"，也参与照亮了这一历史进程。

周旻《从〈英文学史〉到〈宋元戏曲史〉——"文学史"观念的旅行与王国维的域外资源》（《文学评论》2022年第6期）一文认为，1907年，王国维在其主编的《教育世界》杂志"传记""史传"栏中，陆续刊印了数篇西方文学家的传记，是其转途文学的风向标。其中《莎士比亚传》《培根小传》《英国大诗人白衣龙小传》三个文本翻译自日本近代文学理论家坪内逍遥于 1901 年撰写的《英文学史》。王国维通过择译，接纳和改造了"文学史"这一新的述学文体。他从坪内文学史中所习得的"批评""比较""述史"的方法，呈现在 1913 年所完成的《宋元戏曲史》一书中。对上述文学家小传和底本的考察，有助于呈现"文学史"观念在东亚的旅行过程，以及王国维展开文学研究时所借助的资源。

彭玉平《王国维〈颐和园词〉考论》（《文学评论》2022 年第 5 期）一文指出，《颐和园词》创作于王国维寓居京都期间，罗振玉激赏并为之手写付印。在流传过程中，依次形成了《颐和园词》手稿本、铃木本、罗印本、壬癸本、壬癸订本和集林本六个版本，见证了王国维六次斟酌修择的过程。经过《艺文》《壬癸集》《诗苑》《甲寅》等转载，此诗声名渐著。王国维与铃木虎雄往返讨论，充分彰显了此诗的思想艺术特点。《颐和园词》虽总体是一曲哀悼清亡的挽歌，但其中隐含对慈禧的批评，借助其拟作而未完成的《东征赋》的基本思路，并与《隆裕皇太后挽歌辞九十韵》对勘，可一窥其对朝代兴废规律和深沉原因的探讨。梳理《颐和园词》走向经典的历程，可以更全面地勘察王国维、颐和园与《颐和园词》在文学、政治和历史上的深刻关系。

陈建华《王国维〈人间词话〉与康德哲学》[《复旦学报》（社会科学版）2022 年第 4 期]一文在对王国维的有关康德论述的考辨基础上，指出《人间词话》融汇了康德的三大批判，引进了一种以科学实证为基础的"自然"观。他主张情景之间的直观表现贯穿于"境界说"之中，包括"隔"与"不隔"、"有我之境"和"无我之境"的观点。《人间词话》含有以康德为代表的启蒙哲学，引进了一种新的二元世界观及认知主体，具有突破传统思想模式的意义；而"境界说"的镜子"再现论"对 20 世纪中国的文艺领域中的写实主义产生了深刻的影响。

朱炜《因"观"生"境"：王国维戏曲意境说的创构与生成》（《湖北社会科学》2022 年第 6 期）一文认为，"观"是贯穿王国维戏曲意境说生成历程的重要概念。中国美学中的"观"，是一种强调身体—主体的知觉思维，是心观而不是目观，审美意境的生成正是源于内观的心象聚合。从《人间词乙稿序》到《宋元戏曲史》，王国维将"观"与意境的创构和生成联系起来，揭示了戏曲意境说生成的内在理路。在第一阶段，王国维用"能观"界定意境，并将"观"视为意境创构与生成的基础和前提。基于观物和观我，王国维将意境区分为意与境浑、境胜、意胜三种。然而，不论是观物还是观我，都是在情景、主客、物我二分的关系中讨论文艺审美。所以到了第二阶段，王国维不再重点关注意境，而是通过拓展观我和观物，将境界提升为文学审美理论中的本体论。基于"有我之境"和"无我之境"，王国维建构了强调"真"和心境的"境界说"理论体系。在第三阶段，王国维以"境界说"为基础，跨越式地将"真"和"自然"应用于戏曲的文学批评上，提出了"戏曲意境说"。"真"和"自然"在本质上是借由"观"而产生的审美效果。王国维虽然受到西方哲学美学思想的影响，但从心观对意境生成的建构作用来看，其戏曲意境说仍根植于中国传统美学精神。

陈淼《王国维的戏曲研究分析——以〈宋元戏曲考〉为例》（《青年文学家》2022年第33期）一文认为，王国维在学术史上有继往开来的重要地位，他的学术思想与方法具备中西兼用的特点，并在史学、文学、哲学等领域都取得了丰硕的成果，《宋元戏曲考》是其成就之一。

梁帅《罗振玉的交游、藏书与王国维的戏曲研究》（《戏曲艺术》2022年第4期）一文认为，1907年春王国维赴京，此后在与缪荃孙、刘世珩等人的相识中，罗振玉扮演了重要角色。罗振玉还与陈毅、董康等人筹办古书展览会，进一步扩展了王国维的学人圈。在京研治戏曲期间（1908—1911），王国维所购书主要是词曲；而其研究又十分依赖史部、子部，尤其是丛书，这些文献多出自唐风楼。罗振玉、王国维于1912年编订的《大云精舍藏书目录》，是解读王国维的戏曲观点来源、研究路径的重要文本依据。结合王国维的征引书目，子部是其构建戏曲研究体系的基石。

2022年11月3日，由中国艺术研究院、浙江省文学艺术界联合会、海宁市人民政府主办的 2022 年"王国维戏曲论文奖"颁奖典礼暨"新时代戏曲研究的前沿话题"研讨会以线上线下相结合的方式在浙江海宁举行。①

（四）王国维的美学（悲剧美学）思想研究

李祎罡、金雅《"大诗人"的"情"与"境"：王国维艺术美学观下的人格理想》[《浙江理工大学学报》（社会科学版）2022 年第 6 期] 一文首先考察了王国维对"大诗人"人格在艺术创作、审美态度以及其他方面的内涵规定，然后针对"大诗人"关键的"情感"和"境界"两大问题，探索"大诗人"情感深化和境界升华两支衍化路径的内涵。王国维对"大诗人"及"情""境"的阐发，形成了王国维艺术美学观下的人格理想，其思想意义旨在实现艺术与人生的融合统一，同时影响了王国维艺术美学观的人生论旨向以及对自我人生的观照。

任军、唐梦雪《从〈《红楼梦》评论〉看王国维的体验美学》（《嘉兴学院学报》2022 年第 4 期）一文认为，王国维的《〈红楼梦〉评论》曾被认为是生硬套用叔本华哲学观念的解读文本，造成了对西方哲学和东方经典的双重误读；此类意见忽略了王国维的切己人生体验对其人生哲学的影响。王国维以对生命的本真体验融入《红楼梦》的解读过程，形成了独特的体验美学。重审王氏的体验美学，对当下的强制阐释和文论消隐现象，均有重要的纠偏功效。

吴寒《残局之为开局：论王国维古雅说与美之第二形式》（《文艺研究》2022 年第 7 期）一文认为，在《古雅之在美学上之位置》中，王国维将西方美学中的"优美"与"宏壮"视为美之第一形式，将中国美学中的"古雅"视为美之第二形式。这一理论建构表现出强烈的美学抱负。王国维尝试在康德美学的基础上，将论述重心从先验转向经验层面，不是把美的重心立足先天预成的认识机制，而是强调其在经验和实践中的呈现机制，为面向美的学

---

① 殷娇：《2022 年"王国维戏曲论文奖"颁奖典礼暨"新时代戏曲研究的前沿话题"研讨会综述》，《戏曲研究》2022 年第 4 期。

习与修养打开理论空间。这是中国近代美学史上的重要时刻。古雅说的美学意义在于，王国维围绕美之第二形式展开的思考，一方面上承中国思想传统中修养论、工夫论的思维结构；另一方面则开启中国美学百年来对美的实践性维度的持续求索。因此，王国维的"理论残局"背后的问题意识，可以为当代美学研究再开局。

杜慧敏《王国维美学思想研究进路辨析》（《中国美学研究》第十九辑，商务印书馆 2022 年 6 月版）一文认为，王国维美学思想具有相对明确的文本范围和逻辑结构。其与哲学、文学密不可分的双重属性，规定了王国维美学思想研究的两条主要进路。清末民初之际，与中西文哲的复杂联系使得王国维美学思想在一定程度上缺乏自显的明晰性，需以中国古典学术的"辨章学术，考镜源流"对其进行思想复盘式澄清。而今日其各条研究进路中的"哲学进路"，由溯源走向明晰，对此做了有效呼应。

张运《作为形式的艺术——王国维"古雅说"对康德形式主义美学的继承与发挥》（《嘉兴学院学报》2022 年第 4 期）一文认为，王国维的"古雅说"在接受康德形式主义美学观点的同时对其做了一定的发挥，通过对"形式"以及"表现"的重新阐释，实际上将"无利害"拔高到了美学中形式主义的第一原则的位置，从而使形式主义在逻辑上能够将艺术容纳进去。这种对康德形式主义的重新理解为"古雅之在美学上之位置"这一问题的回答提供了理论基础，是王国维整个"古雅说"的立足之本。

斯维《从不幸结局到自觉意志：论王国维悲剧观念的转变》（《文艺理论研究》2022 年第 5 期）一文认为，在王国维总体思想从受动向能动转变的背景下，其悲剧观念也发生重大转变，即从不幸结局观的接受转向自觉意志论的建构。最初，他阅读《岭云摇曳》等明治知识人的论著，并通过存在误译的早期英译本接受叔本华悲剧观念，把不幸结局作为衡量悲剧的绝对标准。接触尼采悲剧观念后，王国维逐渐改造此前以盲目欲望为中心的意志概念，把"意志之根本"从所译《心理学》中的"欲望"推向"自觉"，从而最终提出以"主人翁之意志"作为衡量悲剧的最高标准。

（五）王国维的美育教育思想研究

徐慧、夏永庚《王国维"立美育德"思想的内涵及其当代价值》（《教育探索》2022 年第 1 期）一文指出，王国维美学思想体系庞大，"立美育德"是其中的重要组成部分。王国维"立美育德"思想主要有两个方面的理论来源：一是道家和儒家思想文化的濡染；二是对康德和席勒美学思想的吸收。王国维在分析美的重要性基础上提出，应该建立独立的美学，通过美的熏陶和感染，发挥其对个体道德品质和完整人格发展的重要作用。

（六）王国维的史学思想研究

乔治忠《顾颉刚与王国维治史理念的差异及学术启示》[《廊坊师范学院学报》（社会科学版）2022 年 4 期] 一文认为，中国近代历史学的发展，主要矛盾是持续求新的趋向与力图守旧的势力之间的矛盾。顾颉刚与王国维是这两种史学取向博弈的代表性人物，对二人的治史理念予以比较十分必要。顾颉刚的治史理念是要打破上古旧史叙述的失实体系，具有"疑古"的特色；王国维则利用其某些考据成果，为信古思想张目。二者相比，高下立分。信古者有责任为其所信之史举证，但却大多逃避，仅能攻击疑古之说的所谓证据不足。王国维虽然能够以考据为古史举证，但论述之间充满逻辑荒谬。此后，信古派的论述，逻辑荒唐者频出，每况愈下，直至今日。

（七）王国维的文献著作研究

彭玉平《王国维藏书之来源与批校之书考论——兼释王国维遗书"书籍可托陈、吴二先生处理"之义》（《文学遗产》2022 年第 6 期）一文认为，书籍是王国维生命所系，也是奠定其人生价值和意义的重要基石。王国维遗书特别提及"书籍可托陈、吴二先生处理"，包含对陈寅恪和吴宓的极大信任和深厚情谊。王国维藏书丰富，来源亦十分广泛。他在中国和日本不同的生活阶段，藏书也积成规模。王国维非藏书家，其藏书主要供研究之用，故自身学术著述、批校之书与一般性藏书构成其藏书的三个主要部分。其中近两百种批校之书，提升了相关藏书的附加价值。由于专业和其他原因，陈寅恪、吴宓并未参与对王国维书籍的整理，但在将相关书籍捐赠北平图书馆等事上，陈寅恪居中联系，为王国维批校之书安顿至善。厘清王国维藏书的来源及身后处理之情况，对于全面了解王国维的学术特点和学术贡献具有重要意义。

陈力《王国维先生之〈竹书纪年〉研究平议》（《文献》2022 年第 2 期）一文指出，王国维关于《竹书纪年》的研究，在很长一段时间被当作古籍辨伪的典型案例，直到今天，仍然有很大的影响。重新梳理《竹书纪年》的整理与流传情况以及对王国维先生的研究进行讨论，是一件颇具文献学意义的工作。

梁帅《〈王静安手录词曲书目〉与王国维的戏曲研究》（《文化遗产》2022 年第 1 期）一文指出，四川省图书馆藏王国维手稿《王静安手录词曲书目》编于 1912 年底，共著录曲本 58 部。它汇集了王国维从 1908 年研治戏曲到《宋元戏曲史》完稿之前，所收藏的主要戏曲书籍。《王静安手录词曲书目》著录的曲本，为王国维的戏曲研究提供了文献基础和理论渊源，是学界了解其戏曲研究的展开过程的重要文献。再将《王静安手录词曲书目》与王国维的系列戏曲研究成果联系，从中又可寻绎出他的戏曲研究路径，即以史治曲、以词观曲及精密的阅读方法。

王增宝《王国维与王乃誉往来书信辑佚（1898 年）》（《嘉兴学院学报》2022 年第 4 期）一文认为，目前学界收录王国维往来书信的著作已有多种，但仍有遗珠之憾。《王乃誉日记》的影印出版为搜集、整理王国维往来书信提供了重要线索。从戊戌年（1898）正月二十四至五月三十日，即从王国维离开海宁往上海就馆于《时务报》始，到王国维因腿疾自沪返里止，这六个月（中有闰三月）当中王氏父子书信往还频繁，《王乃誉日记》对其中若干进行撮述或抄录。这些书信可为了解王国维早年行实、促进王国维学术研究提供新的材料。

王飞《王国维论〈蒹葭〉考辨》（《嘉兴学院学报》2022 年第 4 期）一文认为，《蒹葭》中"伊人"形象的象征性导致了《蒹葭》主旨解读的多义性，为个性化解读提供了可能。"风人体"民歌多用"双关借意"的表现手法，具有"隐含其事"的艺术效果。《蒹葭》体现了"风人体"的诗歌特点，为王国维的个性化解读提供了文本基础。王国维"风人深致"一语借用了《世说新语》及《艺概》的相关表述，并有新变。通过对《蒹葭》中的人物形象及王国维独特个性品格的分析，可以彰显其评论中所寄寓的理想观。

彭玉平《以一人之思摄一时之思——王国维〈壬子三诗〉稿本考论》（《文艺研究》2022 年第 7 期）一文认为，壬子年（1912）岁末，王国维将本年在日本京都所作《颐和园词》《送狩野博士直喜游欧洲》《蜀道难》三首长诗合成《壬子三诗》一集（稿本今藏国家图书馆），次年末复将柯劭忞、沈曾植八诗附诸集后，形成了以《颐和园词》为正编，以《送狩野博士直喜游欧洲》《蜀道难》为副编，以柯劭忞、沈曾植八诗为附录的三个层次。诸诗虽然并非全为王国维一人之诗，也不是全为壬子年所作，但皆与清亡有关，盖王国维以其一人之思绾合柯、沈等遗老的一时之思。该集承载了清亡后特殊的个人和群体情感，具有不可替代的思想价值和时代意义。

陶飞亚《从〈论政学疏稿〉的"道"浅谈王国维与基督教》[《国际比较文学》（中英文）2022 年第 4 期] 一文认为，1928 年《海宁王忠悫公遗书》由罗振玉组织编辑刊印，收集出版王国维著述。其中，《录鬼簿校注》由罗氏依据王国维批校《录鬼簿》稿本整理编刊而成，亦在此书第四集中首次面世。《录鬼簿校注》卷首署"古汴钟嗣成编""海宁王国维校注"，卷末又有"仁和沈举清校录"字样。在此之后，王国维《录鬼簿校注》屡次被翻印。

（八）王国维的人物交游、生平事迹研究

彭玉平《王国维与溥仪》[《南京大学学报》（哲学·人文科学·社会科学）2022 年第 3 期] 一文认为，王国维关心政治，在与罗振玉等人的通信中时时表达自己对当时政局的判断。1923 年，因为升允的推荐，王国维受诏入值南书房，与溥仪由此产生了联系，报称之念与担忧之心构成了王国维对溥仪的主要情感。随着民国政府对逊清朝廷从优待条件、善后办法到修改条件的不断调整，溥仪的生存空间愈趋逼仄。溥仪及皇室安危始终是王国维情感的出发点，他建议设立皇室博物馆以守住紫禁城的地盘；甲子之变时，王国维随侍左右，稍后又主张溥仪迁居安全之地；他为皇室财产与北京大学考古学会发生激烈的争论；移席清华后时往天津张园问安。凡此皆可见王国维与溥仪，虽然一为南书房行走一为逊清皇帝，不可避免带有政治的色彩，但王国维始终站在政治的边缘，深切关注着溥仪个人的命运。被错置身份的王国维，从本质上来说，始终坚守的还是学者本色，并以此与意图复辟大清的遗老群体形成了鲜明的区别。

彭玉平《罗振玉"逼债"说之源流及其与王国维经济关系考论》[《北京大学学报》（哲学社会科学版）2022 年第 1 期] 一文指出，王国维自沉颐和园之年，正是位居天津张园的逊清小朝廷政治斗争激烈之时，以溥仪深相赏识的王国维之死作为契机排斥异己，成为郑孝胥等人的政治谋略。罗振玉"逼债"王国维之说就是在郑孝胥的策划下，经史达、郭沫若、溥仪、周君适等人递相祖述并加诡异想象，这一谣言竟然一时成为"公论"。而王国维之女王东明则认为王国维之死与王潜明早逝有关，明确说明无关乎罗振玉之逼债。检王国维与罗振玉近三十年相知相交的经历，虽然在王国维 1916 年从日本回国后，两人通信多有对古物、书画的买卖之事，但王国维主要提供信息以供罗振玉参酌，罗买与王买分得清清楚楚。罗振玉确实对王国维一家经济多有支持，但其主要方式是为王国维提供以劳务、职业或职务而获取报酬的机会。罗振玉视王国维为天纵之才，深感若令其彷徨生计乃是自己的耻辱，所以用各种方式缓解王家的经济困难，其主要目的是让王国维勿劳分心、专力学术，以精深之学术延续中国学术之辉煌，罗振玉的胸襟与格局之高由此可见一斑。罗、王经济关系的底蕴在学术，这是现代学术史上值得书写的一章。

彭玉平《王国维、罗振玉晚年交恶考论》[《清华大学学报》（哲学社会科学版）2022 年第 2 期] 一文指出，王国维与罗振玉结识后有近三十年在生活和学术上几乎形影不离的经历，情谊深长，并因王国维长子王潜明与罗振玉三女罗孝纯联姻而结成亲家。但在 1926 年 8 月王潜明突然去世后，因罗孝纯与王国维夫人的直接矛盾，王国维与罗振玉关系从此终结。此看起来是由王潜明的海关抚恤金而起，实是由平日生活的矛盾积累所致。王国维素厚长媳罗孝纯，因其坚拒抚恤金并得到罗振玉的支持，令王国维备感屈辱。这种屈辱也使得王国维生趣渐失，罗、王近三十年的密切关系因此而结束。通观罗、王一生之行迹，他们不仅在学术上互生互发，行走在当时中国学术的最前沿，而且罗振玉对王国维一家的生活也一直照拂有加。他们晚年的交恶情形颇为周边不少人所知，这使得在王国维自沉后，引发了种种关于其死因的猜想。但终其一生，罗振玉对王国维所付出的情怀是值得尊重的。

十九、马一浮研究

围绕马一浮研究，2022 年学界同人发表论文 20 余篇。内容涉及马一浮的六艺论、经学、国学、西学、书法、金石学、教育思想与复性书院、生平轶事研究。

（一）马一浮的六艺论研究

孙宇《马一浮心学理学融合思想探究》[《贵阳学院学报》（社会科学版）2022 年第 3 期 [一文指出，马一浮认为六艺不仅是六经，更是对天地间万事万物的分类框架，从而可以统摄全部的中国古代学术。而六艺本人心所具，万物之理皆源于一心。同时一心开二门，性是心真如门，情是心生灭门，心通性情和心外无理并行不悖，心学和理学便融为一体。马一浮运用佛教"一心开二门"理论将程朱陆王之学统合为义理相同、名相有异的简易学问，进而提出了涵养与致知并重、性修不二的工夫论。马一浮不仅在义理上融合了心学和理学，同时在工夫论上也将心学和理学结合为一，构建了一个以儒家为宗的"儒释道"三教融合的思想体系，真正地继承和传承了传统儒家的学问和精神。

（二）马一浮的经学思想研究

李虎群《〈易〉的本体、工夫和境界——马一浮的易学建构及其价值》（《周易研究》2022 年第 4 期）一文认为，在现代学术转型的背景下，马一浮的"六艺论"系统建构了"六经皆理"的思想体系。作为六艺论的整体纲领和根本原理，马一浮的易学思想直承伊川、朱子，同样具足了其六艺论的系统性特质，可以在"本体""工夫""境界"的理论框架中得到深切著明的呈现。他建构了理本体的易学本体论、以言行为中心的学易工夫论和易道十大的境界论。马氏易学彰显了易学在六艺之学中的地位和价值，会通了宋明理学和经学两大学术传统，并在儒佛会通的视域下理性、系统地统合且呈现了中国哲学的根本性义理，具有重要的理论价值。

刘伟《马一浮〈论语〉诠释特色及其理论意蕴探微》（《山东社会科学》2022 年第 12 期）一文认为，"六艺统摄《论语》"是马一浮《论语》诠释的鲜明特色，在主旨、结构和义理等层面做到了有机融合，并明确指出"六艺"是"总义"，《论语》是"别义"，前者统领后者，两者互参，方能悟到儒家真意。同时，该理论注重儒释会通，以佛学解《论语》，运用"四悉檀"比附诠释"仁""孝""为政"，比以儒解儒更具有哲理韵味和理论色彩。无论是"六艺"与《论语》互参，还是援佛入儒，其理论基础都是以"性德"为核心建构起来的、本体与工夫同一的心性论，其根源是孟子的性善论，依然遵循了"尽心—知性—知天"的逻辑理路。

倪福东《论马一浮的诗学思想》（《浙江万里学院学报》2022 年第 2 期）一文认为，马一浮的诗学思想是其"六艺论"中的重要组成部分。他的诗学观点主要体现为"《诗》以感为体""《诗》教主仁""兴于《诗》"，从中发现马一浮的诗学思想有强烈的道德至上倾向，以"识仁行仁"作为《诗》学的最高目标。由此来看，马一浮的诗学思想仍然是以其"六艺论儒学"为基础，以"仁"一以贯之的心性之学。

皮佳佳《马一浮"诗教主仁"美育思想及其现代启示》（《美育学刊》2022 年第 3 期）一文认为，马一浮以"诗以感为体"和"此心之能感"为基础提出"诗教主仁"思想，包含了丰富的美学和美育思想，也贯通了中国现代美育理论核心。其一，马一浮"仁"论内涵，"心之本体"和"德之全称"共同构成其"仁"论核心；其二，"诗教主仁"的内涵，以《诗》为代表的文学艺术通过"感"的方式直接作用人心，使得自心识得仁体，变化气质，复归人的纯粹天性；其三，"诗教主仁"美育思想，具有"释回赠美"之功，打开了现代美育理论通往传统思想渊源的大门。"诗教主仁"既继承了中国传统文学艺术与世界的感通交互方式，又对接了现代美育的感性之思。

李虎群《试论马一浮在中国现代诗学建构中的价值》(《中国文学研究》2022 年第 3 期)一文认为，马一浮六艺论框架下的"诗学"范畴，是基于《诗经》之旨对整个中国思想文化与人类精神实质的反思，是六艺之本、六艺之先、六艺之总，这三个维度分别对应了中国哲学思想的核心范畴：本体、工夫和境界，并依次彰显了诗的本质属性"仁"，诗从"兴""志""气"到"气志合一"的工夫次第，以及诗可以涵括法界一切众生的精神境界。晚清以来，现代性自身及其激起的世界历史一体性和具体国家民族性之间的张力，逐渐形成了新的时代精神，这种精神就是现代精神。只有体现和表达了这种现代精神的诗学，才是真正意义上的现代诗学。在这个意义上，马一浮诗学正是现代诗学。在现代性视域下，马一浮诗学在形式和内容上，都具备了区别于传统诗学和哲学的方法论自觉，在本体、工夫、境界的各个层面都表现出了现代性的形式特征和精神特质。马一浮诗学可以为中国现代诗学的构建提供纲领性的理论架构，应该处于显著的、核心的位置。

李虎群、林开强《以诗说仁：马一浮释"仁"的独特路径》[《西南民族大学学报》(人文社会科学版) 2022 年第 9 期]一文认为，"仁"是儒家学说的核心概念，儒学史上相关解释甚多。马一浮提出"诗教本仁""诗教主仁"，从而把"诗"和"仁"绾合在一起，在仁学史上开辟出一条"以诗说仁"的独特道路。马一浮"以诗说仁"，既在原理层面通过诗之"感"的特性抽象地阐说"识仁""体仁"的工夫次第，又在实践层面通过作诗、解诗具体地感发人心之"仁"，实现了理学与经学、儒学与佛教、中国与西方等多重维度的融通，彰显了一条以"《诗》学"通达"仁学"的学术路径，在学科上联结了文学和哲学，在义理上彰显了中国哲学"诗"的教化方式和言说方式，在文化上开显了"仁体"活泼的创造力，具有重要的理论意义。

李虎群《〈诗〉学在中国哲学建构中的回归与复位——以马一浮为中心的讨论》(《哲学研究》2022 年第 6 期)一文认为，近代以来，中国传统学术面临全面转型。在新的知识分类和学科规制中，《诗》学被摒出哲学之门、划归文学门类，独马一浮明确地把《诗》学置于六艺之学最为本始、最为枢要的位置，认为"诗"是六艺之本、六艺之总、六艺之先，并第一次系统性地提出"诗教主仁""以诗说理（以诗说法）""以感为体"等命题，阐发了《诗》学的本体、功用和从体起用的内在原理，揭示了《诗》学在中国哲学建构中不可或缺的价值和地位，为新时代构建中国特色哲学体系提供了很好的借鉴。

胡天正《以诗说法 以艺见道——暮年马一浮的诗书观念蠡测》（《中国书法报》2022 年 6 月 21 日）一文认为，诗教是儒家学说的核心，而"书"作为古代儒家基本才能的"六艺"之一，在马氏对传统学术体系重构的过程中，更是被赋予了新的意义和内涵。我们可以根据《尔雅台答问续编》《再答伯尹并示》，大致将其诗、书思想概括为"以诗说法""以艺见道"。

陈惠《以孝复性——马一浮孝道思想研究》（杭州师范大学硕士学位论文，2022 年 5 月）一文基于马一浮先生对《孝经》《论语》之"孝"思想的阐发，主要围绕其《复性书院讲录》，从书院办学之宗旨、六艺之教义、学规之工夫论、《孝经大义》之论"孝"、《论语大义》之论"孝"，对马先生的孝道思想做了较为全面的探究。

（三）马一浮的国学、西学研究

朱越《马一浮的"国学"观》（《走进孔子》2022 年第 4 期）一文对马一浮的"国学"观予以阐释。

朱晓鹏《从传统到现代：马一浮早期的思想演进》（《中共宁波市委党校学报》2022 年第 5 期）一文认为，马一浮作为现代新儒学的创始人之一，其学术风格和言说方式虽然都十分传统，但其儒学思想具有自己的创新性，而且他在早年还有过激烈地反传统而追求现代西学的思想经历。马一浮弃旧图新、热衷西学、激烈反传统的早期思想，在很大程度上恰恰促进了后来他向传统的回归，甚至可能构成了他形成自己独特的新儒学思想的必要张力。

王聪《马一浮与西学》（《孔子研究》2022 年第 2 期）一文认为，马一浮一般被认为精通多国语言、泛滥西学而后归宗儒家。但资料显示，马一浮对外文的掌握远谈不上"精通"，对于西学也未达登堂入室之境。"学贯中西"之誉之于马一浮，很可能只是出于后学之附会或以讹传讹。马一浮对西学的轻蔑乃至敌视，与其对西学理解之局限性、片面性有着直接的关系。

（四）马一浮的书法、金石学研究

刘志超《民国文化发展的历史镜像：马一浮与谢无量书法》（《书画艺术》2022 年第 3 期）一文认为，谢无量与马一浮长达六十余年的密切交往与独立的书风形成，成为近代书法史乃至近代文化史的重要事迹，同时也是民国书法史乃至民国文化史发展的历史镜像。对谢无量与马一浮两位书法家的书法思想与风格异同进行研究，以此进一步阐释民国书法史上这一翰墨情谊的内涵，洞悉他们对民国书法发展的贡献及其对当代书法发展的启示。

胡天正《谢无量临帖问题考辨——从马一浮、陈雪湄论断谈起》（《中国美术》2022 年第 3 期）一文从马一浮、陈雪湄对谢氏临帖问题的论断出发，阐明谢氏临摹传统碑帖的学书路径，并进一步探求马、陈二人对谢氏评价差异之缘由，以期为研究谢无量书法艺术提供些微参考。

胡天正《马一浮与谢无量书法观念之会通——以〈谢无量诗书文稿〉所见晚年自述为起点》（《大学书法》2022 年第 5 期）一文以谢无量晚年自述为起点，阐明马、谢二人的书法观念与实践，进而探究马一浮在谢氏书法观念的形成过程中所发挥的重要作用，以期对谢无量的研究有所裨益。

胡天正《马一浮金石题跋及其意涵》（《西泠艺丛》2022 年第 9 期）一文认为，马一浮不仅在个人学说方面融汇中西、自成体统，而且在金石学领域也展现出令人赞叹的广博和会通。马氏题跋中所蕴含的金石观念和文艺思想，不仅集中展现了他晚年在该领域研究的方法、特征与局限，同时也为我们解读近代士林对晚清"乾嘉之学"的态度提供了一扇视窗。

（五）马一浮的教育思想与复性书院研究

岳安琪《马一浮儒学教育思想研究》（山东师范大学硕士学位论文，2022 年 5 月）一文认为，近代以来，西方学校教育在形式与内容上都逐步取代中国固有的传统教育，儒学教育同传统儒学一样陷入现代困境。对此，马一浮身为现代新儒家最具传统特色的儒家学者，为延续圣贤一脉，重建传统儒学价值以缓解国民的危亡感，力主通过儒学教育为推动儒学复兴做出积极探索。马一浮一生没有撰写专门的儒学教育专著以展示其系统化的儒学教育理论，但《泰和宜山会语》《复性书院讲录》等讲义中体现着其儒学教育的主要思想和基本架构，他继承先儒血脉，以此提出自己的儒学见解和儒学教育主张。

（六）马一浮的生平轶事研究

胡天正《从马一浮之〈商三句兵〉拓本题跋看"鬻书约"》（《中国书法》2022 年第 1 期）一文从马一浮和王国维等两幅四则《商三句兵》拓本题跋入手，探求事件始末，阐明马氏题跋与"鬻书约"相乖之处，进而楬橥近代士人鬻书规约及其意涵，以期为马一浮行迹研究提供些许参考。

韩焕忠《马一浮致弘一大师诗略释》（《湖州师范学院学报》2022 年第 5 期）一文认为，马一浮的十余首诗体现了他对弘一大师的高度敬重。弘一大师在世时，马一浮直接或者间接写给他的诗，涉及赠别、题赞、祝寿等几个方面，是他们两人生前交谊的集中体现。弘一大师辞世的讣闻传来，马一浮悲痛难抑，接连写下好几首诗，以抒发自己的哀悼之意。抗日战争胜利后，马一浮返回杭州，又写了多首怀念弘一大师的诗。马一浮致弘一大师的诸多诗篇，固然是二人相互欣赏、相互推崇的体现，同时也是中国儒学与佛教在实现自身形态近代化蜕变过程中惺惺相惜、同舟共济的写照。

刘超《马一浮与李叔同交游轨迹浅论》（《西泠艺丛》2022 年第 10 期）一文认为，马一浮和李叔同（弘一法师）在近现代佛学史、书法史上均具有重要的地位，他们二人之间的交游活动同时又是以佛法和书法贯穿其中。本文以李叔同出家前、出家后和圆寂三个时间节点为参考坐标梳理出一条二人别具特色的交游轨迹。其中，"后交游阶段"概念的提出和探讨是彰显二人佛学造诣和书法艺术生命价值的最佳方式。

韩焕忠《马一浮致陈毅诗的思想研究》（《普洱学院学报》2022 年第 1 期）

一文认为，马一浮给陈毅写过好几首诗。其中有的体现了他对陈毅的知遇之感，有的是与陈毅切磋书法艺术，有的是赞叹陈毅的治国安邦之才。马一浮这些诗所透露出的思想倾向，实际上就是他在中华人民共和国成立之后接受共产党的领导和认同人民政府的体现。

胡天正《从画作题跋看黄宾虹与马一浮交游》（《中国书画》2022年第5期）一文认为，士林交游可以观时代风气之变迁，可以兆文风艺事之兴衰。通览近代士林，黄宾虹与马一浮之交往尤其值得关注。

樊勇《马一浮国学思想的重要传播者——追忆丁敬涵先生》（《江淮文史》2022年第2期）一文指出，2021年8月31日，浙江文史研究馆馆员丁敬涵在合肥仙逝，享年90岁。她是浙江上虞人，系马一浮的弥甥女。1958年，丁敬涵毕业于华东师范大学，先后在安徽省干部文化学校、省直业余大学、省妇联工作。1991年，她从安徽省妇联退休后，致力于马一浮遗著的收集、整理与研究工作。

二十、蒋伯潜研究

2022年，学界研究蒋伯潜的论文有1篇：周曦的《论蒋伯潜中学语文教育的"生本"思想》（云南师范大学硕士学位论文，2022年5月）。

二十一、宋慈抱研究

2022年，未见有研究宋慈抱的论文。

第八章　现当代浙学研究

　　现当代的"浙学"研究，主要集中在历史、哲学这两大学科门类中，而一大批浙江籍的历史学家（诸如陈黻宸、何炳松、范文澜、周予同、黄云眉、吴晗、华岗、王仲荦）、哲学与哲学史家（诸如林损、范寿康、张东荪、金岳霖、冯契、王蘧常）通过著书立说的方式，在建构"新史学""马克思主义史学""中国哲学史"学科的过程中，也在自觉传承着传统"浙学"中"尊经重史""史学经世""学以致用"的优良学统，在一定意义上促成并推动了学科化的浙江思想学术的研究。这为"浙学"学科化的现代发展，提供了宝贵的借鉴意义。

　　特别需要说明的是，除去历史学家、哲学与哲学史家，现当代浙江籍的文学家、政治家、教育家、法学家、经济学家、人类学家也是灿若星河、大家辈出，诸如鲁迅、朱自清、茅盾、巴金、徐志摩、周作人、艾青、梁实秋、郁达夫、夏衍、马寅初、蒋梦麟、丰子恺、沈尹默、沈钧儒、沈兼士、夏丏尊、张元济、张宗祥、钱玄同、戴季陶、戴望舒、柔石、俞平伯、吴世昌、南怀瑾、金庸、冯骥才、余秋雨等，如以"大浙学"的内涵与外延界定之，他们当然属于"广义上的浙学家"；但是本报告限于体量，2022 年学界同人围绕他们而展开的学术研究成果，暂不在本报告关注的范围内。

第一节 现当代浙江籍的史学家研究

现当代中国史界，活跃着一大批浙江籍的历史学家，像陈黻宸（严格意义上说，陈黻宸系近代历史人物）、何炳松、范文澜、周予同、黄云眉、吴晗、华岗、王仲荦，他们为中国历史学科的建设与历史教育的开展做出了巨大的贡献。这里，对 2022 年学界同人围绕他们的史学理论与学术贡献而展开的研究予以梳理。

一、陈黻宸研究

2022 年，未见有研究陈黻宸的论文。

二、何炳松研究

2022 年，研究何炳松的论文有 1 篇。

金晓刚《史学家何炳松的昆曲缘》（《中国社会科学报》2022 年 4 月 13 日）一文认为，在近现代昆曲的发展和传播史中，文人学者无疑是重要的助推力量。文学家及文人群体与昆曲的密切关系，学界早已耳熟能详。而史学家群体与昆曲的因缘，却长期未得到关注，逐渐被世人淡忘。史学家何炳松一生嗜好昆曲，与昆曲有着深厚的情缘。

三、范文澜研究

2022 年，学界同人围绕范文澜史学、《文心雕龙注》而撰写的论文主要有 4 篇。

李勇《"西周封建说"首创之问题探析——关涉吕振羽、范文澜和吴玉章之学术影响》[《云南大学学报》（社会科学版）2022 年第 1 期] 一文认为，在"西周封建说"首创问题上，学术界存在着的一些模糊认识有待澄清。吕振羽从马克思主义社会形态学角度提出"西周封建说"之时，人们对于"封建"的流行认识还停留在传统意义之上。可是，由于范文澜的地位和威望高于吕振羽，后来其关于"西周封建说"的论述也更为系统，因此学界从马克思主义社会形态学角度讨论"西周封建说"皆以范文澜为代表。范文澜在"西周封建说"问题上推崇吴玉章，造成是吴玉章首创"西周封建说"的印象。即使说是吴玉章提出"西周封建说"，那也应是在吕振羽之后。同时，如果说吴玉章受到吕振羽的影响，则还需做更为深入和细致的探讨。

赵庆云《1950 年代范文澜与尚钺学术论争再析》（《天津社会科学》2022 年第 5 期）一文指出，范文澜、尚钺均为颇有影响的马克思主义史家，两人于 20 世纪 50 年代的学术分歧与论争，影响甚广。回到彼时语境，深入梳理考察这一学术争论，可以看到其中既有学者的个性意气，也有彼此的学术自信与著作争胜，更牵涉到中国史学与苏联史学、史学与政治之间的微妙关系。争论背后的一些因素、一些考量，即便作为当事者的尚钺恐怕也未能清晰地意识到。马克思主义史学史研究，不宜仅着眼于分析双方学术争论的文本，还需要知人论世，若能兼顾学术的内史与外史，从人际关系、学术脉络、时代背景、国际因素等多个方面加以考察，我们对马克思主义史学的复杂性和丰富性或许会有更深入的认识。

李平、曹学琴《范文澜〈文心雕龙注〉底本考证》（《古代文学理论研究》2022 年第 1 期）一文指出，范文澜自谓其《文心雕龙注》以清代黄叔琳《文心雕龙辑注》为底本，然"黄注"有养素堂本和两广节署本两个系统，且据两广本复刻翻印的坊间流俗本又甚多。杨明照曾指出"范注"底本系卢敏肃刊于粤者之后的坊间流俗本，具体而言就是《四部备要》本。但是，从"范注"屡误黄批为纪评，及撰写时间、引录纪评、底本文字等方面考证，"范注"所采用的底本实为坊间流行的扫叶山房石印本。

戚良德、刘尚才《百年"龙学"如何开篇：从黄侃到范文澜》[《西北大学学报》（哲学社会科学版）》2022 年第 2 期] 一文认为，黄侃和范文澜在"龙学"上的贡献已有不少探讨，但着眼百年"龙学"史，他们二人到底有什么样的地位？还需要一个更为准确而宏观的把握，从而展示现代"龙学"如何开篇。黄侃对现代"龙学"大厦之奠基，人们往往瞩目著名的《文心雕龙札记》，这固然有其道理，但需要指出的是，《札记》一书对《文心雕龙》的诠释重在创作论部分，这对百年"龙学"产生了深刻的影响。而另一个历史事实尤其值得重视，那就是黄侃有两位"龙学"高徒：范文澜和李曰刚。作为黄侃的"龙学"继承人，范文澜犹如现代"龙学"大厦的设计师，对"龙学"之传承与建构均起了关键作用。现代"龙学"的主要内容，诸如刘勰的生平、家世及其基本思想，《文心雕龙》的理论体系，《文心雕龙》文本的校注整理以及内容的阐释，都在范先生这里发端。

四、周予同研究

2022 年，研究周予同的论文有 1 篇。

范静静《周予同今古文经学划分标准问题新探》[《历史教学》（下半月刊）2022 年第 8 期]一文指出，周予同的经学史研究在 20 世纪中国学术史上占有重要地位。对今古文经学划分标准的讨论是周予同经学史研究中的核心问题之一。然而反观有关今古文经学的文献记载，却发现周予同提出的今古文经学划分标准与历史实际相去甚远。作为成长于五四时期的学者，周予同既受"化经为史"思潮的影响，致力于推动经学研究转化为经学史研究，同时又对晚清廖平、康有为等今文经学家划分今古文标准有所继承。传统经说与启蒙性经学史观之间的矛盾，既塑造了周予同的经学史研究框架，也是导致其划分今古文经学标准难以自洽的根本原因。

五、黄云眉研究

2022 年，不见有研究黄云眉的论文发表。

六、吴晗研究

李瑞芳《吴晗：矢志不渝的马克思主义史学家》（《中国社会科学报》2022 年 8 月 9 日）一文指出，吴晗是我国著名的明史研究专家、教育家、社会活动家，一生始终追求真理、坚守信仰，是一位铁骨铮铮的马克思主义历史学家。

七、华岗研究

2022 年是中国共产党著名马克思主义理论家、宣传家、历史学家华岗逝世 50 周年，《鲁迅研究月刊》2022 年第 6 期刊登了《华岗文物征集事略》。学界研究华岗的论文有若干篇。

高鼎、温江妮《华岗与〈共产党宣言〉》[《中国海洋大学学报》（社会科学版）2022 年 S1 期] 一文简要介绍了华岗的生平事迹，概述了华岗翻译《共产党宣言》的过程，阐述了华岗对《共产党宣言》的贡献以及他对传播马克思主义的贡献。华岗翻译的《共产党宣言》是中国共产党成立后出版的第一个由共产党员翻译的译本，也是中国第二个《共产党宣言》译本，第一次在正文前增译了马克思、恩格斯为《共产党宣言》所写的三个德文版序言，是首次采用英汉对照形式出版的《共产党宣言》，第一次将全书结束语译为"全世界无产阶级联合起来"这一响亮的口号。

吴帅、朱振蕙《〈动员周刊〉中的华岗及其党史教育意蕴》（《浙江档案》2022 年第 5 期）一文认为，华岗生于浙江龙游，革命工作始于浙江，关于他早期革命工作的一些史料散见于抗日战争时期的《动员周刊》等历史档案中。1938 年华岗被派往东南战场做战地记者，他在丽水做了有关抗日形势的报告，宣传抗日民族统一战线。对这些珍贵历史档案进行回顾和研究，有助于我们更好地了解华岗在浙江的革命工作，继承革命先辈的革命精神，并为巩固党史学习教育成果提供珍贵素材。

陈笛《华岗推进马克思主义中国化研究（1919—1949）》（华东师范

大学硕士学位论文，2022 年 5 月）一文对华岗推进马克思主义中国化的实践活动的内容、特点及评价方面进行了研究，以期对当前学界开展华岗研究提供一定的借鉴。

杨金海《华岗与马克思主义传播》（《百年潮》2022 年第 2 期）一文认为，华岗是中国共产党历史上卓越的马克思主义理论家、翻译家、教育家，为党的马克思主义经典著作的翻译和研究事业做出巨大贡献。他翻译《共产党宣言》，使马克思、恩格斯的名字和《共产党宣言》的片段思想在 1899 年 2 月通过上海的《万国公报》传入中国。一百多年间，成千上万的志士仁人和共产党人为把马克思主义真理传播到中国奉献了青春、智慧、辛劳，甚至鲜血和生命。

八、王仲荦研究

2022 年，未见有研究王仲荦的论著。

第二节　现当代浙江籍的哲学家研究

在现当代哲学界有一大批浙江籍的哲学（史）家，主要通过著书立说的方式，推动了"哲学"（中国哲学、美学、逻辑学）从传统学术（经学、理学、儒学、玄学）中的剥离与重构工作，还有对西方哲学、马克思主义哲学的研究阐释与创新发展。而其中的佼佼者有陈黻宸（详见上文）、林损、张东荪、范寿康、金岳霖、冯契、王蘧常等。

一、林损研究

2022 年，学界研究林损的论文有 2 篇。

尹燕《林损怨怼胡适考辨》[《渤海大学学报》（哲学社会科学版）
2022 年第 5 期] 一文认为，1934 年北京大学国文系的改革引发了林损怨怼
胡适这段公案。细究这段公案，可以看出：林损怨怼胡适并不是简单的新与
旧、文言文与白话文、守旧与进步的对立，更多的是学术上对待中西文化态
度的不同和对待日本侵略中国政见上的分歧；而且，其中反映的所谓的新与
旧、进步与守旧也值得重新思考。

周普杰《林损"撷新扩故"融汇中西文化观及现实意义》（《浙江万里
学院学报》2022 年第 4 期）一文指出，林损酷爱传统国学，是一个立足传
统且有独立担当的学者，在中西文化纷争中独辟蹊径，主张"撷新扩故"中
西学术应该兼而采之。其传承永嘉先贤思想，提倡注重实际功用的"事功"
说，践行经世致用，在新旧文化之争中主张保存国粹，强调中华文明的延续
和发展要靠本身的重塑和再造。这对我们反对文化虚无主义，坚定文化自信，
建设中国特色社会主义文化，具有积极的现实意义。

二、张东荪研究

2022 年，学界关于张东荪研究的论文有 2 篇。

樊鹏飞《张东荪的文化主义多元逻辑观评析——兼论张氏的比较研究法》
[《武汉理工大学学报》（社会科学版） 2022 年第 5 期] 一文指出，张东荪
在其多元文化观的理论框架下提出了一种多元的逻辑观，主张文化决定逻辑，
不同的文化和文化的不同方面可以产生不同的逻辑；同时他还主张在中西思
想比较研究中采用比较而非比附的研究方法，强调了不同民族文化的特殊性。
张东荪基于文化主义的多元逻辑观为中国逻辑史和中西逻辑比较的研究提供
了新的视角，但也存在一些局限。在中西逻辑比较研究中，比较法相对于比
附，有利于在尊重中国文化独立性的前提下，全面、准确地把握中国古代逻
辑思想，但在实际运用中发挥比较法相对比附的优势仍面临诸多困难，比较
法依然难以完全摆脱比附的缺陷。

冯嘉琳《张东荪"社会主义"思想的嬗变》（《西部学刊》2022 年第

3 期）一文认为，中国共产党成立前夕，关于中国社会的发展出路问题，以张东荪为代表的研究系分子从"社会主义在中国能否实现、发展实业是否为中国的唯一出路、社会主义是否为救治中国的良药"等角度出发，与陈独秀等早期马克思主义者展开了激烈的论战。回顾张东荪"社会主义"思想的嬗变，发现起初他支持科学社会主义的发展目标，赞同在中国发展社会主义。但从1920 年 10 月英国著名学者罗素来华演讲开始，张东荪转而认为社会主义在中国行不通，发展实业才是中国的唯一出路；社会主义并不是救治中国的良药，基尔特社会主义是"最好的社会主义"。张东荪关于社会主义思想的转变，使早期马克思主义者不断反思，深化对马克思主义的理解，促进马克思主义在中国进一步传播。

三、范寿康研究

米贞铮《中国现代美学早期学科知识体系的建构——以三本〈美学概论〉为中心的探讨》（上海师范大学硕士学位论文，2022 年 5 月）一文意图通过对中国现代美学早期学科创立的历史背景、过程的梳理，对美学著述个案的分析，进一步确认吕澂、范寿康、陈望道《美学概论》的开创性意义，以及早期美学学科知识体系建构进程在美学史研究中的价值。

四、金岳霖研究

2022 年，学界同人围绕金岳霖的哲学思想发表论文多篇。

文碧方、李宝达《金岳霖与逻辑经验主义》（《国学论衡》2022 年第 2 辑）一文认为，金岳霖的思想历程与逻辑经验主义有着密切的关系。金岳霖前期基本采用了逻辑经验主义的框架，后期则放弃了这个框架。逻辑经验主义既给予了其思想建构的一些资源，同时也是导致其思想产生一些问题的来源。该文在对金岳霖与逻辑经验主义之间的关系有所分析和讨论的基础上，尝试通过对逻辑经验主义的反驳来为金岳霖所面临的问题提供一种可能的解决方式和出路。

张经纬《金岳霖论度量》[《阜阳师范大学学报》（社会科学版）2022年第 6 期] 一文认为，金岳霖在探索秩序问题的过程中，既巧妙地呈现了万物一体的道演历程，又清晰地构建了以摹状与规律理论为核心的知识理论，并在这两条进路中阐释了独特的度量观。在金岳霖看来，度量是一种有具体表现的特殊意念，能够为知识的形成提供精确的标准。通过从三重维度对度量系统化理解，金岳霖开拓了理解知识、认识世界的新路径。对金岳霖度量理论的探讨，将有益于增进我们对现代中国哲学中知识论特点的了解。

徐英瑾《被尘封的汉语分析哲学原创史——金岳霖、冯友兰、张岱年对于罗素哲学的创造性回应》[《复旦学报》（社会科学版）2022 年第 6 期] 一文指出，罗素在 1920—1921 年访问中国之后，其思想通过张申府等人的工作而在中国哲学界得到了积极的传播，罗素哲学的一些核心术语（如“感觉材料”“摹状词”等）也为中国哲学家所知。但以金岳霖、冯友兰、张岱年为代表的中国哲学家究竟在多大程度上接受了罗素哲学，则一直没有得到学界深入的研究。实际上，这几位哲学家虽然熟悉罗素思想，却至少在以下两个重要方面与其产生了巨大学术分歧：第一，在形而上学方面，冯友兰通过对维也纳学派的批判充分肯定了形而上学研究的合法性（而这一批评也与罗素对于传统形而上学的不屑态度形成了鲜明反差），而金岳霖基于“能—式—道”三概念的形而上学体系也完全摆脱了罗素所在英国经验论传统；第二，在认识论方面，张岱年与冯友兰的工作都具有鲜明的实在论色彩，并因此与罗素的准笛卡尔式思路产生了重大的区别。可以说，这是 20 世纪早期汉语世界中分析哲学的一段原创历史，这段被尘封了的历史值得我们进一步挖掘与反思。

陈晓平《中国哲学与分析哲学的结合与蝈贯——评冯友兰和金岳霖的新理学》[《云南大学学报》（社会科学版）2022 年第 5 期] 一文指出，由冯友兰和金岳霖创立的新理学是分析哲学的中国化，在中国分析哲学的发展进程中具有里程碑的意义。新理学一方面批判地继承了宋明儒学的理学，另一方面批判地继承了西方的逻辑经验主义。对于旧理学，它的新颖之处在于明确地引入逻辑分析的方法；对于逻辑经验主义，它的新颖之处在于适当地引入形而上学。冯友兰的形而上学主要包括四个概念，即理、气、道体和大全，金岳霖的形而上学主要包括三个概念，即道、式和能，这两组概念之间具有某种对应关系。在方法论上，新理学主张正方法和负方法的结合，即逻辑分析和静默显示的结合。从新理学的角度来看，拒斥形而上学的逻辑经验主义眼界过窄，而借助文学语言的诗化哲学则说得过多，尽管二者都具有一定的合理性。新理学面临关于"存在问题"的困境，出路在于区分语言性质的形而上学和实践性质的形而中学。

许春华《"中国的"与"哲学的"双重理路——以蔡元培之"序"、陈寅恪与金岳霖之"审查报告"为中心的探讨》（《孔子研究》2022 年第 4 期）一文认为，20 世纪初期胡适的《中国哲学史大纲》、冯友兰的《中国哲学史》（上下册），创建了中国哲学史学科形态。蔡元培为胡适所作之"序"，陈寅恪、金岳霖为冯友兰所作"审查报告"，意味着对中国哲学史的不同理解。蔡元培以"中国民族的哲学思想发达史"，对应"哲学家的哲学思想发达史"；金岳霖以"中国哲学的史""好的哲学史"，对应"在中国的哲学史"，明确了"中国民族的""中国哲学的"在"中国哲学史"中的主体地位。陈寅恪"同情之了解"的态度与方法，坚持"思想"比史料更根本的学术信念；金岳霖突出"论理学"与"讲道理"的论证方式，确立了"中国哲学史"中"哲学的"特质。这种"中国的"与"哲学的"双重理路，有益于推动中国哲学本土叙事的深入探讨。

苗磊《金岳霖形上学思想反思》（《思想与文化》第三十辑，华东师范大学出版社 2022 年版）一文指出，金岳霖先生自觉运用现代西方逻辑方法，融会中国传统哲学精神，建立了一个以"道"为最高范畴的突出结构与演化的论道体系。他形上学思想的主要特点表现在会通古今的思想特色、融合中西的逻辑构造、"旧瓶装新酒"的创新方法、"何为形上学"及"形上学何为"的问题意识以及关于"科学时代形上学何以可能"的时代之思。他的这种形上学思想对传统形上学问题域、方法论均有所开新，对中国形上学的发展可谓做出了富有创造性的探索和贡献。

李存山《金岳霖先生论"中国哲学"》（《中国社会科学院大学学报》2022年第4期）一文认为，金岳霖先生在20世纪30年代提出"中国哲学史"这个名称上的"困难"，促成了关于哲学的普遍性与中国哲学的特殊性的见解，并影响了21世纪初关于"中国哲学合法性"的讨论。金先生在20世纪40年代写成《中国哲学》一文，提出中国哲学的主要特点是"逻辑和认识论的意识不发达""天人合一""哲学与伦理、政治合一""哲学家与他的哲学合一"。回顾金先生对"中国哲学"的论述，对于我们认识"中国哲学"学科的发展和中国哲学的特点具有重要意义。

郑建成、许晨《金岳霖〈说礼〉》（《中国社会科学报》2022年3月30日）一文指出，《说礼》一开始就直接表明了金岳霖对于"礼"在"儒教"及中国历史上的地位与意义的观点。当然，一篇《说礼》并不能代表金岳霖赴美留学前的所有思想，只是因为学术界对这一时期的研究现状，以及《说礼》一文主题之重要，使其在金岳霖思想研究中具有特殊的意义和价值。

桂海斌《金岳霖对怀疑论的回应——从"事"和"理"两个角度看》（《自然辩证法研究》2022年第3期）一文认为，金岳霖在西方哲学的学术框架下继续对知识进行了探讨，并在专著《知识论》中建立了其独特的知识论体系。文章通过梳理《知识论》文本发现金先生以正觉立论，对能否通过官觉经验获得知识的怀疑做出了回应：在他看来，我们既可以知道事实，也可以知道固然的理；前者依据正觉，后者依据归纳原则和意念图案的固化。文章接着指出，金先生对怀疑的回应虽然清晰，但仍不是完整的。问题出现在了知道事实和知道固然的理的依据上：其一，在事的方面，涉及正觉的定义，需要说明对于一个个体，其所属的类的法则是什么；其二，在理的方面，涉及到真的普遍命题的发现，还需要说明意念图案的固化机制是什么。

五、冯契研究

2022 年研究冯契哲学思想的论文有 7 篇，其中有两篇硕士学位论文。

迈克尔·斯洛特、章含舟《世界哲学：冯契与超越》[《华东师范大学学报》（哲学社会科学版）2022 年第 5 期] 一文指出，遵循冯契倡导的"世界哲学"理念，以兼顾系统性和基础性的方式融汇中西方哲学，无疑能焕发哲学研究的新生机。为此，有必要激活"阴阳"这对古老的中国哲学范畴，把"阴"界定成接应性，"阳"则为有指向的主动目的，阴阳两者须臾不可分离且互补共生。一旦纳入更新后的阴阳理念，那么西方哲学在认识论、心智哲学、伦理学乃至形而上学领域里的诸多困境便能迎刃而解，相应地，西方哲学中的心灵、移情、实践理性、物理过程以及抽象实体等核心概念亦能得到更加有效的说明。尽管从事世界哲学工作需要研究者们着力进行概念辨析、文本互证和理论构建，但出入于各种传统的交互合作将会把哲学探索推向一个全新的高度，此即世界哲学的意义所在。

王向清《冯契对中国哲学古代和近代两种传统的创新性探索》[《杭州师范大学学报》（社会科学版）2022 年第 5 期] 一文指出，冯契在中国哲学史研究领域的贡献之一便是创新性地探索了中国哲学的古代和近代两种传统。在他看来，中国古代哲学传统表现为对性与天道等形上智慧的追求，重视培养和造就理想人格，较充分地关注和发展了辩证逻辑。中国近代哲学在展开过程中，渐渐形成了历史观的革命性变革、知行被赋予实践内涵、思维方式的科学转型、推崇唯意志论等近代传统。冯契在《中国古代哲学的逻辑发展》一书中揭示了中国古代哲学的逻辑展开传统，而在《中国近代哲学的革命进程》中则率先提出并论证了中国近代哲学的革命传统。

刘寅初《冯契理想人格理论研究》（云南师范大学硕士学位论文，2022 年 5 月）一文认为，"理想人格"是哲学研究经久不衰的主题，其实质就是对"怎样做人""做怎样的人"的问题的探讨。现代著名哲学家冯契先生对其有着深入的研究，首先他批判了中国传统思想的成人之道，认为传统思想中的圣贤人格是不自由的，束缚了人的个性发展，认为普通人可以通过努力来实现理想人格；其次他对近代"新人"思想进行了扬弃并融汇马克思主义哲学中社会实践与人的本质思想等理论精华，将价值领域纳入认识论，对自由进行重建，并将其融于智慧说体系中，将自由的获得内化于智慧的获得过程中，形成了具有时代特色和鲜明个性的理想人格理论，即平民化的自由人格。研究冯契的理想人格理论有助于我们深刻把握冯契的哲学思想，有利于发掘理想人格理论的意义和价值，建立健全适应当代人的理想人格模型，有利于对抗来自外界的异化作用，促进人的全面个性化发展，启迪人的智慧，对当代人树立正确的理想信念有良好的引导作用。

赵常思《冯契的理想人格学说研究》（黑龙江大学硕士学位论文，2022年5月）一文在探究理想人格的思想来源的同时，厘清理想人格发展脉络，通过中、西、马三方面的比较研究阐发出有价值的当代精神，以此来填补目前学术界对于冯契理想人格学说方面研究的空白。

李欢友《论冯契"金刚怒目"说：马克思主义对中国传统美学转化的精彩个案》（《中国文艺评论》2022年第2期）一文指出，冯契基于鲁迅的"金刚怒目"说，进一步将此深化为中国美学思想两大传统之一，并认为这一传统主张为人生而艺术，故而其相对于为艺术而艺术的"羚羊挂角"审美传统更重要。"金刚怒目"式的审美关注现实的人格，在马克思主义基本立场上，实现了真、善、美三者的统一，并提出了新时期具体的人格培养方向，即自由的平民化人格。这在本质上体现了马克思主义哲学理论对于中华优秀传统文化的批判性涵摄与吸收，彰显了新时期中国化了的马克思主义美学的独特品格。

雷定京、李夫泽《论冯契对陆征麟逻辑方法论的超越》（《贵州工程应用技术学院学报》2022年第1期）一文指出，冯契在逻辑方法论方面对陆征麟进行了一定程度的吸收与超越。他在陆征麟研究形式逻辑方法的基础之上，发展了辩证逻辑的方法论；从动态性、过程性和总结性的角度具体揭示了逻辑思维自身所具有的基本矛盾。冯契与陆征麟对逻辑思维运行过程中所蕴含三大基本矛盾的探索极富理论意义。

王向清、向前《冯契对马克思主义哲学的创新性探索》（《现代哲学》2022年第1期）一文认为，冯契对马克思主义哲学做了三方面的创新性探索。首先，丰富和拓展了马克思主义认识论体系：将狭义认识论拓展为广义认识论，充实了认识论中"知觉"和"意见"两个范畴，将"疑问"和"观点"两个普通概念提升到认识论的范畴。其次，建构了独特的马克思主义辩证逻辑体系：探讨了怎样将哲学理论化为思维方法，建构了以"类""故""理"为骨架的逻辑范畴体系，概括了辩证逻辑方法论的五个环节。最后，梳理与概括了中国古代自然科学成就：运用与发展了比类取象、比类运数的科学方法，设计、运用了实验手段。

六、王蘧常研究

2022年9月3日，复旦大学哲学学院举办了王蘧常先生著作稿捐赠仪式、《王蘧常文集》新书发布会、王蘧常先生法书（线上）展览开幕式。复旦大学副校长陈志敏出席仪式并致辞。王蘧常先生的家属，以及来自学术界、书法界、出版界、媒体界等的50余人齐聚一堂，探讨王蘧常先生的学问和艺术成就。

2022年学界研究王蘧常书法作品的论文有3篇，且都是硕士学位论文：段琦璐的《王蘧常先生书法艺术运用研究》（吉林艺术学院硕士学位论文，2022年3月）、张喜书的《求异通变——王蘧常学书观念研究》（鲁迅美术学院硕士学位论文，2022年6月）、李璐珂的《郑诵先与王蘧常章草艺术比较研究》（河北大学硕士学位论文，2022年5月）。

第九章 浙江名山名水与地域文化研究

　　我们所倡导的"大浙学"理念，不仅包括"浙学"创生的主体——"浙人、浙事、浙著（文）"，以及由此衍生的"浙派、浙史、浙学"；还应包括"浙学"赖以创生的物质载体，诸如"浙山、浙水、浙地（两浙地区）"孕育而生的地域文化。申而言之，浙江的山是历史文化名山，比如天台山（和合）文化、雁荡山（历史）文化、天目山（历史）文化、普陀山（佛教）文化、四明山（历史）文化、雪窦山（佛教）文化、天姥山（唐诗）文化等；浙江境内以江河湖泊为代表的水文化，也是有历史底蕴与文化渊源的，比如钱塘江文化、西湖文化、湘湖文化、月湖文化、楠溪江文化、京杭大运河文化、西溪湿地文化、南湖文化等；浙江还拥有数量不少的历史源远流长、古城格局完整、文化遗存丰富、人文底蕴深厚的国家级历史文化名城（包括名镇古村落），诸如杭州、绍兴、宁波、衢州、临海、金华、嘉兴、湖州、温州、龙泉，由此而衍生出"杭州学""温州学""越学""婺学""湖学"等有地域特色的历史文化。简言之，浙江的山、水、地域文化，也是"大浙学"的重要组成部分。

　　兹把 2022 年学界关于浙水、浙山、两浙地域文化的学术研究成果总结如下。

第一节　浙江水文化研究

一、杭州西湖文化研究

2022 年的西湖文化研究论文有 10 余篇，兹择要综述。

杨翔、陈波《西湖十景御碑亭景观变迁考析》（《园林》2022 年第 11 期）一文认为，清西湖十景御碑亭的建立使初创于南宋的西湖十景得以固址求实。御碑亭历经漫长而曲折的过程发展至今，是西湖十景中不可或缺的景观要素。基于古籍文献、图像资料，结合实地考察，追溯构建历史，梳理其景观变迁历程，总结西湖十景中十座御碑亭历经"御书亭—御碑亭"组合营构、题诗增刻的发展，跨越康熙、雍正、乾隆三朝得以全然成型；长期发展中因历史变故、市政建设影响，其位置、形态、功能经调整后平稳发展，从古今御碑亭景观营造角度对西湖文化景观研究进行了有益补充，增加对园林空间中碑亭建筑应用的历史认识。

平燕、张海霞《西湖意象及其文化内涵——以宋词为例》（《兰州工业学院学报》2022 年第 4 期）一文认为，两宋时期，作为杭州地标的西湖在物质、政治与礼仪风俗三个文化空间维度中，为宋代文人的文学创作开辟了多元化的书写视角。宋词对西湖多维空间的书写呈现出隐逸与淡雅、盛景与帝都、悲愤与离思等丰富的西湖意象，从审美、风俗与政治态度等方面展现出西湖的文化内涵。

徐境怿《宋人西湖图研究》（《艺术大观》2022 年第 18 期）一文立足宋韵山水画发展脉络，对两宋时期的西湖绘画与画家风格进行了解读，提炼出让普通百姓都能理解的美学意涵，并运用现代手段进行传播，从而促进浙江文化大省的建设，发挥文化引领社会发展的作用。

　　唐钜《〈西湖二集〉中的西湖意象审美文化研究》（江苏海洋大学硕士学位论文，2022 年 5 月）一文指出，作为一部具有代表性的"西湖小说"，周清原的《西湖二集》中具有丰富的西湖意象，这些意象内涵在文学创作中被一再使用，并在阅读传播的过程中不断发生变化，最终形成了独具特点的审美意象。以小说文本为切入点，对小说中的西湖意象进行审美文化视角的探索与研究，能够加深我们对西湖意象的了解，并获得更深层次的审美体验。

　　温玉鹏《从西湖行宫到〈闲情偶寄〉　清代杭州的赏石文化》（《收藏家》2022 年第 4 期）一文认为，清代是中国赏石文化发展的重要时期，从叠石造园到对珍奇异石的搜集，从以石为题材的书画创作，到文人雅士的案头清供，皆蔚然成风。以杭州为代表的赏石文化，以其独特的艺术风格与审美内涵，展现出鲜明的时代性与地域性。

　　张柔然、刘亦雪《以杭州西湖文化景观为例探索利益相关者遗产话语权》（《东南文化》2022 年第 1 期）一文认为，联合国教科文组织世界遗产项目在各国的世界遗产申报过程中重视国际专家话语权，而忽视当地居民和游客的话语。在杭州西湖文化景观申遗的过程中，由于中西文化的差异性，国际专家不能全面地理解国内专家在西湖申遗文本中陈述的价值。而游客与当地居民不仅能够理解西湖所体现的中国传统文化价值，还会将其与个人的情感、经历和记忆相联系，构建出西湖的"民众社会价值"。

二、萧山湘湖文化研究

　　2022 年的湘湖文化研究略显不足，仅有 1 篇论文。

　　来建飞《将湘湖文化融入初中美术水彩画的教学实践》（《天津教育》2022 年第 12 期）一文以湘湖文化融入初中美术水彩画教学实践过程为主题进行探讨。了解湘湖文化发展的历史渊源，以及独特的自然景观，把湘湖文化以单元主题的形式，以实际的景观特色并结合地方历史文化为背景，设计不同风格的美术教学模式，从而可以形成对初中美术水彩画教学的完整的教学策略，彰显独特的课堂教学艺术表现魅力，推动水彩画教学实践效能迈向新高度。

三、钱塘江文化研究

2022 年的钱塘江文化主要围绕钱塘江诗路文化展开。

范铮、王潇仪《钱塘江诗路文化视觉沉浸技术传播研究》（《浙江水利水电学院学报》2022 年第 6 期）一文指出，建设钱塘江诗路文化带，是打响"诗画浙江"金名片的重要载体。视觉沉浸技术是促进钱塘江诗路文化的传播与普及的较好辅助手段。数字新技术在钱塘江诗路文化传播中的应用，应以新时代科技创新为背景，融入虚拟技术、全息虚拟显示、人工智能等视觉沉浸技术，结合诗路文化内容及传播载体进行开发，并通过对技术的合理选择，富含审美的艺术设计研究，以及引人入胜的内容制作，从而使艺技结合的视觉沉浸式效果实现与钱塘江诗路文化的高效触达，让更多的人了解和热爱钱塘江诗路文化，深化文旅融合。

陈静、俞侃《生态文明视阈下钱塘江唐诗之路水文化遗产保护与传承研究》（《浙江水利水电学院学报》2022 年第 5 期）一文认为，钱塘江唐诗之路治水历史悠久，拥有一大批形式多样、内容丰富的水文化遗产。钱塘江唐诗之路杭州段水文化遗产保护与传承存在生态文明意识不强、可持续发展的水资源环境支撑体系尚未建立、缺乏健全的管理制度和法律法规保护等难点和堵点；提出建立水文化遗产管理体系，加强水文化遗产精神解码，加强生态培育与活态传承，推进水文化遗产产出融合，构建水文化遗产保护与开发评价指标体系等对策。

董永生《传承千年文脉 打造钱塘江诗路文化精彩体验地》（《浙江经济》2022 年第 10 期）一文指出，龙游以诗路文化带建设为抓手，推动文化本底与山水资源相融合，保护与开发并重，挖掘与传承并举，串珠成链打造出一个有诗有景有产业的诗中龙游千年古邑。作为钱塘江诗路上的重要节点，龙游自秦王嬴政二十五年始置太末县，至今已有 2240 多年的建县史，汇集了源远流长的姑蔑文化、"遍地龙游"的商帮文化、人文荟萃的诗词文化、贯通古今的建筑文化。

葛燕《"生态 + 文化"齐发力 打造钱塘江诗路源头区》(《浙江经济》2022 年第 8 期)一文认为，浙江因江而名、因水而生、因潮而立，绵延 500 多千米的钱塘江，滋养着浙江的十万多平方千米土地，也孕育了一代又一代与时俱进、敢为人先的浙江人。开化县是钱塘江源头，也是钱塘江诗路文化带上的重要节点。作为全省首批全域旅游示范县，这座古韵与活力相交织的县城已然进入了发展新阶段。

彭静瑶《诗意栖居视角下钱塘江诗路文化带空间品质提升研究》(《建筑与文化》2022 年第 6 期)一文通过提炼钱塘江的诗词所描绘的意境，以钱塘江诗路文化空间为载体，从景、情、意的角度将诗意呈现于空间场景中，并总结文化带空间的资源梳理提炼、区域特色定位、场景塑造三个层面，分析诗意空间的品质提升方法。以期为浙江诗路文化带建设提供思路，推动诗画浙江大花园建设，助力浙江建设文化高地。

陈静《钱塘江水文化艺术精神初探》(《浙江水利水电学院学报》2022 年第 2 期)一文以钱塘江水文学艺术作品为切入点，分析钱塘江水文化相关诗词作品、绘画作品、民间故事中的艺术精神，阐释钱塘江水文化艺术精神的历史渊源、审美特征，以此探究新时代钱塘江水文化的精神内核，即智慧、大气、包容、开放、仁义、坚毅、勇敢的"弄潮儿勇立潮头"的新时代水文化精神。

四、富春江文化研究

贺婷婷《富春江孕育的文人画巅峰——黄公望〈富春山居图〉及其影响》(《艺术品鉴》2022 年第 10 期)一文指出，《富春山居图》是元代画家黄公望晚年的代表作品，这幅历时三年的巨制蕴含黄公望对自然山水的热爱、对人生的思考，这是黄公望与自然为友的见证物，也是记录黄公望一生故事的画卷。观者赏之，好似"卧游"于流水潺潺、四季宜人的富春江之上。《富春山居图》不仅影响着古代的文人山水画，更加促进了后世山水画家与自然的互动。

崔小敬《富春江诗路文化特征刍议》（《中国社会科学报》2022 年 2 月 28 日）一文认为，富春江系钱塘江中游段，素以"奇山异水，天下独绝"的自然景观著称。东晋南朝以降，数以千计的诗人词客往来于富春江，不断地吟咏富春江，书写富春江，使之发展成为山水品鉴之路、诗歌传播之路、文人风流之路和潇洒生活之路，不仅积淀了丰厚的诗路文化，而且呈现出鲜明的地域特征。

五、京杭大运河文化研究

2022 年 4 月 14 日，京杭大运河 2022 年全线贯通补水启动，至 4 月 28 日实现全线通水，这是京杭大运河百年来首次全线水流贯通。

本报告关注的"京杭大运河文化"主要侧重于浙江境内杭州、绍兴、宁波段的大运河文化。中国大运河沿线各省市均在如火如荼地推进国家文化公园的建设，大运河（杭州段）是中国大运河沿线二十七个城市中唯一的三河兼具之段（三河指组成中国大运河的京杭运河、隋唐运河、浙东运河三类运河），也是千年延续的南部漕运枢纽。此外，大运河（杭州段）还体现了城河相依、活态传承，南北经济动脉、名产通达天下，多元交融之所、国际交流之窗等特点，这些鲜明的特色使杭州在大运河历史长河中更显独特魅力。

位于浙江省杭州市拱墅区运河文化广场南侧的中国京杭大运河博物馆定位较高，拱墅区委、区政府十分重视，把它作为打造拱墅区"文化拱墅"品牌的标志性工程来抓，是拱墅区乃至浙江省对外文化交流的重要窗口。2022 年 4 月，由杭州市规划和自然资源局组织编制的《杭州大运河国家文化公园规划》获得杭州市政府批复，正式发布；10 月 1 日，杭州拱墅区大运河畔的小河公园将对外开放，这也意味着杭州主城区 30.4 千米的运河沿线运道实现全线贯通。

2022 年，与浙江境内大运河有关联的研究论文寥寥数篇：林佳楠、姜建、张建国等的《基于数字足迹的京杭大运河杭州段夜间旅游形象感知研究》《旅游研究》2022年第4期），秦洛峰、陈煜琛的《京杭大运河杭州历史文化段滨水工业遗产现状及问题分析》（《建筑与文化》2022年第2期），杨怡的《基于视听觉一体化营造的城市声景观评价与空间规划——以京杭大运河杭州拱墅段为例》（浙江工商大学硕士学位论文，2022年1月）。

六、杭州西溪湿地文化研究

2022年，研究西溪湿地文化的专论有数篇：方益波、马剑的《西溪湿地：万类霜天竞自由》（《新华每日电讯》2022年11月7日），邓蓓、张宝歌、高梅香的《境脉学习理论视域下初中地理跨学科教学探究——以"西溪湿地：探索人与自然和谐密码"为例》（《地理教学》2022年第16期），蔡琰的《西溪湿地申报世界遗产策略初探》（《湿地科学与管理》2022年第2期）。

七、宁波月湖文化研究

2022年，研究宁波月湖文化的论文有若干篇，比如王朝烨的《宁波景区公示语英译失误探究——以"天一阁·月湖景区""宁波博物馆"为例》（《宁波开放大学学报》2022年第4期），孙亮、何依的《从水文到人文：海侵地区湖泊景观营建智慧研究——以杭州西湖与宁波月湖为例》（《华中建筑》2022年第4期）。

八、温州楠溪江文化研究

2022年学界同人围绕楠溪江文化撰写的论文主要有数篇：翟明帅的《心灵的田园——楠溪江题材青绿山水画创作实践》（《美术观察》2022年第11期），管笛伊、王巧琳、王嘉怡的《演绎与互动：楠溪江景区文旅产业的文化符号重塑》（《科技传播》2022年第17期），管笛伊、杨怡然的《跨媒介视野下地方文旅IP生产模式与传播策略——以楠溪江为例》（《新闻文化建设》2022年第3期）。

九、嘉兴南湖文化研究

2022 年的嘉兴南湖文化研究论文有 1 篇。

秦思怡、鲁俊丰、陈萍等《明清竹枝词中的嘉兴南湖形象书写》(《文化创新比较研究》2022 年第 19 期)一文指出,竹枝词是记录和传播地域文化的重要载体。该文将明清嘉兴南湖竹枝词作为考察对象,围绕自然生态、人文风物和生产民俗 3 个方面展开研究,从语言文字视角透视并还原明清时期嘉兴南湖的真实面貌,建构并展示该时期南湖的历史形象。

第二节　浙江名山文化研究

浙江境内的文化名山主要有宁波四明山、雪窦山,绍兴会稽山、天姥山,台州天台山,临安天目山,温州雁荡山,舟山普陀山等,其历史文化底蕴多为儒、释、道三教文化,以及历代文化名人对这些文化名山的吟咏歌颂。兹把 2022 年学界同人围绕上述名山文化而撰写的论著梳理如下。

一、雪窦山佛教文化研究

2022 年 7 月 2—3 日,"雪窦山首届慈氏学学术研讨会暨雪窦山慈氏学研究中心揭牌仪式"在雪窦山举行。会议由宁波雪窦山佛教协会、浙江佛学院主办,复旦大学哲学学院、宁波市弥勒文化研究基地协办。来自中国社会科学院、北京大学、复旦大学、中国人民大学、南京大学、浙江省社会科学院、山西省社会科学院等科研院校和中国佛学院等佛教院校的专家学者参加了会议。此次会议的召开,标志着我国慈氏学研究进入新的发展时期。[1]

---

[1]《雪窦山首届慈氏学学术研讨会暨雪窦山慈氏学研究中心揭牌仪式》,《五台山研究》2022 年第 3 期。

2022 年 12 月 21 日，由宁波市人民政府主办、奉化区人民政府承办的"2022 雪窦山弥勒文化节"在宁波奉化开幕。本次活动在雪窦山新地标建筑——弥勒圣坛举办，以"慈行天下　和乐人间"为主题，分"弥勒境·走近圣坛""禅生活·静心之旅"和"合乐众·欢喜人间"3 个板块，其间设置音乐会、文化展、智库论坛、巡禅体验、美学品鉴等 12 项活动。此外，弥勒文化节还组织了弥勒文化国际论坛·之江问道、"国风宋韵"雪窦山宋式美学品鉴会、"东方的微笑·我和弥勒文化"——华人华侨港澳台胞视频征集等活动，以"弥勒圣坛"为重点，结合奉化对台重要窗口背景，集中展示雪窦山名山建设成果，提高"佛教五大名山"知名度，推进文旅融合、擦亮城市名片，切实为宁波打造新时代文化高地注入生机和活力。[①]

二、会稽山历史文化研究

2022 年 5 月 17 日，一场以"醉江南·见未来"为主题的"第七届会稽山封坛大典"在会稽山盛大开启。8 月 25 日，以"享约会稽·国粹兰亭"为主题的"首届会稽山兰粉节暨新品上市发布会"在绍兴举行。

2022 年，不见有研究会稽山历史文化研究的论著。

三、天姥山唐诗文化研究

"天姥连天向天横，势拔五岳掩赤城。天台四万八千丈，对此欲倒东南倾。"2022 年 9—10 月，由新昌县天姥山文化旅游发展中心主办的"2022 天姥山诗旅文化季系列活动"横跨中秋节至国庆节两大假期，融合天姥山文旅符号，打造"沉浸式"国潮新体验，让游客亲身体验一次李白笔下的"梦游天姥"，收获一个此生最难忘、最特别、最值得纪念的中秋节、国庆节。[②]

---

① 严世君：《千年雪窦 梦应今朝 2022 雪窦山弥勒文化节在宁波奉化开幕》，人民政协网，2022 年 12 月 23 日。

②《2022 天姥山诗旅文化季，这是一场古今对话的沉浸式体验》，搜狐网，2022 年 9 月 11 日。

舒义平《地方文化传承课程的开发与实施——以"天姥山唐诗之路"课程为例》(《基础教育课程》2022 年第 17 期)一文指出,浙江省绍兴市新昌县实验小学立足地域文化优势,开发了"天姥山唐诗之路"文化传承课程,让学生亲近乡土乡情,培养家国情怀,增强民族认同和国家认同感。学校构建了寻根、熏陶、辨识、创编、互动五类课程,并以五大策略推进课程落在实处,促进学生学习方式的转变。课程实施中强化科研育人、文化育人、生活育人、实践育人、服务育人,促进学生综合素养全面提升。

四、天台山和合文化研究

2022 年 11 月 29 日,以"和合文化与促进共同发展"为主题的 2022 和合文化全球论坛在天台县举行,论坛创新设立日本东京、西班牙马德里分会场,与天台主会场进行跨国动态连线。国际组织代表、国外驻华使节、国际汉学家,以及有关智库、高校、研究机构的专家学者等约 200 人以线上线下方式聚首,研讨关于世界"和合"发展的理论、规律、原则、方法,推动全球共树人类命运共同体理念。

2022 年学界关于天台山文化研究的著作有 1 部,论文若干篇。

2022 年 11 月,由台州市社科联牵头组织、浙江大学何善蒙教授主笔编撰的《和合文化关键词》(新世界出版社 2022 年 11 月版)一书,提炼了和合文化的思想内涵和时代价值,以关键词形式进行重点阐释和创新解读,从和合思想的当代体现、理论结构、文化溯源、交流互鉴、当代传承、实践案例等方面,分享和而不同、互利共赢、和谐共生的中国智慧,阐明了和合文化是中华文化的重要组成部分,和合理念是中华文明的重要精神标识,展示了中国人追求和平、和睦、和谐的美好意愿。

2022 年与天台山和合文化相关的学术论文有数篇:何晓嘉、裘春艳、钱燕军的《寒山诗中的和合文化元素解析及当代启示》(《大众文艺》2022 年第 23 期)、李春风的《目的论视域下台州和合文化负载词英译策略》(《台州学院学报》2022 年第 4 期)、张鹏的《"和合文化"视觉符号解读语境下的产品设计途径探索》（《轻纺工业与技术》2022年第3期）。

2022年，关于天台山历史文化研究的论文还有两篇：白云鹏的《孙绰〈游天台山赋〉为实游考论》（《湖州师范学院学报》2022年第5期）、刘军的《民国时期天台山佛寺叙略》（《法音》2022年第4期）。

五、天目山历史文化研究

廖涛《天目山抗战文化研究》（浙江农林大学硕士学位论文，2022年6月）一文认为，研究天目山抗战文化是深化浙江抗战文化史研究的需要。该文以唯物史观为指导阐述天目山抗战文化形成的基础。深厚的传统文化底蕴、国共两党的抗战文化政策和打击日寇文化侵略的迫切性是这一地区抗战文化产生的重要基础；浙江国共合作统一战线的形成、浙西地方政权的重视和大批文化人才的汇集，为天目山抗战文化的形成提供了必要条件。

六、雁荡山历史文化研究

施梦颖、胡越、张丽华《循山之道，见山魂魄——基于"游山学"的雁荡山景区游赏体系规划》（《浙江园林》2022年第3期）一文指出，清代魏源提出"游山学"，在清人施元孚的雁荡山游览中不断发展完善，其核心在于"循山之道，见山魂魄"，构建每个人自己心中的"山"。该文以现代游赏体系为基础，以"游山学"为指导，根据游地、游具、游时、游伴、游术五大方面，重构雁荡山游赏价值资源，解决其游山难的问题，根据"四步选线法"，循山道之迹，量人力之程，见山水肤泽，完善游览服务设施，系统构建不同人群的游览线路，做到人情随景变，让不同山水带给游者不同的人生体悟，最终构建每个人自己的"山"之魂魄。

七、普陀山佛教文化研究

景天星《"普陀山信仰"刍议》（《普陀学刊》2022年第1期）一文指出，

"普陀山信仰"是印度佛教中国化的重要成果，是中国汉传佛教信仰的重要表现形式。就宗教内涵而言，"普陀山信仰"是佛教信仰类型中观音信仰的一种；就地理要素而言，普陀山是山海圣境，既有山岳信仰的特点，又有海洋信仰之特征；就政治要素而言，"普陀山信仰"离不开封建社会中的政权支持；就社会基础而言，"普陀山信仰"中渗入有民间信仰的内容，拥有最为广泛的民众基础。普陀山与五台山、峨眉山、九华山共同构成"四大名山"，形成"中国佛教四大名山信仰体系"。

张凯《游客感知视角下的普陀山佛教文化旅游区旅游吸引力评价研究》（浙江海洋大学硕士学位论文，2022 年 5 月）一文从游客感知的角度出发，以普陀山景区为案例地，结合景区自身特征，选取旅游吸引力构成要素，设计相关调查问卷，对所获得的数据用因子分析法进行分析，构建出普陀山佛教文化旅游区旅游吸引力评价指标体系，将普陀山佛教文化旅游区旅游吸引力构成要素归纳为六大类，通过构建吸引力模糊综合评价矩阵对其旅游吸引力进行测评，最终得出普陀山佛教文化旅游区旅游吸引力综合得分。

陈妍丽、古胜《普陀山与明代江南海上诗路——以新见冯舒〈浮海集〉为中心分析》[《浙江海洋大学学报》(人文科学版) 2022 年第 6 期] 一文认为，诗性江南，延伸到海上，就是江南海上诗路。江南海上诗路之最终形成，普陀山是一个非常关键的地理节点，晚明是一个十分重要的时间节点，江南诗人群体是一支不可或缺的创作力量，而冯舒则是江南至普陀山海上香路与海上诗路叠合的代表性人物。普陀山与江南海上诗路是浙江打造诗路文化体系的一个重要议题，也是值得当代读书界推广海上"行走与阅读"的一个文化命题。

李芃禹、周怡《符号修辞视角下的普陀山地区文创产品设计研究》（《包装工程》2022 年第 16 期）一文以普陀山景区文创产品为研究对象，从符号修辞视角研究普陀山文创产品中文化和信息的传达，以期促进普陀山文旅产业发展。

高升《普陀山〈抗倭摩崖题记〉考》（《大众考古》2022 年第 3 期）

一文指出，《抗倭摩崖题记》位于普陀山东南岬角一处崖面之上，与洛迦山隔洋相望。碑文主要记录明嘉靖三十二年（1553），抗倭名将俞大猷等人率军在普陀山抗击倭寇，并歼敌于普陀山洋面的场景。这次普陀山之捷，彰显了抗倭将士一往无前、英勇抗敌的精神。

第三节　浙江地域文化研究

本报告所言"浙江地域文化"主要指"杭州学""温州学""越学""婺学""湖学"等富有浙江省内地域文化标识的思想学术。此外，浙江境内也有数量众多的古镇古村落，也由此衍生出文化内涵丰富、历史底蕴深厚的古镇古村落文化。

一、"杭州学"与杭州历史文化研究

2022 年 8 月 18 日，杭州市委文化工作会议召开。浙江省委常委、杭州市委书记刘捷在会上强调，打造一流历史文化名城是牢记习近平总书记殷殷嘱托、忠实践行"八八战略"的政治责任，是推进高质量发展、建设世界一流社会主义现代化国际大都市的迫切需要，是坚持以人民为中心、高水平推进共同富裕幸福杭州建设的内在要求。要切实增强使命感和责任感，以高度的政治自觉打造一流历史文化名城，坚持立心铸魂、高举思想之旗，坚持融通古今、彰显历史之美，坚持共建共享、增进文化之惠，坚持以文赋能、铸就产业之兴，坚持讲好故事、提升国际之誉，争当新时代文化浙江建设的领头雁、社会主义文化强国建设的示范者。同时，要着力打造世界遗产群落，高水平推进大运河国家文化公园等建设，深入实施城市记忆工程。要着力推进宋韵文化传世工程，加强宋韵文化研究，推进南宋皇城遗址综合保护，拓展宋韵文化传播路径形式。①

2022 年 12 月 20 日，杭州市第十四届人民代表大会常务委员会第七次会议通过《杭州市历史文化名城保护条例》；2023 年 3 月 31 日浙江省第十四届人民代表大会常务委员会第二次会议批准，自 2023 年 5 月 1 日起施行。

2022 年的"杭州学"研究主要围绕杭州历史文化的内涵而展开。

2022 年 9 月 27 日，"杭州优秀传统文化丛书编纂出版工作总结发布仪式"在杭州市民中心举行。这套"杭州优秀传统文化丛书"包括 1 部专著、10 个系列，以及《杭州优秀传统文化概论》《中华文化的"窗口"——解读杭州优秀传统文化》《良渚密码》等书籍，共计 108 种 109 册，涵盖了杭州的城史、山水、名人、遗迹、辞章、艺术等内容，呈现了一个处处有风景、步步有故事的杭州。

徐颖《尺素寸心：丁丙书札中的十九世纪杭州》（浙江大学出版社2022 年 6 月版）一书，通过对杭州博物馆馆藏 52 通丁丙致友朋书札的释读与考证，将丁丙人生中"恢复孔庙""复兴文澜""辑刊故籍""实业先驱""为善最乐"等重要情节——串联，展现了一个出生于 190 年前的杭州人——丁丙，在自我成长与中国近代化历程中的自省与抉择。

洪锦芳《吕惠卿〈杭州学记〉的多元阐释》（《闽台文化研究》2022年第 2 期）一文指出，吕惠卿《杭州学记》是针对"庆历兴学"在杭州地区的教育问题所作的学记文，实际上是借学记传达自己的教育思想，意涵丰富深刻。学校兴废关乎国家兴亡，《杭州学记》批判"庆历兴学"过于重视世务，主张培养内在道德性理和外在实学两者兼备的治国人才。文中反复论述"先王之法"，其渊源是西周时期的"王官之学"，体现了宋代士大夫的政治主体意识，明显受到王安石的教育思想影响。此学记的创作成因是寄寓政治理想，阐发变法改革在教育方面的主张，具有经学贯通政治的思想价值、参与学记文体建构的文学价值以及教育史价值。

---

① 《市委文化工作会议召开》，《杭州日报》2022 年 8 月 19 日。

俞正义《传承历史文脉，彰显杭州魅力》(《三角洲》2022 年第 21 期)
一文认为，杭州是我国七大古都之一，也是第一批国家历史文化名城，是一
个有着悠久历史和文化遗产的城市，其中每一幢古老的建筑物，都是历史的
遗存，都见证了尘世沧桑，散发着迷人的魅力。城市是一种历史文化的现象。
城市的各种要素都蕴藏着从过去传下来的信息，是历史记录的真实载体。文
献记载再生动、再有趣，也无法与历史遗迹相比。承载与存留，拯救与跨越，
追溯与见证，城市的历史脉络，就在这座城市的记忆里。

徐越《杭州方言是宋韵文化的主要载体和历史坐标》(《浙江社会科学》
2022 年第 9 期) 一文认为，杭州方言主要分布在杭州老城区，是宋室南迁
的直接产物。其接触形成的历史、方言岛形式的分布、传承至今的宋韵官话
语言标记，均承载着千年宋韵文化；其官话与吴语并存不悖、珠联璧合、选
择性借用等语言创新，都是宋韵文化最好的诠释。杭州方言不仅是宋韵文化
的主要载体，其本身也是宋韵文化的一个历史坐标。

王月瑶、陈波《杭州近代名人故居特色研究》《建设科技》2022 年第 8 期)
一文认为，名人故居作为一种独特的历史和文化遗存，往往具有无可替代的
人文价值和历史意义。杭州作为历史文化名城，名人故居是其历史文化遗存
的核心和宝贵财富之一。基于杭州现存近代名人故居概况、空间分布、名人
类别分布、保护现状及其开发现状等方面的调查、整理和统计分析，总结并
分析出名人故居选址是情系西湖，乐山乐水；建筑是中西融合，灵活自由；
内涵是外客云集，多元包容的特色，体现出杭州城市包容、不断探索、创新
的精神。

董选国《基于南宋风格的杭州皇城御街打铜巷商业空间设计》(浙江理
工大学硕士学位论文，2022 年 5 月) 一文认为，杭州是南宋古都，是具有
江南文化特色的名城，自古有"上有天堂，下有苏杭"之美誉。杭州皇城御
街是古都临安的皇城所在地，是政治、经济和文化的中心，也是南宋"百工
百业"商业业态的集聚地。

王书雨、田治国《文旅融合视角下历史文化街区发展路径探讨——以杭

州大兜路历史街区为例》[《美与时代》（城市版） 2022 年第 9 期] 一文从文旅融合视角出发，探究历史文化街区的发展策略，并以杭州大兜路历史街区为例，分析讨论历史文化街区静态与动态相结合的保护方式，从而推动历史文化街区的可持续发展，提升历史文化街区整体风貌，彰显城市整体文化积淀，促进城市经济发展。

陈业秀《农耕文化融入都市文化生活的历史逻辑和创新实践——以杭州为例》（《文化学刊》2022 年第 9 期）一文认为，作为世界上最早的犁耕稻作农业区之一，杭州的农耕文化独具特色，拥有个性色彩鲜明的采摘文化、水文化、田园文化和村落文化。在工业化、都市化、商业化的背景下，都市农耕文化传承和发展面临着重大挑战。乡村振兴战略下城乡一体化建设，打造独特韵味、别样精彩的历史名城，对优秀传统农耕文化的传承和开发，具有积极的实践引领和行为示范作用。

二、宁波历史文化研究

宋代是中国文化发展的黄金期，宋韵文化是中华优秀传统文化的重要组成部分，宁波是宋韵文化的重要承载地。2022 年，为传承、传播好宋韵文化，宁波市社科院（市社科联）组织宁波宋韵文化资深专家和学者，聚集宁波本地的"宋学"研究组织，融"文、史、哲、艺、考古"等于一炉，围绕"文化之韵、人文之韵、风物之韵、河海之韵"等主题，布局访谈节目、短音频和短视频内容，致力于通过多形态、立体化的传播，留存具有人文精神的音视频资料，将宁波宋韵落实到具体内容和细节中。[①]

张英《建设新时代文化高地的"宁波样本"》（《宁波通讯》2022 年第 3 期）一文认为，宁波文化发展迫切需要进一步对照要求，加强谋划，自觉将地方的文化实践融入共同富裕示范区建设，开启全面建设文化高地的新阶段，努力在现代化先行中实现文化先行，在共同富裕中实现精神富有。

---

① 《宁波宋韵文化"双传双创"工程一期项目结项》，宁波社科网，2023 年 6 月 2 日。

王孙荣编著《余姚进士录》（中国书籍出版社 2022 年 6 月版）一书，收北宋皇祐元年（1049）己丑科至清光绪三十年（1904）甲辰科正式录取的余姚文科进士 627 人、武科进士 74 人，两者合计 701 人，另设有《附编》，分为析异、考异、存疑、辨误四类。

三、"温州学"与温州历史文化研究

2022 年是"温州学"研究提出 20 周年，《温州大典》编纂工作正式启动并进入实质性编纂阶段。

2022 年 5 月 14 日，温州市委书记刘小涛专题调研温州文化工作。在温州市图书馆的《温州大典》研究编纂编辑部，方韶毅代表《温州大典》研究编纂编辑部汇报《温州大典》研究编纂前期工作以及"温州学"研究、温州乡邦文献整理历史等情况。刘小涛对编纂工作"群英荟萃共筹谋、齐心协力抓推进"表示肯定。他说，从"温州典籍"中寻找历史印记，从"温州文化"中挖掘鲜活资源，具有重要的时代价值和现实意义。当前，要系统性谋划，做好顶层设计，明确方向，谋定而动，一步一个脚印、一年接着一年干，把编纂过程作为集聚人才、创新机制的过程，让典籍中的温州、文物中的温州、遗迹中的温州活态呈现。当前，更要以"温州学"研究提出二十周年为契机，集成研究"温州学"，挖掘"永嘉学派"内涵，打造新时代文化温州建设的标志性成果。

5 月 19 日，《温州大典》编纂工作座谈会乐清专场召开。会议围绕《温州大典》前期工作推进、下步工作安排等方面进行交流讨论。《温州大典》研究编纂工作专班一行人先后赴乐清市图书馆、档案馆等地查阅资料。下一步，温州市将全面梳理温州文脉资源，发动各县（市、区）参与编纂工作，延续历史文脉，凸显瓯越文化品牌，助力实施文化传世工程。

9 月 8 日，《温州大典》研究编纂工作推进会在温州市人民大会堂举行。《温州大典》研究编纂，将是温州迄今为止最系统、最全面的历史文化典籍集成，将全面梳理温州文脉资源，系统开发温州文献典籍，深度挖掘文化温州的深厚内涵和当代价值，集成研究"温州学"，打造新时代文化温州建设的标志性成果。《温州大典》研究编纂已基本确定"历代古籍编""晚近书刊编""文物图像编""档案史料编""民间遗存编""要籍选刊编""专题研究编"七大编。《温州大典》的"四梁八柱"已初步形成，并列入了浙江文化研究工程省、市共建项目。

12月23日，"深化温州学研究主题研讨会"在温州市人民大会堂举行。温州市委书记刘小涛做出批示，寄语打造更多具有辨识度、影响力、标志性的"温州学"研究成果，为续写创新史、走好共富路、争创先行市提供强大的精神动力。同时，还举行了"永嘉学派研究中心"授牌仪式，宣读聘请温州学特约研究员文件，宣布首批"温州学传播大使"名单，《温州学二十年·著作提要》《温州学二十年·论文精选》《永嘉学派研究选编》新书发布仪式。

温州大学"温州学"研究院编写的《温州学二十年》（浙江大学出版社2022年10月版）上、下两册，分别是"论文选编""著作提要"。"论文选编"从"温州学"理论建设、永嘉学派研究、温州历史研究、温州文化研究、温州模式研究等方面精选正式发表的论文。"著作提要"精选有关温州历史、文化、经济研究方面的论著做提纲挈领的介绍，揭示温州经济和社会发展内在规律，是对温州区域文化研究的一次较为全面深入的整理。

2022年温州历史文化综合研究的专著还有陈增杰《宋元温州诗略》（浙江大学出版社2022年6月版）一书，该书选录宋元时期温籍诗人183家，计诗801首。通过注评方式，将这一时期的优秀篇章，或较有特色、在当时产生过影响的诗作介绍给读者，披沙拣金，提炼精华，用助赏览，以增进对这一历史时段本地区诗歌创作成绩、发展风貌及交流传播情况的了解，并为宋元诗研究、区域历史文化研究提供线索和参考。

四、绍兴历史文化研究

2022年绍兴历史文化研究的亮点是绍兴文理学院主导的"越文化"研究。3月18日，《浙江通志·越文化专志》新书发布暨越文化研讨会在绍兴文理学院举行。《浙江通志·越文化专志》是《浙江通志》113 卷中唯一以"文化"命名的卷。由浙江省越文化传承与创新研究中心潘承玉教授组织科研团队承担编纂工作，由浙江人民出版社出版，这是绍兴学术界献给绍兴列入中国历史文化名城 40 周年的一份厚礼。

9 月 25 日，由浙江大学亚洲文明研究院主办，浙江大学绍兴研究院、绍兴文理学院共同承办的首届"名城绍兴与亚洲文明"国际学术研讨会在绍兴举行，来自海内外高校的专家学者以线上线下结合的方式，围绕历史文化名城绍兴、东亚文化之都绍兴、亚洲文明交流互鉴的主题展开深入探讨，为推动区域历史文化研究与亚洲文明交流互鉴贡献智慧。

10 月 28 日，2022 年越地历史文化研究暨绍兴文理学院越文化研究院兼职研究员年会在绍兴召开，"东亚文化之都研究中心"同时揭牌成立。浙江工业大学人文学院肖瑞峰教授作题为"宋韵文化的精神特质和生成原因"的报告；江苏省吴越文化研究院院长黄胜平教授，浙江省社会科学院哲学所张宏敏研究员分别作主旨发言。各与会专家、学者还进行了小组讨论，针对宋韵文化、越国历史等主题展开了广泛而深入的学术交流与探讨。

11 月 5 日，"越文化论坛 2022：越文化的历史传承与当代价值"学术研讨会在绍兴举办。来自全国各地的近百名专家学者，线上线下齐聚一堂，就越文化中的阳明思想、越地名人思想、越地文学艺术、越地历史地理、越地文献金石、越地民物风俗等方面进行了交流，共同探讨越文化的历史传承与当代价值。绍兴文理学院相关负责人说，越文化研究是一个生生不息、需要不断推陈出新的长远学术事业，举办本次学术研讨会，对于增强历史自信与文化自信，弘扬越文化、体认越文化在当代中国"文化自信"建设中的地位具有重要意义。

2022 年，学界关于绍兴历史文化研究的论文主要有：章艳芬、蒋兰兰、黎冰的《历史文化街区场所感的叙事性营造——以绍兴市书圣故里历史文化街区为例》（《建筑与文化》2022 年第 12 期），张益军的《突出"五个强化"：绍兴走出古城保护利用新路》（《浙江经济》2022 年第 11 期），许冠杰、陈秋晓、陈信等的《有机更新视角下的古城地下空间资源综合评价——以绍兴古城为例》（《小城镇建设》2022 年第 10 期），金璟的《绍兴古桥民俗数字化保护的探索与思考》（《西部广播电视》2022 年第 19 期），吴楠、周妍的《挖掘绍兴历史文化资源》（《中国社会科学报》2022 年 9 月 30 日），王圣杰、史琰、包志毅的《水乡古城时空演变数字化研究——以绍兴古城为例》（《华中建筑》2022 年第 6 期），裘玮的《重塑历史文化名城古韵新风》（《绍兴日报》2022 年 2 月 21 日）。

五、湖州历史文化研究

2022 年 4 月 8 日，湖州市委文化工作会议召开，引领全市党员干部群众厚植文化自信力，以更加昂扬向上的姿态加快打造新时代文化高地，为勇当探路者、建设新湖州提供丰润精神滋养和强大精神动力。

2022 年湖州历史文化综合研究的论文有数篇：马晓艳、杨子奇的《漫画视角下历史文化街区旅游吸引力的提升策略——以湖州市衣裳街为例》（《现代园艺》2022 年第 19 期），万欣、邵陆芸的《新媒体视域下湖州古桥的数字化保护与传承研究》（《今古文创》2022 年第 31 期），费湘怡的《湖州名茶顾渚紫笋的地方文化内涵》（《今古文创》2022 年第 19 期），刘沐呈、陈茂流的《湖州地域文化与城市旅游形象设计的融合与应用表现研究》（《美术文献》2022 年第 3 期）。

六、嘉兴历史文化研究

2022 年嘉兴历史文化综合研究的论文有数篇：沈磊、张玮、仇晨思的《历史文化名城保护与发展创新方法与实践——以嘉兴历史文化名城实践为例》（《世界建筑》2022 年第 12 期），余池、陈冰如、赵巧蝶等的《海盐历史文化的传承与发展——以嘉兴海盐县为例》（《品位·经典》2022 年第 22 期），施苗岚、于红珍、陈湘怡的《嘉兴主城区城市书屋与嘉兴地方文化的传播——

以范湖草堂书屋、嘉城书屋为调查重点》（《作家天地》2022年第19期），董文婷的《嘉兴城市文化品牌建设路径研究》[《美与时代》（城市版）2022年第6期]，李文娟的《嘉兴籍文化名人对中国美术教育现代转型的历史贡献》（《嘉兴学院学报》2022年第3期）。

七、"婺学""婺文化"与金华历史文化研究

2022年9月8日，由浙江师范大学与金华市社会科学联合会联合建立的"婺学（金华学派）研究基地"在浙江师范大学揭牌。金华市委宣传部部长吕伟强、浙江师范大学副校长钟依均共同为基地揭牌。仪式后，还举行了婺学（金华学派）文化传承研讨会，与会专家就如何把"婺学地位立起来、研究深下去、影响传播开"进行了探讨和交流。

何百林《婺学的历史方位与文化自信》（《金华日报》2022年1月28日）一文指出，婺学的内容主要有范浚的"治气养心"，吕祖谦的"明理躬行"，陈亮的"事功之学"，唐仲友的"经制之学"，金履祥的"知行合一"，等等。

孙媛媛、金璐《解码金华学派 传承婺学精神》（《金华日报》2022年9月9日）一文认为，浙学的源头是多元的，而金华学派无疑是最重要的源头之一。金华学派是金华的地域文化，同时也是浙江乃至中国思想文化版图的重要组成部分。推动金华学派在传承的基础上创新发展，是体现文化先行担当、加快建设浙江中西部文化中心的必然要求，也是金华学人义不容辞的使命所在。

八、衢州历史文化研究

衢州紧紧围绕习近平总书记提出的"让南孔文化重重落地"重要嘱托，做到"三个打通"：南孔古城复兴与南孔文化复兴两者打通；全国文明城市创建与城市品牌打造两者打通；文化事业与文化产业两者打通，留住城市的根和魂。通过"三个打通"，南孔文化开始潜移默化地影响着衢州人的自我

修为与处事标准，并在不断的探索与实践中历久弥新、焕发新机，让衢州这座千年古城真正成为一个令人心生向往的温暖的地方。

2022 年 9 月 6 日，2022 南孔文化季启动仪式暨第三届南孔文化创造性转化、创新性发展研讨会在衢州举行。活动现场正式发布 2022 南孔文化季系列活动内容，包括了孔子文化交流展、"大哉孔子"——全球先圣像云展示、"云尚南孔"数字化应用上线活动、纪念孔子诞辰 2573 年祭孔典礼在内的八大主题活动。在第三届南孔文化创造性转化、创新性发展研讨会上，来自国际儒学联合会、中国社会科学院、浙江大学、浙江省社会科学院等机构的众多专家学者围绕衢州推进南孔文化发展的历史脉络、哲学思考、理论内涵和实践要义等方面进行了交流发言。

9 月 27 日，由国际儒学联合会、浙江省儒学学会、衢州市纪委、衢州市委宣传部联合主办的"儒学大家谈"南孔家风家训研讨会在衢州举行。与会学者认为，此次举办的"儒学大家谈"南孔家风家训研讨会，将激励社会各界更加自觉传承弘扬儒学文化，推动儒学文化在新时代焕发新的生命力，为打造"南孔清风"廉洁文化品牌、推动清廉衢州建设提供强大的精神文化支撑。

杨显岳《推进南孔文化在衢州重重落地的思考》（《边疆经济与文化》2022 年第 9 期）一文指出，习近平总书记主政浙江时嘱托衢州要"让南孔文化重重落地"。衢州是孔氏南宗文化的发源地，这一罕有的文化资源值得珍惜和传承，弘扬发展南孔文化，衢州人民责无旁贷。南孔文化是儒学文化的重要组成部分，是衢州市最重要的文化财富，是衢州发展的重要软实力。推进南孔文化重重落地，就要发挥南孔文化的优势，扩大南孔文化的影响，开发、利用好南孔文化资源，这对于提升衢州文化软实力具有十分重要的意义和影响。

九、舟山历史文化研究

2022 年舟山历史文化研究的论文有三篇：陈静的《定海古城 10 年寻

回历史韵味》（《舟山日报》2022 年 10 月 21 日）、林巧的《人文向度视域下舟山现代海洋城市建设探析》（《江南论坛》2022 年第 9 期）、叶志平的《海岛乡土资源在高中历史教学中的运用——以舟山市为例》（浙江海洋大学硕士学位论文，2022 年 5 月）。

十、台州历史文化研究

2022 年，与台州历史文化研究相关的论文有两篇：徐玮玮的《台州"洞房经"中的婚俗以及音乐文化研究》（《文化产业》2022 年第 28 期）、唐田的《陈耆卿及〈（嘉定）赤城志〉研究》（西北师范大学硕士学位论文，2022 年 5 月）。

十一、丽水（处州）历史文化研究

2022 年 5 月 20 日，《处州文献集成》编纂出版工作推进会在丽水召开，丽水市委宣传部部长李一波出席并讲话，《处州文献集成》编纂指导委员会、《处州文献集成》编纂学术委员会、《处州文献集成》编纂工作委员会领导，以及浙江古籍出版社总编等参加会议。2022 年底，第二辑《处州文献集成》89 册面世，与第一辑 49 册文献合并，成功地完成了唐、宋、元、明四个朝代处州古籍文献合计达 138 册的影印出版发行任务。《处州文献集成》编纂出版工程意义重大，是丽水有史以来最大的文化工程，也是首次对历史文献进行全面梳理，覆盖面之广、规模之大、内容之丰富前所未有。

2022 年 8 月 10 日，丽水市委召开文化工作会议，深入学习贯彻中央和浙江省委关于文化建设的重大决策部署，坚定实施文化强市战略，启动实施"文兴丽水、挺进共富"工程，高质量建设新时代文化丽水，为全市上下坚毅笃行"丽水之干"、勇做跨越式高质量发展道路上奋勇向前的新时代"挺进师"提供了不竭的精神动力，为全面建设绿水青山与共同富裕相得益彰的社会主义现代化新丽水注入强大的文化力量。时任丽水市委书记胡海峰在讲话中强调，要促进中华优秀传统文化创造性转化、创新性发展。秉持对历史也是对未来高度负责的态度，高标准谋划建设优秀传统文化保护传承示范区，让千年古城丽水的宝贵文化资源活下来、用起来、兴开来。精心选取最具丽水代表性和辨识度的重点领域，整合资源力量实施黄帝文化研究和传播工程、世界文化遗产申报工程、处州历史文脉研究工程、非物质文化遗产活化传承工程、全域传统村落保护发展工程，推动构建保护有力、管理有方、利用有效的保护传承发展体系，加快形成一批具有鲜明精神特质和人文神韵的标志性成果。

2022 年 10 月 2 日，由中国先秦史学会、中共浙江省委宣传部、浙江省社会科学界联合会主办的中国第五届黄帝文化学术研讨会在浙江缙云举行。来自全国各地的专家学者紧紧围绕"深入挖掘黄帝文化的精神内涵和时代价值"主题进行深入研讨探究，一致认为，缙云黄帝文化优势明显，将其打造成为浙江新时代文化艺术标识基础扎实。建议进一步丰富黄帝文化载体建设，提升黄帝文化具象化水平，加强新时代背景下黄帝文化的数字化开发应用，进行数字化建模，创造沉浸式体验，吸引更多年轻人了解、传播、传承黄帝文化。同时，加强与陕西黄陵、河南新郑的沟通交流，加强黄帝文化产业建设，建好中国南方黄帝文化展示中心，打造有国际影响、中国气派、浙江辨识度的黄帝文化标识，向世界讲好黄帝文化故事。

2022 年 10 月 4 日，由浙江省人民政府主办的"壬寅（2022）年中国仙都祭祀轩辕黄帝大典"在缙云黄帝祠宇举行。此次大典以"四海同心祭始祖'两个先行'启华章"为主题，包括长号鸣天、击鼓撞钟、敬上高香、敬献花篮、敬献美酒、恭读祭文、行鞠躬礼、高唱颂歌、乐舞告祭九项议程。活动期间还举行了黄帝文化学术研讨、两岸文化交流暨招商推介会、黄帝文化展演、"庆丰收"系列活动等。

2022 年丽水历史文化综合研究的论文主要有一篇：汤珏、史绮莲、李瑛的《文化塑形视角下历史街区更新改造的问题探究——以丽水市刘祠堂背历史街区为例》（《建筑与文化》2022 年第 2 期），该文以丽水刘祠堂背历史街区为例，详述如何挖掘文化价值并运用到规划设计中，从而提出文化塑形问题的解决策略，以此作为历史街区更新改造的探讨。

十二、浙江古镇古村落文化研究

2022年9月9日，由浙江省农业农村厅、浙江省"千村示范、万村整治"工作协调小组办公室主办的"从古到今向未来'浙'里古村再出发"浙江省历史文化（传统）村落保护利用十周年座谈会在杭州桐庐举行。本次座谈会旨在更好地回顾、总结、分享十年间浙江省各地取得的典型经验和创新做法，探讨、展望未来浙江历史文化（传统）村落可持续发展的新方向、新思路、新方式。座谈会上，农业农村部乡村振兴专家委员会委员顾益康等专家就产业赋能乡村、实践保护利用的思考、未来乡村如何创新村落保护思路等主题发表演讲。现场还启动了"村落里的中国"历史文化村落研学之旅。

2022年关于浙江古镇古村落文化研究的论文有数种：方问禹的《浙江松阳：传统与艺术融合，古村落重焕生机》（《新华每日电讯》2022年8月26日），佚名的《兰溪诸葛村——中国神奇的古村落》（《科学中国人》2022年第15期），刘畅、田收的《文旅融合视域下档案参与古村落历史文化构建的叙事分析——以绍兴东浦村为例》（《兰台世界》2022年第7期），姜振娇的《场所视角下的"桃源"性栖居——楠溪江古村落研究》（中国美术学院硕士学位论文，2022年5月），高建茜的《浙江河阳古民居村落保护与景观设计重构》（湖州师范学院硕士学位论文，2022年5月）。

十三、浙江书院文化研究

周景崇《浙学书院营造文化研究》（中国建筑工业出版社2022年1月版）一书主要从七个角度介绍了浙江书院建筑：浙江书院全景式文化形态，吴越文化与书院群落的区系划分，书院的历史溯源和体系分布，浙东、浙南的书院史迹调查，浙西、浙北书院史迹调查，士绅、望族对书院营造的交互贡献，浙江古代工匠群体及工程活动。

《浙学书院营造文化研究》一书的书评文章有姬益波、朱淳的《从〈浙学古代书院营造文化研究〉的范式重造谈浙学体系研究》（《苏州工艺美术职业技术学院学报》2022 年第 4 期），该文首先立足周景崇论浙学书院的新的学术定位与立场，从宏观上解析浙江地区古代书院群落的文化地理、设计观念，以其论著中的"浙学新解""儒学与事功学""小传统"与"大传统"三个维度为切入点，展开对浙学书院研究诸观点的批评，继而从多维角度观看浙江古代书院之整体景观；其次，由此分析浙东体系与浙西体系之间的复杂关联，从民间价值阐释"浙学书院"的价值，发展其理论，衡量其得失。以此建构解读"浙学"的新维度，在此意义上，对于丰富与推进历史书院的主题研究有着重要的学理意义。

2022 年关于浙江书院文化的相关论文还有数篇：叶梦洁、赵秀敏的《乡村书院空间的在地性修复与叙事性文化创意实践——以浙江苍南县仙堂村鹅峰书院设计为例》（《艺术研究》2022 年第 5 期），李凤立、王佳、潘晨怡的《浙江古代书院遗存现状与保护对策》（《建筑与文化》2022 年第 9 期），谢佳琪的《基于场所理论的乡村书院数字文化空间营造》（浙江工商大学硕士学位论文，2022 年 5 月），吕哲的《浙江东阳石洞书院的观念韧性于乡村公共空间中复构——以东阳郭宅村民文化广场设计为例》（《建筑与文化》2022 年第 3 期），王艺彭、王洁、张焕的《浙江乡村书院的建筑空间结构研究——一种可持续的乡村文化公共空间》（《城市建筑》2022 年第 5 期）。

第十章　红船精神、浙江精神、浙商精神研究

　　习近平总书记在党的十九大报告中指出："中国特色社会主义文化，源自中华民族 5000 多年文明历史所孕育的中华优秀传统文化，熔铸于党领导人民在革命、建设、改革中创造的革命文化和社会主义先进文化，植根于中国特色社会主义伟大实践。"2022 年 7 月 29 日，经浙江省第十三届人民代表大会常务委员会第三十七次会议通过，自 2022 年 10 月 1 日起施行的《浙江省哲学社会科学工作促进条例》（浙江省第十三届人民代表大会常务委员会公告第 73 号）第十一条指出："本省实施文化研究工程，开展浙江历史文化和当代发展研究，加强以红色根脉为核心的革命文化、浙江精神为主题的社会主义先进文化、宋韵文化等为标识的优秀传统文化研究，形成原创性、标志性文化研究成果。"毋庸置疑，浙江有着丰富的优秀传统文化、革命文化和社会主义先进文化资源。

　　新时代倡导、研究"大浙学"，就需要把传统文化和当代文化的精神标识提炼出来、展示出来，而本报告依据的广义"浙学"即"大浙学"概念，指的是"渊源于古越、兴盛于宋元明清而绵延于当代的浙江学术思想传统与人文精神传统"。总而言之，"大浙学"的外延，一方面可"上溯"至浙江传统文化之源的古越文化、史前文化；另一方面可"下延"至现代以"红船精神"为标识的革命文化，和以"浙江精神""浙商精神"为标识的社会主义先进文化。我们可以说，"红船精神""浙江精神""浙商精神"就是"大

浙学"所指的"绵延于当代的""人文精神传统"的主体内容。

第一节　红船精神研究

浙江嘉兴因中国共产党第一次全国代表大会在这里胜利闭幕而备受世人瞩目。2005 年 6 月 21 日，时任浙江省委书记习近平同志在《光明日报》上刊发署名文章《弘扬"红船精神"　走在时代前列》，首次提出并完整阐释了"红船精神"的深刻内涵，认为"红船精神"是中国革命精神之源，并将"红船精神"的内涵高度提炼为："开天辟地、敢为人先的首创精神，坚定理想、百折不挠的奋斗精神，立党为公、忠诚为民的奉献精神。"2017 年 10 月 31 日，党的十九大闭幕仅一周，习近平总书记就带领新一届中共中央政治局常委集体瞻仰上海中共一大会址和嘉兴南湖红船，回顾建党历史，重温入党誓词，宣示新一届党中央领导集体的坚定政治信念，并再次阐述"红船精神"的深刻内涵，强调要结合时代特点大力弘扬"红船精神"，不忘初心、牢记使命、永远奋斗，让"红船精神"永放光芒。

为深入贯彻落实习近平总书记南湖重要讲话精神，大力弘扬"红船精神"，光明日报社、浙江省委宣传部和嘉兴市委三家联合，于 2018 年 6 月 21 日召开了首届"红船论坛"，2019 年 6 月 21 日举办了"2019 红船论坛（第二届）"，2020 年 8 月 4 日举办了"2020 红船论坛（第三届）"，2021 年 10 月 15 日召开了"伟大建党精神理论研讨会暨 2021 红船论坛"。

2022 年 6 月 24 日，嘉兴学院召开 2022 年"红船论坛"理论研讨会。2022 年"红船论坛"理论征文一等奖获得者王火红、郑志强、计丹峰等分别围绕"以伟大建党精神引领高校事业高质量发展""中国共产党创建时期维护党中央权威的历史考察""红船精神引领高校育人工作的三重维度"的主题作交流发言。嘉兴学院校党委副书记吴云达在讲话中指出，伟大建党精神和红船精神是我们奋进新征程、夺取新胜利的不竭精神动力。

2022年12月16日，嘉兴市委理论学习中心组举行"红船论坛"报告会，深入学习领会习近平总书记关于意识形态工作的重要论述，巩固壮大奋进新时代的主流思想舆论，用党的二十大精神引领新时代意识形态工作，筑牢共同思想基础，持续激发忠实践行"八八战略"、全面对标"两个先行"、全力奋进"两个率先"的强大力量。

2022年，学术界、社科界围绕"红船精神"，撰写专题论文100余篇，其中有6篇硕士学位论文；研究主题则集中在"红船精神"的科学内涵、思想逻辑、理论来源、比较研究、历史地位、时代价值、传承路径等方面。兹梳理如下。

一、"红船精神"的科学内涵研究

吕延勤《习近平关于红船精神重要论述的历史贡献》（《嘉兴学院学报》2022年第3期）一文指出，习近平关于红船精神重要论述的历史贡献体现在5个方面：一是丰富和发展了中国共产党革命精神史宝库；二是丰富和发展了中国共产党思想建党理论；三是推进了中国特色社会主义伟大实践；四是为伟大建党精神的提出奠定了基础；五是确立了中国共产党的先进性之源。

蒋光贵《论中国共产党"红船精神"的价值意蕴》（《中共石家庄市委党校学报》2022年第5期）一文指出，"红船精神"是中国共产党创立的精神，概括地说就是首创精神、奋斗精神、奉献精神。这种精神是对中华民族优秀文化的继承和超越，是中国先进知识分子有了救国救民的科学指导思想的集中体现，是对旧民主主义革命的继承和超越，是中国革命文化形成和发展的起点，更是新时代兴党强国的精神源泉。

钟凤梅、汤桢子《"红船精神"的科学内涵及其对党员教育的当代价值》（《云南开放大学学报》2022年第2期）一文指出，"红船精神"作为中国革命精神之源，是伟大建党精神的基础性基因，是中国共产党先进性的重要体现。其开天辟地、敢为人先的首创精神，体现在思想之新、组织之新和力量之新上，是中国共产党人责任与担当的彰显；坚定理想、百折不挠的奋斗精神，体现在中国共产党人对马克思主义的思想捍卫和理论传播上，是中国共产党人坚定的共产主义理想信念的生动写照；立党为公、忠诚为民的奉献精神，是由党的性质与宗旨决定的，同时这种鲜明的精神特质也构成与其他政党的本质差别，是中国共产党人民性的表达。"红船精神"内在的价值意蕴对新时代党员教育依然具有很大的启示，在党员教育中要关注党员勇于创新的思维能力，坚定党员不忘初心的理想信念以及坚守党员密切联系群众的人民立场，积极弘扬"红船精神"在新时代的精神价值。

二、"红船精神"的思想逻辑研究

王金丹《红船精神研究》（大连医科大学硕士学位论文，2022 年 5 月）一文认为，100 多年前，中国共产党应运而生，成为中国革命史上一块崭新的里程碑。红船精神伴随着中国共产党的创建而形成，一路发展至今，注定了它的不平凡。新时代，对红船精神进行系统研究，不仅是对中国革命精神谱系的再研究，更是对红船精神时代价值的充分挖掘，为推动社会进步，早日实现中国梦提供精神动力。

彭世杰《政党文化视野下的红船精神：生成·价值·内化》（《嘉兴学院学报》2022 年第 2 期）一文指出，红船精神是对早期中国共产党人在建党实践中表现出的独特精神品质的概括，从政党文化这一新的视角来研究红船精神，可以进一步挖掘其丰富内涵、发挥其内在价值。红船精神的生成与发展是一个从本体论到认识论的过程，经历了出场、诠释、升华三个阶段。作为中国共产党政党文化的重要组成部分，红船精神具备政党文化的一般价值，特别是在回溯历史本源、凝聚党内共识、彰显政党形象方面的价值尤为显著。推进党员干部对红船精神的情感认同、理性认同、行为认同，是实现红船精神内化、发挥其政党文化价值的重要路径。

乔海波、赵悦彤《伟大的红船精神生成的实践逻辑》（《黑河学院学报》2022 年第 5 期）一文指出，从十月革命到中国共产党成立，中国先进知识分子的革命实践生成了开天辟地、敢为人先的首创精神，坚定理想、百折不挠的奋斗精神，立党为公、忠诚为民的奉献精神。从以陈独秀、李大钊为代表的精神领袖和左翼骨干毛泽东等人促进了马克思主义在中国早期广泛传播，孕育了"红船精神"之魂，再到工人阶级运动为"红船精神"的生成奠定了阶级基础，最后全国各地的共产主义小组相继创立，为"红船精神"的生成提供了组织保障。在早期，可以把共产党人在实践中摸索实际建党的方法看作"红船精神"形成的实践之路。

金更兴《论红船精神在中国共产党精神谱系中的价值定位》（《山西社会主义学院学报》2022年第3期）一文指出，红船精神是中国共产党建党精神的集中体现，是中国革命精神之源，在中国共产党人的伟大精神塑造中具有开篇和奠基的重要作用。红船精神构筑了中国共产党精神谱系爱国、担当、奉献、奋斗、拼搏、创新精神特质的基本内核，生发了精神谱系始终如一的、以人民为中心的价值立场，传递了精神谱系永不褪色的革命性、进步性、先进性的红色基因，奠基了精神谱系坚如磐石的马克思主义和共产主义信仰追求，砥砺了精神谱系伟大崇高的顽强拼搏、昂扬向上的意志品质。红船精神让红色基因、革命薪火代代相传。

三、"红船精神"的理论来源研究

沈伊《浙籍共产主义知识分子对"红船精神"的贡献研究（1915—1921）》（辽宁大学硕士学位论文，2022年5月）一文认为，"红船精神"作为中国革命精神谱系的重要组成部分，是伴随着党的成立而诞生的，也是革命前辈们在建党历程中伟大精神的凝聚，他们在建党实践过程中铸就了这种首创、奋斗、奉献精神。在这个过程中，一批又一批的地域性共产主义知识分子群体登上了历史舞台，他们为"红船精神"的形成做出了巨大贡献，浙籍共产主义知识分子就是典型代表。浙籍共产主义知识分子这一群体的形成，是近代中国社会变动和国际环境变化以及浙江地区发展等多种因素合力的产物。大部分浙籍共产主义知识分子出身于中等社会家庭，从小就接受了传统儒学教育并逐渐接触到现代新式教育，知识水平高、思想较为开放。五四时期，正处于社会变革之际，各种思潮充斥于中国社会，浙籍共产主义知识分子中的部分群体经历了重大的思想转变，这也是近代先进知识分子探求国家出路的一个缩影。浙籍共产主义知识分子的思想转变主要分为两类：一类是从坚持民主主义革命到追求马克思主义思想的转变；另一类是从信仰无政府主义到追求马克思主义思想的转变。浙籍共产主义知识分子思想转变的影响因素主要有：受社会主义思潮的影响、尝试西方资本主义道路的失败、具备宣传马克思主义的有利条件，所以群体中的大部分人实现了身份的转变。在民族危亡之际，浙籍共产主义知识分子继承了中国古代士人的入世精神，积极投身政治生活中，他们的实践活动铸就了"红船精神"的重要内涵，推动了中国共产党的成立和革命运动的发展。浙籍共产主义知识分子对"红船精神"贡献的历史意义是多方面的：第一，推动了大众接受马克思主义的进程，从而树立起对马克思主义的信仰；第二，转变了知识分子对自身使命的认识，浙籍共产主义知识分子意识到要用马克思主义来指导革命实践；第三，开启了马克思主义中国化的进程；第四，为中国共产党的创立做了思想、组织准备；第五，丰富了党的精神谱系，是中国共产党宝贵的精神遗产。受历史局限性的影响，浙籍共产主义知识分子对"红船精神"的贡献也存在不足之处。

四、"红船精神"的比较研究

吴镝《红船精神与伟大建党精神：生成逻辑、关系辨析、价值指归》[《黑龙江工业学院学报》（综合版）2022 年 2 期）] 一文指出，红船精神和伟大建党精神是中国共产党精神谱系的重要组成部分，前者是中国共产党伟大事业开创点的精神发端，后者是中国共产党成立 100 周年伟大历史节点的精神高峰。厘清红船精神与伟大建党精神之间的辩证关系是梳理中国共产党精神谱系中各精神标识逻辑关系的重要一环。两者关系的辨析有利于进一步明确红船精神的历史定位、界定伟大建党精神的阐发范围以及建构中国共产党精神谱系的内在逻辑。

齐卫平《论伟大建党精神与"红船精神"的逻辑关系》(《国家治理》2022 年第 5 期)一文指出,伟大建党精神与"红船精神"是密切关联的两个概念,既有清晰的逻辑关系,又有不同的意蕴。其中,伟大建党精神是中国共产党各种精神集大成之总汇。"红船精神"具有的象征意义集中体现在中国共产党创建的历史节点上,而伟大建党精神内涵体现的不是特定时段的精神,而是贯穿于我们党整个奋斗历程的精神精髓。"红船精神"永远是再出发的精神动力,伟大建党精神永远是再辉煌的精神源泉。"红船精神"和伟大建党精神永放光芒,当代中国青年将不负以习近平同志为核心的党中央的嘱托,不负人民的期待,在新时代新征程的赶考路上交出一份优异答卷。

王璐、陈中奇《伟大建党精神与"红船精神"关系探析》[《西安建筑科技大学学报》(社会科学版)2022 年第 2 期]一文指出,伟大建党精神和"红船精神"从精神内涵来看具有一致性。"红船精神"是中国早期共产党人在建党实践中形成的伟大革命精神,建党精神是立足"红船精神"、基于党的百年历程做出的精度凝练概括,二者都是对"中国共产党是一个什么样的政党"的生动阐释。从伟大建党精神和"红船精神"生成逻辑来看,建党精神不论从概念大小还是时空范围来说,都是"红船精神"的升级版,但二者都是不同时代背景下对"中国共产党为什么是先进性新型政党"的强有力的证明。从伟大建党精神和"红船精神"的价值指归来看,二者同频共振,形散神不散,激励着一代又一代共产党人为共同的价值追求——进行伟大斗争、推进伟大事业、建设伟大工程、实现伟大梦想——接续奋斗,进一步回答了"中国共产党为什么能"的问题。所以,从二者所蕴含的一致性的精神内涵和价值意蕴来说,寻求精神自身共有的意义价值远远要比争论二者的差异性更有意义。

刘武《红船精神与伟大建党精神的一致性研究》(《江南论坛》2022 年第 4 期)一文指出,伟大建党精神是中国精神之源,是其他革命精神的源头,昭示着中国共产党的建党初心和革命初心。伟大建党精神提出后,伟大建党精神和其他中国革命精神的关系成为各种精神研究的重点。红船精神有着特殊的历史地位，集中体现了中国共产党的建党精神，这主要表现在红船精神和伟大建党精神诞生的历史条件和现实基础是一致的，两种精神的形成具有着共同的实践逻辑和理论逻辑；"红船"符号是最能体现伟大建党事件的最直接、最鲜明的政治符号，最能直接体现中国共产党革命属性的符号；红船精神提出后，在相当长一段时间内作为研究载体承载着伟大建党精神的全部研究、传播、弘扬等功能。对红船精神和伟大建党精神的关系的研究，必然对如何认识伟大建党精神和其他革命精神的关系产生示范性、指导性影响。

马敏《伟大建党精神与红船精神的内在逻辑关联及弘扬路径》（《西藏发展论坛》2022 年第 3 期）一文指出， 将伟大建党精神和红船精神的一致性和差异性特征条分缕析，是认清两者内在逻辑关联的有效方式。伟大建党精神和红船精神共处于历史转向的时空境遇，肇始了民族复兴的初心使命；共存于人民江山的价值指向，凝聚了历史主体的集体意志。但两者在时间序列跨度、地域范围广度、理论功能表达等方面存在差别。在新的历史条件下，我们应在继承和弘扬伟大建党精神中赓续党的精神谱系，在承袭和拓新红船精神的历程中永葆党的先进性。

彭冰冰《论红船精神与伟大建党精神的逻辑关系——兼论红船精神在中国共产党精神谱系中的地位》（《嘉兴学院学报》2022 年第 5 期）一文指出，从学术史的角度来看，红船精神的研究和宣传对伟大建党精神的提出起了基础性和开创性作用。正是红船精神的研究和宣传推动了人们对伟大建党精神的讨论，从而产生了进一步凝练概括伟大建党精神的需要。伟大建党精神与红船精神既具有一致性，也具有差异性。从精神内涵、提出的背景和主体、形成的实践依据来看，两者是一致的。两者的差异在于，红船精神主要侧重对红船起航这一历史性时刻重大意义的精神表征，伟大建党精神则更加侧重对中国共产党百年奋斗的精神表征。100 年来，"红船"已经成为具有广泛影响力的红色标识和历史符号，具有丰富的政治寓意。红船精神是中国革命精神之源、党的先进性之源，集中体现了伟大建党精神，在中国共产党精神谱系中具有非常独特的历史地位。因此，在不断推进伟大建党精神研究的同时，也要继续深化红船精神的研究。

王文军《从中华传统文化的角度看红船精神与伟大建党精神》（《浙江档案》2022 年第 11 期）一文指出，红船精神与伟大建党精神都是在五四运动中孕育和形成的，都是马克思主义基本原理和中华传统文化相结合的产物，都是对中华传统文化的传承与弘扬。

孙耀胜、崔慧慧《伟大建党精神与红船精神关系探赜》（《中学政治教学参考》2022 年第 43 期）一文指出，伟大建党精神以百年党史为依据，是对中国共产党精神标识的集中凝练与概括；红船精神则是针对建党这一具体事件所展示的精神的概括。伟大建党精神是红船精神的源头，从源与流、总体与局部、普遍与抽象厘清伟大建党精神与红船精神之间的内在联系，可以更好地把握红船精神的历史地位，丰富伟大建党精神的学理研究。

宋雪敏《红船精神与太行精神在新时代的比较研究》（《大庆社会科学》2022 年第 6 期）一文指出，红船精神与太行精神作为新时代中国共产党人精神谱系的重要组成部分，共同体现了中国共产党人坚定理想的革命信念、百折不挠的奋斗精神和忠诚为民的奉献精神。在不同时代背景下，红船精神与太行精神在实践基础、内涵重点、精神地位方面都具有一定的差异性。二者随着时代的发展而发展，具有重要的当代价值，有助于加强党的领导的伟大实践，有助于践行新时代党的群众路线，有助于实现中华民族伟大复兴的中国梦。

五、"红船精神"的历史地位研究

马洪顺、冀沁珍《红船精神融入新时代党的自我革命实践探索》（《南昌师范学院学报》2022 年第 2 期）一文认为，红船精神是革命先驱在伟大革命实践中践行初心使命而形成的红色革命精神，是中国共产党建党精神的集中体现。在新的历史条件下，我们党深入推进自我革命，必须传承红船精神，从红船精神所蕴含的首创、奋斗、奉献精神中总结党的历史经验，通过增强党员的创新意识做"拓荒牛"、坚定党员的理想信念做"老黄牛"、强化党员的宗旨意识做"孺子牛"三个实践维度深入推进党的自我革命。

孟凡平《论红船精神的历史坐标与新时代价值》(《北华航天工业学院学报》2022 年第 3 期)一文指出,红船精神是在社会危机空前深重的社会历史条件下,早期马克思主义者及先进知识分子在党的创建过程中所体现出的一种伟大革命精神,对新时代条件下中国共产党自身建设具有重要意义。红船精神的价值可体现在三个层面:宏观层面共产主义的初心、中观层面救国救民的使命、微观层面党性提升的力量。

谭绍江《新时代美好生活观视域下的"红船精神"论析》[《湖北经济学院学报》(人文社会科学版)2022 年第 7 期]一文指出,"红船精神"是党的先进性之源,其本质特征表现为"站在历史高度,走在时代前列",其主要内容包括首创精神、奋斗精神与奉献精神。在中国特色社会主义新时代,习近平总书记关于"美好生活"的重要论述传承了"红船精神"的本质特征。"美好生活"重要论述之内涵贯穿"红船精神"的三个主要内容,有助于从提供创新的不竭源泉、筑牢理想信念支柱和增强道德力量三个层面引领"红船精神"在当代中国的实际践行。

六、"红船精神"的时代价值研究

齐雯雯《红船精神与高校青年马克思主义者培养的创新融合》(《长春师范大学学报》2022 年第 1 期)一文指出,红船精神是中国共产党建党精神和革命精神之源。红船精神与高校青年马克思主义者培养具有内在关联性。探索红船精神与高校青年马克思主义者培养的创新融合,需要在课堂教学、校园文化、实践教学、创新创业和志愿服务等方面创新培养路径,构建协同育人新格局。

李欣《"红船精神"融入大学生思想政治教育的几点思考》(《公关世界》2022 年第 2 期)一文分析了目前部分高校将"红船精神"融入大学生思想政治教育的情况,指出其必要性,并进一步提出应该将红船精神融入思想政治理论课教学全过程，渗透于校园文化生活之中，以及彰显于社会实践活动之中。

闫兴昌、曹银忠《红船精神引领新时代爱国主义硬核力量建设研究》(《中共山西省委党校学报》2022年第2期)一文指出，红船精神不仅是中国革命精神之源和中国共产党的先进性之源，也是以爱国主义为核心的中华民族精神的凝练与升华。新时代，爱国主义硬核力量建设要以"硬"的首创精神为逻辑起点、"硬"的奋斗精神为逻辑重点、"硬"的奉献精神为逻辑终点。实践中，历史、理论、现实与价值四重逻辑力证了新时代爱国主义与红船精神在存在基础上的同源性、理论蕴涵上的同构性、现实境遇上的同生性以及价值指向上的同向性，为红船精神引领新时代爱国主义硬核力量建设提供了理论与现实的可行性。

孙云鹏、姜宏《从"红船精神"开启社会主义现代化新征程》(《时代报告》2022年第3期)一文指出，中华民族百年的风雨征程，得出的结论是只有共产党才能够救中国，才能够带领中国人民走向社会主义现代化新征程。开始新时代、新征程，必须矢志不渝地坚持与弘扬中国革命精神，将党的奋斗历程永远铭记在心中，坚持党的理想信仰，无论走多远都要记得来时的路，要从历史出发，铭记革命历史，学习"红船精神"，开启社会主义现代化新征程。

王闫《红船精神融入高校思想政治教育创新路径研究》(沈阳师范大学硕士学位论文，2022年5月)一文认为，红船精神是中国共产党成立伊始所形成的宝贵革命精神，其以敢勇当先的创造力、坚韧不拔的生命力、为民服务的感召力，凝聚广大党员在不同的历史时期勠力同心、奋楫笃行，彰显了中国共产党的鲜明底色，为中国共产党铸就百年辉煌提供了不竭的精神动力。大学生是新时代绘就社会主义现代化壮丽图景的中坚力量，他们的精神素养关乎中华民族的伟大复兴。习近平总书记反复强调要铭记光辉历史，发扬红色传统，赓续红色血脉。红船精神作为孕育于革命战争年代的精神火炬，对大学生的精神成长有着重要的思想政治教育价值。

石如丽《红船精神融入大学生理想信念教育研究》（西北师范大学硕士学位论文，2022 年 5 月）一文认为，红船精神作为中国共产党在革命时期形成的精神之一，是对党带领人民从被动挨打到成为国家主人的艰难历程的体现，是对党始终牢记初心与使命的崇高理想的体现，是我们为实现中国梦而团结奋斗的强大精神动力，是引导大学生树立正确理想信念的重要资源。大学生肩负祖国和人民的重托，是社会进步的重要推动力，大学生理想信念教育不仅关乎个人的成长和进步，而且关乎社会的发展。红船精神蕴含着共产党人崇高而坚定的理想信念，蕴含着共产党人奋斗和奉献的品质，将红船精神融入大学生理想信念教育，既可以展现红船精神的独特价值、拓宽弘扬红船精神的途径，也能为理想信念教育提供方向指导。因此，各高校应该重视红船精神的研究，并将红船精神运用到大学生理想信念教育当中，在开辟培育时代新人路径的同时，传承和发扬中国共产党带领人民在推动社会发展过程中所铸就的精神。

孙洪静《以红船精神涵养大学生"四个自信"的路径探析》（《沈阳干部学刊》2022 年第 3 期）一文指出， 大学生是社会主义事业的建设者和接班人，是实现中华民族伟大复兴的后备力量。红船精神是中国革命的精神之源，以红船精神涵养大学生"四个自信"，帮助大学生坚定理想信念、培育创新精神、强化使命担当，对于高举中国特色社会主义旗帜、建设社会主义现代化强国具有重要的理论意义和实践价值。

黄星林《"红船精神"融入高中思想政治课教学研究》（南昌大学硕士学位论文，2022 年 5 月）一文认为，"红船精神"是中国共产党带领中国人民在伟大实践中形成的革命精神，是中国革命精神之源，蕴含着丰富的育人价值。将"红船精神"作为重要的思政教育素材，有利于丰富教学内容、提高学生的核心素养。为此，讲好"红船精神"形成的历史依据、科学内涵和当代价值，把"红船精神"融入高中思政课堂，发挥其强大生命力，可以进一步增强高中生的爱国主义情怀，使其成为担当民族复兴大任的时代新人。

陈卓、金梦柳《红船精神在大学精神中的融入路径探究》（《长江师范学院学报》2022年第3期）一文指出，红船精神与大学精神在内涵上存在着诸多一致性。红船精神中的首创精神、奋斗精神和奉献精神，与大学精神中的创新精神、求真精神和民主精神高度契合。中国特色现代大学制度建设取得了举世瞩目的成就，但当前大学精神存在的问题也不容忽视。继承和发展红船精神，把握红船精神与大学精神的契合逻辑，有利于在当下复杂的社会环境中，全面审视中国大学创新精神薄弱、求真精神不足与民主精神欠缺等问题。

任翠翠《红船精神及其时代价值研究》（聊城大学硕士学位论文，2022年5月）一文认为，红船精神贯穿着党史、新中国史、改革开放史、社会主义发展史，在新的历史时期呈现出新的发展趋势，对我国的政治、经济、文化、社会等多方面产生重要的影响。该文以红船精神及其时代价值研究为导向，对红船精神内涵与形成的发展过程做了梳理，从其内容出发总结红船精神的特征，最终推导出红船精神的时代价值。

付江红《以红船精神滋养共产党人的初心使命》（《贵阳市委党校学报》2022年第5期）一文指出，红船精神昭示了共产党人的初心和使命。以红船精神滋养共产党人的初心使命，就是要以开天辟地、敢为人先的首创精神滋养共产党人解放思想、实事求是、开拓创新的政治品格；以坚定理想、百折不挠的奋斗精神滋养共产党人坚定信念、不怕牺牲、艰苦奋斗的政治本色；以立党为公、忠诚为民的奉献精神滋养共产党人增强宗旨观念、坚持群众路线、维护群众利益的政治情怀。

贾文胜《红船精神蕴含着党卓越领导力的基因密码》（《中国领导科学》2022年第6期）一文指出，红船精神是中国革命精神之源，集中体现了伟大建党精神，昭示着中国共产党人的初心使命。回顾中国共产党的百年历程，党带领中华民族实现从站起来、富起来到强起来的伟大飞跃，最根本的原因是党的卓越领导力。梳理红船精神与党的领导力之间的关系，可以发现其深刻内涵蕴含了中国共产党卓越领导力的基因密码。新时代开启伟大新征程，结合时代特点赋予红船精神新的时代内涵，践行红船精神为铸强党的领导力提供了路径遵循。

七、"红船精神"的传承路径研究

郭玉梅《"红船精神"在〈哲学与文化〉教学中的运用研究》（华中师范大学硕士学位论文，2022 年 5 月）一文认为，"红船精神"是党史文化资源的重要组成部分，对于学习中国共产党党史具有重要的意义，能够帮助大家了解中国共产党的成立过程以及奋斗历程，学习中国共产党员身上的优良品质。尤其是"红船精神"中的首创精神、奋斗精神、奉献精神，是指引中国共产党不断取得胜利的重要精神支柱，也是无数中国共产党人所具备的优良品质。"红船精神"有丰富的内容体系，能够培养高中生的优良品质，加强高中生对党史的了解，引导高中生拥护中国共产党的领导，是高中思想政治教育的重要材料。

沈建华、顾玲、谷芳平《"红船精神"在小学传承的路径研究》（《基础教育论坛》2022 年第 3 期）一文认为，传承"红船精神"不仅是爱国主义教育的重要组成部分，也是社会主义核心价值观的重要体现，更是立德树人的重要任务。"红船精神"的传承迫切需要与校园文化相结合，营造传承氛围；与德育活动相结合，丰富传承载体；以学科融合为目标，优化传承路径；以三位一体为机制，凝聚传承力量。

史云虹《"红船精神"融入高校思政课路径探究》[《辽宁师专学报》（社会科学版）2022 年第 4 期]一文指出，"红船精神"所蕴含的精神实质和高校思政课有着千丝万缕的联系。为了全面提高"红船精神"融入高校思政课的实效性，从深入挖掘"红船精神"的精神内核出发，论证了"红船精神"融入高校思政课的可行性，从而探究出"红船精神"融入高校思政课的路径——搭建好教学平台、实践平台、网络平台、科研平台、全方位育人平台，最终达到"红船精神"融入高校思政课的目的。

卞辉、包家官《新时代"红船精神"融入高校班集体建设路径探析》（《济南职业学院学报》2022 年第 4 期）一文指出，"红船精神"是中国共产党的精神源泉，是引领中国革命的强大精神力量，其内涵主要包括创新、奋斗和奉献。在新时代，高校班集体建设面临新的挑战，"红船精神"可以为高校班集体建设树立奋斗的理念、提供创新的动力、指明奉献的方向。从"红船精神"的丰富内涵出发，全力打造奋斗型、创新型和服务型的班集体，是新时代高校班集体建设的路径选择。

第二节　浙江精神研究

长期以来，浙江省委、省政府包括浙江社科界一直高度重视经济社会发展与文化研究、文化建设之间内在关系的研究与结合。2005年1月，习近平做出了关于"深入研究浙江现象、充实完善浙江经验、丰富发展浙江精神"和"浙江精神的调研应从浙江文化的历史传承、社会精神文明、文化综合实力的作用等诸角度进行"的批示，确定了"与时俱进的浙江精神"研究的方向和基本框架。在充分调研与广泛深入讨论、总结、提炼的基础上，习近平修改和审定的十二字的"与时俱进的浙江精神"正式出炉。2006年2月5日，《浙江日报》刊发习近平同志的署名文章《与时俱进的浙江精神》。2016年9月，习近平总书记在G20杭州峰会期间，对浙江提出了"秉持浙江精神，干在实处、走在前列、勇立潮头"的新要求。2018年7月8日，习近平总书记在浙江省委关于"八八战略"实施15年情况报告上做出重要指示，特别强调，干在实处永无止境，走在前列要谋新篇，勇立潮头方显担当。希望浙江深入学习贯彻新时代中国特色社会主义思想和党的十九大精神，以改革开放40周年、"八八战略"实施15周年为新起点，保持战略定力，秉持浙江精神，开拓创新、砥砺奋进，努力在决胜全面建成小康社会、夺取新时代中国特色社会主义伟大胜利的征程中继续走在前列。

2022年的学术界深化了对"浙江精神"的国际舆论传播及对高校党建、

思想政治工作的应用研究。

王友良《论浙江精神的国际舆论传播》(《河南财政税务高等专科学校学报》2022 年第 6 期)一文认为,浙江精神是海内外浙江人的精神之"根"和文化之"魂",浙江精神的国际舆论传播符合"八八战略"视域下浙江文化强省建设的目标要求。浙江精神的国际舆论传播需要结合习近平总书记关于浙江精神的重要论述开展有效、有序的国际舆论引导工作,积极打造浙江政治实践"求真务实"、浙江经济实践"干在实处"、浙江文化实践"诚信和谐"、浙江社会实践"走在前列"和浙江生态实践"勇立潮头"的先行典范。浙江精神可以通过创新转化、政府作为、多元协同和巩固拓展等方法与途径实现国际舆论快捷传播。

倪西强《新时代浙江精神融入高校党建的路径探析》(《湖州职业技术学院学报》2022 年第 4 期)一文认为,浙江在不断的探索和实践中形成了"求真务实、诚信和谐、开放图强"的浙江精神,浙江人民秉持浙江精神,"干在实处、走在前列、勇立潮头"。新时代,加强高校党建愈发重要,其中学习型党组织建设、党建品牌创建、党建引领服务地方、师生党员党性教育等方面,都需要从浙江精神中汲取智慧和力量。浙江精神与党的思想路线、高校践行立德树人要求、高校党建发展方向相一致。因此,浙江精神可以从高校理想信念教育、党建活动新作风和新形象、高校特色党建、高校智慧党建、高校清廉教育等五个方面融入高校党建,让高校党建展现出"干在实处永无止境,走在前列要谋新篇,勇立潮头方显担当"的时代新气象。

张伟《如何将浙江精神融入高校资助育人实践》(《职业》2022 年第 15 期)一文讨论将"求真务实、诚信和谐、开放图强"的浙江精神融入高校资助育人实践,明晰浙江精神在高校资助育人实践中融入的必要性,探索浙江精神融入高校资助育人实践的新路径。

王红涛《浙江精神融入高校思想政治工作的价值与实践路径》(《佳木斯职业学院学报》 2022 年第 4 期)一文认为,浙江精神是中华优秀传统文化的重要组成部分。新时代赋予浙江精神丰富的内涵,它内含奋斗、奉献、创新的精神品质。浙江精神是思想政治工作主体的精神动力，是弘扬中国精神的具体展现，是思想政治工作文化自信的生动诠释，而要得以实现就要从融进日常生活、融进课程体系、融进校园文化、融进高校教育管理四个方面进行思考。

陶爱萍、冯高洋《论蚂蚁岛精神对浙江精神的独特贡献》（《河南财政税务高等专科学校学报》2022 年第 4 期）一文认为，浙江精神展现了浙江人民的精神面貌，蚂蚁岛精神作为浙江精神的重要组成部分，是蚂蚁岛人在奋斗发展中孕育出来的宝贵精神财富，其"艰苦创业、敢啃骨头、勇争一流"的精神内涵及迸发的蓬勃伟力，对浙江精神的形成、发展和传播贡献了理论成果与实践典范。蚂蚁岛精神具有自身的独特性，与浙江精神互融互通，丰富、发展了浙江精神。

第三节　浙商精神研究

应该指出，"浙江精神"的提炼与总结和"浙商精神"的提出与总结是同步进行的，并且"浙商精神"是"浙江精神"的基础。改革开放初期，面对短缺经济的时代背景，浙江人发扬"走遍千山万水、说尽千言万语、想尽千方百计、吃尽千辛万苦"的"四千精神"，锐意改革，不断进取，创造了浙江经济社会跨越式发展的辉煌成就。"新时代浙商精神"的提炼和概括，是对经典的浙商"四千精神"，以及"千方百计提升品牌，千方百计保持市场，千方百计自主创新，千方百计改善管理"的"新四千精神"的一次改版提升。"创业、创新、担当、合作、法治、奋斗"，以这 6 个关键词为核心的新时代浙商精神，既是对"四千精神"的传承与超越，也是中国优秀企业家精神的代表。

2022 年 12 月 7 日，作为第六届世界浙商大会专题活动之一的"浙商文化论坛"在杭州举行。海内外嘉宾共聚一堂,以"共创共富共享——新时代浙商文化的升级"为主题,共话浙商文化新形态。与会学者一致认为,浙商是改革开放以来浙江发展的亮丽金名片,民营经济是推动我省高质量发展、促进共同富裕的重要支撑。优化民营经济的发展环境,依法保护民营企业家的产权和企业家的权益,促进民营企业发展壮大,弘扬企业家精神,提升企业的核心竞争力,以高质量发展促进共同富裕,是实现第二个百年奋斗目标的重大标志,也是改革开放以来我们浙江发展的显著特征,更是新时代浙商接续奋进的前进方向和价值追求。

2022 年 12 月 23—24 日,由浙江省委、省政府主办的以"新时代 新征程 新飞跃"为主题的"第六届世界浙商大会"在浙江省人民大会堂举办。时任浙江省委书记易炼红在致辞中说,浙商有千年传承,书写了无数传奇;浙商有卓越贡献,释放了无穷能量;浙商有市场灵性,打开了无疆空间;浙商有过人胆识,创造了无限可能;浙商有家乡情怀,展现了无私品格。他希望新时代的浙商继续保持大道前行的战略定力、练就大海游泳的高超本领、增强大潮挺立的创新胆识、展现大爱无疆的精神境界,与家乡一起再续辉煌、再创荣光。

2022 年关于"浙商精神"研究的论文有 1 篇。杨轶清《浙商精神 = 创业精神 + 创新能力》(《今日科技》2022 年第 12 期)一文指出,浙商的特点是四千精神、吃苦耐劳,四海为家、走遍天下,务实诚信、责任担当等。

附录：

2022 年浙学学术活动大事记 ①

　　2022 年度，围绕浙江历史上的"浙人、浙事、浙著、浙学"，浙江哲学社科界（包括省外的高校科研机构）通过组织学术会议、举办学术论坛、学术座谈会等多种形式，强有力地推动了"浙学"研究阐释与推广宣传。兹根据诸项学术活动的举办时间，胪列梳理如下。

　　3 月 18 日，《浙江通志·越文化专志》新书发布暨越文化研讨会在绍兴文理学院举行。《浙江通志·越文化专志》是《浙江通志》113 卷中唯一以"文化"命名的卷。由浙江省越文化传承与创新研究中心潘承玉教授组织科研团队承担编纂工作，由浙江人民出版社出版，这是绍兴学术界献给绍兴列入中国历史文化名城 40 周年的一份厚礼。

　　5 月 14 日，时任温州市委书记刘小涛专题调研温州文化工作。在温州市图书馆的《温州大典》研究编纂编辑部，方韶毅代表《温州大典》研究编纂编辑部汇报《温州大典》研究编纂前期工作以及"温州学"研究、温州乡邦文献整理历史等情况。刘小涛对编纂工作"群英荟萃共筹谋、齐心协力抓推进"表示肯定。他说，从"温州典籍"中寻找历史印记，从"温州文化"

---

　　① 编者注：本书附录"2022 年浙学学术活动大事记"对 2022 年度的王阳明与阳明学会议不再赘述，读者可参阅拙编《2022 阳明学研究报告》（浙江工商大学出版社 2024 年版）"附录"中的"2022 年阳明学主题会议综述"。

中挖掘鲜活资源，具有重要的时代价值和现实意义。当前，要系统性谋划，做好顶层设计，明确方向，谋定而动，一步一个脚印、一年接着一年干，把编纂过程作为集聚人才、创新机制的过程，让典籍中的温州、文物中的温州、遗迹中的温州活态呈现。当前，更要以"温州学"研究提出 20 周年为契机，集成研究"温州学"，挖掘"永嘉学派"内涵，打造新时代文化温州建设的标志性成果。

5 月 19 日，《温州大典》编纂工作座谈会乐清专场召开。会议围绕《温州大典》前期工作推进、下步工作安排等方面进行了交流讨论。《温州大典》研究编纂工作专班一行人先后赴乐清市图书馆、档案馆等地查阅资料。下一步，温州市将全面梳理温州文脉资源，发动各县（市、区）参与编纂工作，延续历史文脉，凸显瓯越文化品牌，助力实施文化传世工程。

5 月 19 日，"第四届吴越文化论坛"在临安召开，浙江省社科联副主席陈先春、省作家协会党组书记臧军、杭州市委宣传部副部长应雪林等参加。参会专家学者从历史、文化、文物等角度，共同探讨吴越国时期经济文化、政治制度的当代价值和时代意义。

5 月 20 日，《处州文献集成》编纂出版工作推进会在丽水召开，时任丽水市委宣传部部长李一波出席并讲话，《处州文献集成》编纂指导委员会、《处州文献集成》编纂学术委员会、《处州文献集成》编纂工作委员会领导，以及浙江古籍出版社总编等参加会议。2022 年底，第二辑《处州文献集成》89 册面世，与第一辑 49 册文献合并，成功地完成了唐、宋、元、明四个朝代处州古籍文献合计达 138 册的影印出版发行任务。《处州文献集成》编纂出版工程意义重大，是丽水有史以来最大的文化工程，也是首次对历史文献进行全面梳理，覆盖面之广、规模之大、内容之丰富前所未有。

6 月 26—27 日，由浙江省社会科学界联合会、浙江大学共同主办的"浙学论坛 2022 '宋韵与浙学：文化基因的新时代解码与传承'学术研讨会"在台州黄岩举行，来自海内外知名高校、研究机构的百余位学者以线上线下形式参加会议。论坛围绕浙江宋韵文化概念的内涵与外延，浙江宋韵文化基因的阐释与弘扬，浙江宋韵文化的表现形态与特征，宋韵文化、浙学的地域特征与周边影响，浙江宋韵文化的当代价值等，通过阐释宋韵文化概念、分析宋韵文化表现形式、解析宋韵文化构成基因、揭示宋韵文化当代实践价值等多重视角，探索浙江"宋韵"文化的优秀基因、充分挖掘丰富的"宋韵"文化资源与历史遗存，推动"宋韵"文化研究在新时代的创造性转化和创新性发展，为新时代文化浙江建设发展提供强大的精神动力和思想资源。

7月9日，"浙江·苍南刘基文化论坛暨2022年苍南县社科普及周活动"在苍南县莒溪镇举行。来自浙江省社科院、温州市委宣传部、市社科联等部门的领导嘉宾以及各地刘基文化研究专家学者代表齐聚一堂，以学术研讨的方式纪念刘基诞辰711周年。与会的专家学者围绕"天人之策"这一主题，就如何传承刘基文化，如何创新刘基文化，如何做深研透刘基文化、阐述刘基文化的新时代价值等开展交流研讨。

7月15日，浙江省文化标识建设工作推进会在衢州召开。全省各级文化和旅游部门相关负责人、部分文旅研究机构负责人和专家学者等约150人参加会议。会上，衢州市、绍兴市、杭州市拱墅区、宁波市象山县、台州市黄岩区、衢州市开化县分别就南孔文化、阳明文化、大运河文化、海洋渔文化、官河古道文化、钱江源文化标识的建设工作交流发言。为总结宣传"文化基因解码工程"成果，高质量推进浙江文化标识建设，浙江省文化和旅游厅还举办了浙江省文化标识建设成果交流展，宋韵文化、南孔文化、大运河文化等一批文化标识建设成果面向公众开放展示。

7月15日，"《浙江通志》首发式暨编纂工作总结大会"在浙江省人民大会堂举行。时任浙江省省长、《浙江通志》编纂委员会主任王浩出席会议并讲话。他强调，《浙江通志》的编纂发行，是文化强省建设的重大标志性成果，必将为守好"红色根脉"、增强浙江文化自信、打造新时代文化高地提供有力支撑，必将在地方志史、浙江文化史上留下浓墨重彩的一笔，必将成为浙江省文化高地建设的一座耀眼丰碑。之后，"《浙江通志》研讨会"随即举行，来自省内外有关单位的领导、专家学者，就《浙江通志》的编纂成就和编纂特色进行了深入探讨，对《浙江通志》的编纂出版给予了高度评价。据悉，《浙江通志》编纂工作起步于 2011 年，于 2022 年 6 月全面完成出版任务。《浙江通志》共 113 卷，其中公开出版 111 卷 131 册，计 1.13 亿字。

7 月 24 日，浙江大学管理学院刘基战略思想研究中心成立仪式暨首届刘基战略思想研讨会在杭州举行。北京大学廖可斌教授，浙江大学楼含松、周明初、徐永明教授，南京大学周群教授，温州大学林亦修教授等来自各大高校以及温州市域、文成县域的刘基研究专家等共聚一堂，围绕刘基的军事战略、人才战略、治国理政战略、经世济民战略、人文环境战略等展开深入探讨与分享。

7 月 29 日，经浙江省第十三届人民代表大会常务委员会第三十七次会议通过，自 2022 年 10 月 1 日起施行的《浙江省哲学社会科学工作促进条例》（浙江省第十三届人民代表大会常务委员会公告第 73 号）第十一条指出："本省实施文化研究工程，开展浙江历史文化和当代发展研究，加强以红色根脉为核心的革命文化、浙江精神为主题的社会主义先进文化、宋韵文化等为标识的优秀传统文化研究，形成原创性、标志性文化研究成果。"

7 月 30 日，杭州国家版本馆盛大启幕，推出"4+1"开馆展览："潮起之江——'重要窗口'主题版本展""文献之邦——江南版本文化概览""盛世浙学——浙江文化研究工程成果展""千古风流——浙江历史文化名人展"，以及一个数字展厅，即杭州国家版本馆数字馆。其中，"盛世浙学——浙江文化研究工程成果展"是浙江省浙江文化研究工程成果的首次大型正式展览。浙江文化研究工程是一项重大学术研究项目，围绕"今、古、人、文"四大主题，重点聚焦浙江的历史文化研究和当代发展研究两大板块。浙江文化研究工程第一期从 2005 年开始实施，历时 10 年，共立研究项目 811 项，出版学术著作 1000 余部。2017 年 3 月，第二期启动建设，开展了 52 个系列研究，立重大课题 65 项、重点课题 284 项，目前已出版学术专著近 500 部。

8 月 1 日，由浙江省文史研究馆、浙江出版联合集团、嘉兴市委宣传部联合举办的"'浙江文史记忆丛书'首批新书发布会"在杭州举行。浙江省常务副省长徐文光，省文史研究馆馆长王永昌共同为新书揭幕。"浙江文史记忆丛书"由省卷 1 卷、市卷 11 卷、县（市、区）86 卷，共 98 卷组成，本次发布的新书为率先出版的省卷和嘉兴市、县（市）卷。

8 月 4 日，"花落春仍在，书传意更长——《俞樾全集》出版座谈会"在线上举行。北京大学杨忠教授、中国社会科学院刘跃进研究员、复旦大学陈尚君教授、中国训诂学研究会副会长虞万里教授、南京大学程章灿教授，以及《俞樾全集》整理团队以及出版方编辑团队等，出席座谈会并展开交流研讨。

8 月 21—22 日，2022 刘基廉洁文化研讨会在青田举行，来自全国各地的专家学者齐聚一堂，就刘基廉洁文化及相关课题深入研讨交流，大家各展所长、各抒高见、思想碰撞，不断扩大刘基文化品牌影响力，推动丽水文化繁荣发展。

9 月 1 日，中共杭州市临安区委宣传部、杭州市临安区社会科学界联合会、杭州师范大学人文学院联合组织召开了"吴越文化研究五年工作计划主题论证会"。2022 年，在临安区委、区政府的大力支持下，临安区委宣传部、区社科联在挖掘传承吴越文化方面力度空前，成立了吴越文化研究中心，计划系统研究吴越国时期的政治、经济、文化、社会等制度形态和时代价值，努力推动更多吴越文化理论研究成果问世。论证会上，临安区社科联从区内吴越文化研究基本情况和吴越文化研究中心定位、今后研究方向和预期成果等方面对吴越文化研究五年工作计划进行了详细解读与汇报。与会专家认真听取临安方面的工作汇报，并围绕研究计划的可行性、科学性进行了讨论。

9 月 3 日，复旦大学哲学学院举办了王蘧常先生著作稿捐赠仪式、《王蘧常文集》新书发布会、王蘧常先生法书（线上）展览开幕式。复旦大学副校长陈志敏出席仪式并致辞。王蘧常先生的家属，以及来自学术界、书法界、出版界、媒体界等 50 余人齐聚一堂，探讨王蘧常先生的学问和艺术成就。

9 月 6 日，2022 南孔文化季启动仪式暨第三届南孔文化创造性转化、创新性发展研讨会在衢州举行。活动现场正式发布 2022 南孔文化季系列活动内容，包括了孔子文化交流展、"大哉孔子"——全球先圣像云展示、"云尚南孔"数字化应用上线活动、纪念孔子诞辰 2573 年祭孔典礼在内的八大主题活动。在"第三届南孔文化创造性转化、创新性发展研讨会"上，来自国际儒学联合会、中国社会科学院、浙江大学、浙江省社会科学院等机构的众多专家学者围绕衢州推进南孔文化发展的历史脉络、哲学思考、理论内涵和实践要义等方面进行了交流发言。

9 月 8 日，《温州大典》研究编纂工作推进会在温州市人民大会堂举行。《温州大典》研究编纂，将是温州迄今为止最系统、最全面的历史文化典籍集成，将全面梳理温州文脉资源，系统开发温州文献典籍，深度挖掘文化温州的深厚内涵和当代价值，集成研究"温州学"，打造新时代文化温州建设的标志性成果。《温州大典》研究编纂已基本确定"历代古籍编""晚近书刊编""文物图像编""档案史料编""民间遗存编""要籍选刊编""专题研究编"七大编。《温州大典》的"四梁八柱"已初步形成，并列入了浙江文化研究工程省、市共建项目。

9 月 8 日，由浙江师范大学与金华市社会科学联合会联合建立的"婺学（金华学派）研究基地"在浙江师范大学揭牌。金华市委宣传部部长吕伟强、浙江师范大学副校长钟依均共同为基地揭牌。仪式后，还举行了婺学（金华学派）文化传承研讨会，与会专家就如何把"婺学地位立起来、研究深下去、影响传播开"进行了探讨和交流。

9 月 8 日，由浙江省社科联、新华每日电讯、湖州市委宣传部、德清县委、德清县政府共同主办的"江南文化传承与发展（德清）论坛"在莫干山畔举行。与会的多位专家学者围绕江南与江南文化、江南文化的传承与发展和德清的"瓷、珠、茶、丝、桥、舞、诗"文化展开了研讨，共同研讨德清是江南文化的重要源流。

9 月 9 日，由浙江省农业农村厅、浙江省"千村示范、万村整治"工作协调小组办公室主办的"从古到今向未来 '浙'里古村再出发"浙江省历史文化（传统）村落保护利用十周年座谈会在杭州桐庐举行。本次座谈会旨在更好地回顾、总结、分享十年间浙江省各地取得的典型经验和创新做法，探讨、展望未来浙江历史文化（传统）村落可持续发展的新方向、新思路、新方式。座谈会上，农业农村部乡村振兴专家委员会委员顾益康等专家就产业赋能乡村、实践保护利用的思考、未来乡村如何创新村落保护思路等主题发表演讲。现场还启动了"村落里的中国"历史文化村落研学之旅。

9 月 16 日，"永嘉学派丛书"首发仪式在杭州举行。"永嘉学派丛书"是目前为止最全面、最完整反映永嘉学派学术脉络的丛书，是从晚清大儒孙衣言、孙诒让整理永嘉学派文献以来规模最大的一次学术研究整理。该丛书分成 23 册影印出版，包括 19 人 35 种书，所选底本多为精校本或稀见批注本，为永嘉学派的研究提供了系统扎实的文献基础。

9 月 25 日，由浙江大学亚洲文明研究院主办，浙江大学绍兴研究院、绍兴文理学院共同承办的首届"名城绍兴与亚洲文明"国际学术研讨会在绍兴举行，来自海内外高校的专家学者以线上线下结合的方式，围绕历史文化名城绍兴、东亚文化之都绍兴、亚洲文明交流互鉴的主题展开了深入探讨，为推动区域历史文化研究与亚洲文明交流互鉴贡献智慧。

9 月 27 日，由国际儒学联合会、浙江省儒学学会、衢州市纪委、衢州市委宣传部联合主办的"儒学大家谈"南孔家风家训研讨会在衢州举行。与会学者认为，此次举办的"儒学大家谈"南孔家风家训研讨会，将激励社会各界更加自觉传承弘扬儒学文化，推动儒学文化在新时代焕发新的生命力，为打造"南孔清风"廉洁文化品牌、推动清廉衢州建设提供了强大的精神文化支撑。

10 月 2 日，由中国先秦史学会、中共浙江省委宣传部、浙江省社会科学界联合会主办的"中国第五届黄帝文化学术研讨会"在浙江缙云举行。来自全国各地的专家学者紧紧围绕"深入挖掘黄帝文化的精神内涵和时代价值"主题进行了深入的研讨探究，一致认为，缙云黄帝文化优势明显，将其打造成为浙江新时代文化艺术标识基础扎实。建议进一步丰富黄帝文化载体建设，提升黄帝文化具象化水平，加强新时代背景下黄帝文化的数字化开发应用，进行数字化建模，创造沉浸式体验，吸引更多年轻人了解、传播、传承黄帝文化。同时，加强与陕西黄陵、河南新郑的沟通交流，加强黄帝文化产业建设，建好中国南方黄帝文化展示中心，打造有国际影响、中国气派、浙江辨识度的黄帝文化标识，向世界讲好黄帝文化故事。

10 月 4 日，由浙江省人民政府主办的"壬寅 (2022) 年中国仙都祭祀轩辕黄帝大典"在缙云黄帝祠宇举行。此次大典以"四海同心祭始祖'两个先行'启华章"为主题，包括长号鸣天、击鼓撞钟、敬上高香、敬献花篮、敬献美酒、恭读祭文、行鞠躬礼、高唱颂歌、乐舞告祭九项议程。活动期间还举行了黄帝文化学术研讨、两岸文化交流暨招商推介会、黄帝文化展演、"庆丰收"系列活动等。

10 月 15 日，"近世通儒——纪念沈曾植逝世 100 周年特展"在嘉兴博物馆开展。本次展览共展出展品 170 件，大致分为以下四部分：第一部分展出家族成员的书画作品和沈家一些日常用品、女红绣品、家族墓出土玉器等；第二部分展出沈曾植同年录、奏折、时政言语稿、论军制稿、论教育文稿等为官时期的遗稿，特别是在安徽任期时的很多珍贵照片和文稿，这些都是首次展出；第三部分展出好友致沈曾植的书画和相互间的往来信札、拜帖名刺等；第四部分展出其学术成就，内容涉及金石书画、诗词文学、舆地、律法、经史、佛学等。王国维称沈曾植为"集有清三百年学术之大成且继往开来的学者"。2022 年是沈曾植先生逝世 100 周年，嘉兴博物馆联合其他单位以沈曾植的家族、为官、交友、成就等方面展示晚清一代大儒的"为家孝子，为国纯臣，为世界先觉"之名。

2018 年以来，绍兴先后发布《绍兴禹迹图》《浙江禹迹图》《中国禹迹图》。2019 年绍兴在编制《浙江禹迹图》时，将越地 37 处舜迹也编入其中。2021 年，当地发布《绍兴舜迹简图》，共收录舜迹 28 处。为更好地研究、保护、传承、利用尧、舜这一中华文化遗产，自 2022 年开始，受绍兴市文化广电旅游局委托，绍兴市鉴湖研究会深入开展《浙江尧舜遗迹图》

编制工作。经过现场考证、文献查阅、专家咨询，《浙江尧舜遗迹图》共精选尧迹 16 处、舜迹 103 处，反映了尧、舜文化在浙江的传播途径、核心地域、主要内容和形式。

10 月 28 日，"2022 年越地历史文化研究暨绍兴文理学院越文化研究院兼职研究员年会"在绍兴召开，"东亚文化之都研究中心"同时揭牌成立。浙江工业大学人文学院肖瑞峰教授作题为"宋韵文化的精神特质和生成原因"的报告；江苏省吴越文化研究院院长黄胜平教授、浙江省社会科学院哲学所张宏敏研究员分别作主旨发言。与会专家、学者还进行了小组讨论，针对宋韵文化、越国历史等主题展开了广泛而深入的学术交流与探讨。

11 月 2 日，"永康学派"与陈亮思想文化沙龙在杭州师范大学沈钧儒法学院陈亮厅举行。杭州师范大学沈钧儒法学院副院长余钊飞简要介绍了陈亮厅的功能以及接下来建设规划，强调要在青年群体学生中加大陈亮厅的宣传，传播经世致用精神，进一步发扬优秀传统文化。永康市委宣传部部长施礼干强调了挖掘和传播陈亮思想的重要性，主张要积极传播陈亮文化思想，使其在新时代焕发出新光芒。永康市陈亮研究会会长章锦水对陈亮厅建设给予了高度评价，并详细介绍了陈亮先生的诗词以及相关事迹，表示期待与杭州师范大学沈钧儒法学院的进一步合作。

11 月 5 日，"越文化论坛 2022：越文化的历史传承与当代价值"学术研讨会在绍兴举办。来自全国各地的近百名专家学者，线上线下齐聚一堂，就越文化中的阳明思想、越地名人思想、越地文学艺术、越地历史地理、越地文献金石、越地民物风俗等方面进行了交流，共同探讨越文化的历史传承与当代价值。绍兴文理学院相关负责人说，越文化研究是一个生生不息、需要不断推陈出新的长远学术事业，举办本次学术研讨会，对于增强历史自信与文化自信，弘扬越文化、体认越文化在当代中国"文化自信"建设中的地位具有重要意义。

11 月 8 日，"陈亮、胡公文化展示中心概念设计咨询会"在杭州举行。与会专家指出，陈亮和胡则是永康市文化工程的两张"金名片"，谋划好、打造好文化展示中心具有重要意义。应该从宏观角度、客观站位打造陈亮、胡公文化展示中心，建筑环境要契合文化内核，展陈内容要基于永康特色，功能布局要做到互补共促，促进文化资源活化利用，兼具实用价值和普世意义。

11 月 18 日上午，由嘉兴南湖学院与嘉兴文化广电旅游局联合主办的"中国金石书画研究院成立仪式暨纪念沈曾植逝世 100 周年活动"在嘉兴南湖学院举行。11 月 18 日下午，由嘉兴市文化广电旅游局、嘉兴市文学艺术界联合会主办的"纪念沈曾植逝世 100 周年学术研讨会"在嘉兴举行，与会专家从沈曾植书札、遗墨、金石、著书、藏书等方面论述了沈曾植经世致用的治学思想，探讨了沈曾植书风在书法史上的地位。

11 月 20 日，由温州市鹿城区委宣传部、区社科联，温州大学教育学院共同出品的"《叶适传奇》主题小剧本"在温州市永嘉学派馆上演。

11 月 25 日，"中国·绍兴第三届范蠡商业和文化思想论坛"在绍兴职业技术学院举行，论坛由绍兴市社会科学界联合会、绍兴市工商联合会（总商会）、绍兴职业技术学院主办，绍兴市范蠡研究会、绍兴职业技术学院范蠡商学院承办。与会人员认为，范蠡已被公认为现代浙商、越商崛起的精神文化源头，是企业家精神的摇篮。范蠡商业管理思想给我们留下了取之不尽、用之不竭的精神财富。其治国理念、兵家思想、经商之道是中华优秀传统文化中的瑰宝，至今仍蕴含独特的文化魅力与传承力量。范蠡的励志人生和商业精神更是越商求实、开创和担当的精神内核，已成为绍兴乃至浙江重要的文化符号之一。

11 月 28 日，第一届浙江"人文之美"研讨会在杭州举行。围绕"推进新时代文化浙江工程，打造新时代文化高地"这一主题，浙江省、杭州市两级文史研究馆馆员和特邀专家学者深入研讨对话，聚焦"八项举措"，探求深层次文化基因与新时代结合路径，为加快打造新时代文化高地建言献策。

11 月 29 日，以"和合文化与促进共同发展"为主题的 2022 和合文化全球论坛在天台县举行，论坛创新设立日本东京、西班牙马德里分会场，与天台主会场进行跨国动态连线。国际组织代表、国外驻华使节、国际汉学家，以及有关智库、高校、研究机构的专家学者等约 200 人以线上线下方式聚首，研讨关于世界"和合"发展的理论、规律、原则、方法，推动全球共树人类命运共同体理念。

12月2日，由上海、江苏、浙江、安徽三省一市文史研究馆共同举办的"第三届长三角文化论坛"在杭州举行。第三届长三角文化论坛围绕"促进文化繁荣、实现高质量发展"的时代主题，立足长三角，集聚文史力量，从新时代"文化何为"到新时代"文史人何为"，探索文化赋能区域一体化高质量发展的新路径，积极回应新发展时期文史人的使命担当。

12月5日，浙江省哲学社会科学工作领导小组会议在杭州召开。会议审议并原则通过了《高水平建设哲学社会科学强省的意见（送审稿）》《浙江省哲学社会科学人才发展规划（2021—2025）》任务分工方案，《浙江省哲学社会科学工作促进条例》任务分工方案，《浙江文化研究工程第三期实施方案》等。会议认为，这是贯彻落实《国家"十四五"时期哲学社会科学发展规划》和《浙江省哲学社会科学工作促进条例》的重要抓手，为新时代新征程推进浙江省哲学社会科学工作高质量发展做出了部署、提供了遵循、创造了条件。

12月7日，作为第六届世界浙商大会专题活动之一的"浙商文化论坛"在杭州举行。海内外嘉宾共聚一堂，以"共创共富共享——新时代浙商文化的升级"为主题，共话浙商文化新形态。与会学者一致认为，浙商是改革开放以来浙江发展的亮丽金名片，民营经济是推动我省高质量发展、促进共同富裕的重要支撑。优化民营经济的发展环境，依法保护民营企业家的产权和企业家的权益，促进民营企业发展壮大，弘扬企业家精神，提升企业的核心竞争力，以高质量发展促进共同富裕，是实现第二个百年奋斗目标的重大标志，也是改革开放以来我们浙江发展的显著特征，更是新时代浙商接续奋进的前进方向和价值追求。

12月23—24日，由浙江省委、省政府主办的以"新时代 新征程 新飞跃"

为主题的"第六届世界浙商大会"在浙江省人民大会堂召开。时任浙江省委书记易炼红在致辞中说，浙商有千年传承，书写了无数传奇；浙商有卓越贡献，释放了无穷能量；浙商有市场灵性，打开了无疆空间；浙商有过人胆识，创造了无限可能；浙商有家乡情怀，展现了无私品格。他希望新时代的浙商继续保持大道前行的战略定力、练就大海游泳的高超本领、增强大潮挺立的创新胆识、展现大爱无疆的精神境界，与家乡一起再续辉煌、再创荣光。

12 月 23 日，"深化温州学研究主题研讨会"在温州市人民大会堂举行。温州市委书记刘小涛做出批示，寄语打造更多具有辨识度、影响力、标志性的"温州学"研究成果，为续写创新史、走好共富路、争创先行市提供强大的精神动力。

12 月 24 日，由温州市委宣传部、瑞安市委市政府举办的永嘉学派当代价值学术研讨会举行。本次研讨会是浙江省 2022 宋韵文化节重点配套活动，同时也是深化温州学研究系列研讨活动之一。与会学者一致认为，永嘉学派事功思想为"温州人精神"打下了厚重的底色，是当代温州经济社会发展背后的文化命脉，永嘉学派事功思想的建构对当下中华优秀传统文化的创新性发展与创造性转化具有重要的启示意义。